高等职业教育"十四五"系列教材 汽车专业

# 汽车发动机机械系统检修

主　编　李　彦　傅华娟

副主编　王胜山　樊瑞军

参　编　郑利锋　岳兴莲　张凤娇

　　　　陈　松　乔　森

南京大学出版社

图书在版编目(CIP)数据

汽车发动机机械系统检修 / 李彦，傅华娟主编. —
南京：南京大学出版社，2022.9
ISBN 978 - 7 - 305 - 24087 - 4

Ⅰ.①汽…　Ⅱ.①李…　②傅…　Ⅲ.①汽车－发动机
－机械系统－车辆检修－教材　Ⅳ.①U472.43

中国版本图书馆 CIP 数据核字(2020)第 257459 号

出版发行　南京大学出版社
社　　址　南京市汉口路 22 号　　邮　编　210093
出 版 人　金鑫荣

书　　名　汽车发动机机械系统检修
主　　编　李　彦　傅华娟
责任编辑　吴　华　　　　　　　编辑热线　025 - 83596997

照　　排　南京开卷文化传媒有限公司
印　　刷　南京人民印刷厂有限责任公司
开　　本　787×1092　1/16　　印张 13.5　字数 304 千
版　　次　2022 年 9 月第 1 版　2022 年 9 月第 1 次印刷
ISBN 978 - 7 - 305 - 24087 - 4
定　　价　45.00 元

网　　址:http://www.njupco.com
官方微博:http://weibo.com/njupco
微信服务号:njuyuexue
销售咨询热线:(025)83594756

☞ 教师扫码可免费
获取教学资源

# 前　言

我国汽车产业的快速发展,急需大量的高素质汽车技术技能应用型人才。汽车发动机机械系统检修是汽车维修专业的必修专业核心课程之一,对学生的专业技能的发展非常重要。本书以《国家职业教育改革实施方案》为引领,对接汽车运用与维修"1+X"职业资格标准,从就业岗位的实际要求出发,项目引领,岗位工作任务为中心,充分考虑到职业技能的专项性和专业知识的系统性,将汽车发动机的结构、理论与检修有机融合,以市场主流轿车发动机为主,系统地介绍了现代汽车发动机的总体结构、工作原理与各总成部件的结构、工作原理,以及相应的检修方法,突出了现代汽车发动机新技术、新标准和检修操作技能。

本书语言简洁,图文并茂,配套有微课视频,注重职业工作岗位需求,突出工学结合特色,特别强化了学生职业能力提升和综合素质培养,并融入思政教育内容,助推学生社会主义核心价值观的形成。

本书可作为高职高专和普通高校汽车类专业教材,也可作为职工大学、成人教育等汽车工程、汽车运用类专业教材或汽车运用与维修"1+X"考证培训教材。

本书编写过程中,得到南京大学出版社、江苏理工学院、江苏宝尊集团、常州公路运输集团有限公司的大力支持与帮助,谨此致谢。

由于水平所限,加上汽车技术的快速发展和职业教育理念的不断更新,书中误漏之处在所难免,诚恳期望得到同行专家和广大读者的批评指正。

编　者

2022 年 3 月

# 目　录

**汽车发动机机械系统检修**

项目 一

# 发动机工作原理和总体构造认知

**项目导入**

　　汽车发动机通常采用四冲程活塞式内燃机,目前应用最广泛的是汽油机和柴油机。发动机工作原理决定了其结构形式和总体构造,而发动机结构形式又影响了其工作状况,因此,学习发动机的基本原理、结构分类和性能指标,对于今后发动机维修工作具有重要意义。本项目内容对接"1+X"汽车运用与维修职业技能领域职业技能等级标准,符合"1-1汽车动力与驱动系统综合分析技术模块(中级):汽车动力系统检测维修"中的相关知识要求。

## 任务 1　发动机工作原理认知

1. 能够分析往复活塞发动机各个工作过程
2. 掌握汽车发动机的工作原理
3. 熟悉汽车发动机名词术语和型号编制规则
4. 培养职业意识

### 一、汽车发动机分类

1. 发动机基本概念

　　发动机是将其他形式的能量转化为机械能的机器。按照转变能量的方法不同,发动机可分为热力机、电力机、水力机、风力机及原子能发动机等类型。

　　热力发动机通过借助工质的状态变化将燃料燃烧而得的热能转变为机械能。它包括内燃机和外燃机。燃料在发动机外部燃烧的热力发动机叫作外燃机,如活塞式蒸汽机、蒸汽轮机;燃料在发动机内部燃烧的热力发动机叫作内燃机,如活塞式内燃机、燃气轮机、喷气式发动机。

内燃机具有结构紧凑、体积小、质量轻、容易起动等特点,因而获得了广泛应用;而外燃机热效率低,体积大,笨重,现代汽车上很少应用。以下介绍汽车中应用最多的活塞式内燃机。

2. 活塞式内燃机分类

(1) 按活塞运动方式的不同,活塞式内燃机可分为往复活塞式和旋转活塞式两种。

(2) 按使用的燃料分为汽油机、柴油机、气体燃料发动机(天然气、液化石油气和其他可燃气体)。汽油机转速高,质量小,噪音小,起动容易,制造成本低;柴油机压缩比大,热效率高,经济性能和排放性能都比汽油机好。

(3) 按冷却方式分为水冷发动机、风冷发动机。水冷发动机是利用在气缸体和气缸盖冷却水套中进行循环的冷却液作为冷却介质进行冷却的;而风冷发动机是利用流动于气缸体与气缸盖外表面散热片之间的空气作为冷却介质进行冷却的。水冷发动机冷却均匀,工作可靠,冷却效果好,被广泛地应用于现代车用发动机。

(4) 按活塞行程数分类,内燃机按照完成一个工作循环所需的行程数可分为四冲程内燃机和二冲程内燃机。把曲轴转两圈,活塞在气缸内上下往复运动四个行程,完成一个工作循环的内燃机称为四冲程内燃机;而把曲轴转一圈,完成一个工作循环的内燃机称为二冲程内燃机。汽车发动机广泛使用四冲程内燃机。

(5) 按进气状态不同,活塞式内燃机还可分为增压和非增压两类。若进气是在接近大气状态下进行的,则为非增压内燃机或自然吸气式内燃机;若利用增压器将进气压力增高,进气密度增大,则为增压内燃机。

(6) 按照气缸数目分类可以分为单缸发动机和多缸发动机。仅有一个气缸的发动机称为单缸发动机;有两个以上气缸的发动机称为多缸发动机,如双缸、三缸、四缸、五缸、六缸、八缸、十二缸等都是多缸发动机。

(7) 按照气缸排列方式不同可以分为单列式和双列式。单列式发动机的各个气缸排成一列,一般是垂直布置的,但为了降低高度,有时也把气缸布置成倾斜的甚至水平的;双列式发动机把气缸排成两列,两列之间的夹角<180°(一般为90°)称为 V 型发动机,若两列之间的夹角=180°称为对置式发动机。

目前,应用最广、数量最多的汽车发动机为水冷、四冲程往复活塞式内燃机,其中汽油机用于轿车和轻型客、货车上,而大客车和中、重型货车发动机多为柴油机。少数轿车和轻型客、货车发动机也有用柴油机的。

## 二、往复活塞式内燃机基本结构和名词术语

1. 往复活塞式内燃机基本结构

如图 1-1 所示为单缸汽油发动机的基本结构。内燃机的工作腔称作气缸,气缸内表面为圆柱形。在气缸内做往复运动的活塞与连杆的一端铰接,连杆的另一端则与曲轴相连,构成曲柄连杆机构。活塞在气缸内做往复运动时,连杆推动曲轴旋转,并通过

飞轮对外输出动力。气缸的顶端用气缸盖封闭,气缸盖上装有进气门和排气门,通过进、排气门的开闭实现向气缸内充气和向气缸外排气。进、排气门的开闭由凸轮轴驱动,凸轮轴由曲轴通过齿形带或齿轮驱动。

2. 往复活塞式内燃机的基本名词术语

（1）工作循环

活塞式内燃机的工作循环是指由进气、压缩、做功和排气等四个工作过程组成的封闭过程。周而复始地进行这些过程,内燃机才能持续地做功。

（2）上、下止点

如图1-2所示,活塞顶离曲轴回转中心最远处为上止点;活塞顶离曲轴回转中心最近处为下止点。在上、下止点处,活塞的运动速度为零。

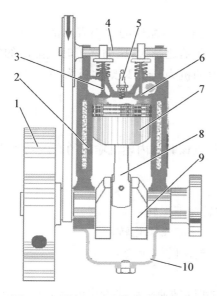

图1-1 单缸四冲程汽油机基本结构

1—飞轮;2—气缸体;3—排气门;4—凸轮轴;
5—火花塞;6—进气门;7—活塞;
8—连杆;9—曲轴;10—油底壳。

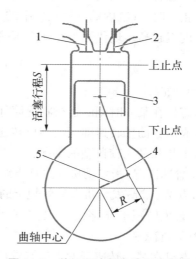

图1-2 单缸四冲程发动机示意图

1—进气门;2—排气门;3—活塞;
4—连杆;5—曲轴。

（3）活塞行程

上、下止点间的距离 $S$ 称为活塞行程。曲轴的回转半径 $R$ 称为曲柄半径。显然,曲轴每回转一周,活塞移动两个活塞行程。对于气缸中心线通过曲轴回转中心的内燃机,其 $S＝2R$。

（4）气缸工作容积

上、下止点间所包容的气缸容积称为气缸工作容积,用 $V_h$ 表示,单位为 L。

$$V_h = (\pi D^2/4) \cdot S \cdot 10^{-6}$$

式中:$D$——气缸直径,mm;

$S$——活塞直径,mm。

（5）发动机排量

发动机所有气缸工作容积的总和称为内燃机排量$V_L$。

$$V_L = iV_h(i \text{ 为气缸数})$$

（6）燃烧室容积$V_c$

活塞位于上止点时，活塞顶面以上气缸盖底面以下所形成的空间称为燃烧室，其容积称为燃烧室容积，也叫压缩容积。

（7）气缸总容积

气缸工作容积与燃烧室容积之和为气缸总容积$V_a$。

$$V_a = V_h + V_c$$

（8）压缩比

气缸总容积与燃烧室容积之比称为压缩比$\varepsilon$。压缩比的大小表示活塞由下止点运动到上止点时，气缸内的气体被压缩的程度。压缩比越大，压缩终了时气缸内的气体压力和温度就越高。现代汽车发动机压缩比，汽油机为6～11，柴油机为16～23。

$$\varepsilon = V_a/V_c = 1 + V_h/V_c$$

（9）工况

内燃机在某一时刻的运行状况简称工况，以该时刻内燃机输出的有效功率$P_e$和曲轴转速表示。曲轴转速即为内燃机转速$n$。

以下是几种比较典型的工况：

① 怠速工况：指发动机在最低空载稳定转速下运转；

② 标定工况：发动机在铭牌规定的最大功率状态下运转；

③ 最大转矩工况：在某一转速下，发动机输出的转矩最大。

（10）负荷率

内燃机在某一转速下发出的有效功率与相同转速下所能发出的最大有效功率的比值称为负荷率，以百分数表示。负荷率通常简称负荷。

## 三、内燃机编号规则

内燃机的名称和型号必须符合国家标准GB/T 725—2008的规定：

（1）内燃机名称均按所采用的燃料命名：柴油机、汽油机、煤气机等等；

（2）内燃机型号由阿拉伯数字、汉语拼音、气缸布置符号组成；

（3）型号组成如图1-3所示。

内燃机型号编制示例

柴油机：

YZ6102Q—六缸直列、四冲程、缸径102、水冷、汽车用、YZ为厂代号

12VE230ZCZ—12缸、V型、二冲程、缸径230、水冷、船用左机、增压

汽油机：

1E65F—单缸、二冲程、缸径65、风冷、通用型

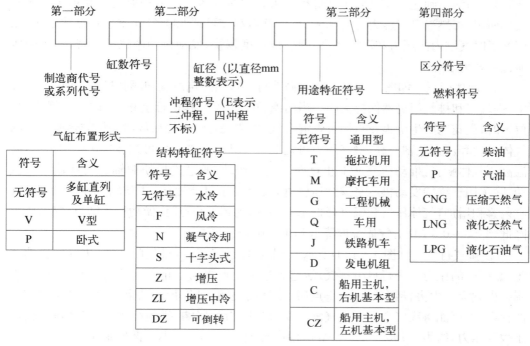

图 1-3　内燃机名称与型号编制规则

BJ492QA——四缸直列、四冲程、缸径 92、水冷、汽车用、BJ 为厂代号、Q 为车用、A 为变形产品

CA488——四缸直列、四冲程、缸径 88、水冷、通用型、CA 为厂代号

## 四、发动机工作原理

### 1. 四冲程发动机工作原理

四冲程往复活塞式内燃机在四个活塞行程内完成进气、压缩、做功和排气等四个过程，即在一个活塞行程内只进行一个过程。因此，活塞行程可分别用四个过程命名。

（1）四冲程汽油机的工作原理

① 进气行程　如图 1-4(a)所示，曲轴旋转，活塞从上止点向下止点运动，这时排气门关闭，进气门打开。进气过程开始时，活塞位于上止点，气缸内残存有上一循环未排净的废气，因此，气缸内的压力稍高于大气压力。随着活塞下移，气缸内容积增大，压力减小，当压力低于大气压时，在气缸内产生真空吸力，空气经空气滤清器并与供给的汽油混合成可燃混合气，通过进气门被吸入气缸，直至活塞向下运动到下止点。在进气过程中，受空气滤清器、进气管道、进气门等阻力影响，进气终了时，气缸内气体压力略低于大气压，约为 0.075～0.09 MPa，同时受到残余废气和高温机件加热的影响，温度达到 370～400 K。

② 压缩行程　如图 1-4(b)所示，曲轴继续旋转，活塞从下止点向上止点运动，这时进气门和排气门都关闭，气缸内成为封闭容积，可燃混合气受到压缩，压力和温度不

断升高,当活塞到达上止点时压缩行程结束。此时气体的压力和温度主要由压缩比的大小而定,可燃混合气压力可达 0.6～1.2 MPa,温度可达 600～700 K。压缩比越大,压缩终了时气缸内的压力和温度越高,则燃烧速度越快,发动机功率也越大,汽油机的压缩比一般为 $\varepsilon=6\sim11$。

③ 做功行程　如图 1-4(c)所示,做功行程包括燃烧过程和膨胀过程,在这一行程中,进气门和排气门仍然保持关闭。当活塞位于压缩行程接近上止点(即点火提前角)位置时,火花塞产生电火花点燃可燃混合气,可燃混合气燃烧后放出大量的热使气缸内气体温度和压力急剧升高,最高压力可达 3～5 MPa,最高温度可达 2 200～2 800 K,高温高压气体膨胀,推动活塞从上止点向下止点运动,通过连杆使曲轴旋转并输出机械功,除了用于维持发动机本身继续运转外,其余用于对外做功。随着活塞向下运动,气缸内容积增加,气体压力和温度降低,当活塞运动到下止点时,做功行程结束,气体压力降低到 0.3～0.5 MPa,气体温度降低到 1 300～1 600 K。

④ 排气行程　如图 1-4(d)所示,当做功接近终了时,排气门开启,进气门仍然关闭,靠废气的压力先进行自由排气,活塞到达下止点再向上止点运动时,继续把废气强制排出到大气中去,活塞越过上止点后,排气门关闭,排气行程结束。由于燃烧室容积的存在,不可能将废气全部排出气缸。受排气阻力的影响,排气终止时,气体压力仍高于大气压力,约为 0.105～0.115 MPa,温度约为 900～1 200 K。曲轴继续旋转,活塞从上止点向下止点运动,又开始了下一个新的循环过程。可见四行程汽油机经过进气、压缩、做功、排气四个行程完成一个工作循环,这期间活塞在上、下止点往复运动了四个行程,相应地曲轴旋转了两圈。

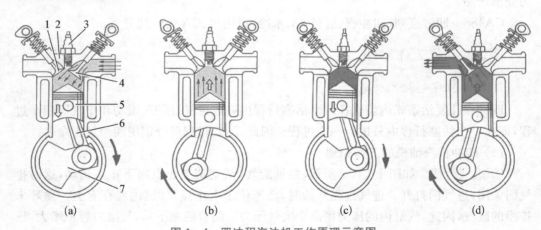

图 1-4　四冲程汽油机工作原理示意图

1—排气门;2—气缸盖;3—火花塞;4—进气门;5—活塞;6—连杆;7—曲轴。

（2）四冲程柴油机的工作原理

四冲程柴油机和四冲程汽油机的工作过程相同,每一个工作循环同样包括进气、压缩、做功和排气四个行程,但由于柴油机使用的燃料是柴油,柴油与汽油有较大的差别,柴油黏度大,不易蒸发,自燃温度低,故可燃混合气的形成、着火方式、燃烧过程以及气体温度压力的变化都和汽油机不同。

☞汽油机工作原理

① 进气行程　如图 1-5(a)所示，柴油机在进气行程中吸入气缸的是纯空气而不是可燃混合气，在进气通道中没有节气门，进气阻力小。进气终了时气体压力约为 0.078 5~0.093 2 MPa，气体温度约为 300~370 K。

② 压缩行程　如图 1-5(b)所示，在压缩行程接近上止点时，喷油器将高压柴油以雾状喷入燃烧室，柴油和空气在气缸内形成可燃混合气并着火燃烧。柴油机的压缩比比汽油机的压缩比大很多（一般为 16~22），压缩终了时气体温度和压力都比汽油机高，大大超过了柴油的自燃温度。压缩终了时，气体压力约为 3.5~5 MPa，气体温度约为 800~1 000 K，柴油机是压缩后自燃着火的（柴油的自燃温度约为 600 K），不需要点火，故柴油机又称为压燃机。

③ 做功行程　如图 1-5(c)所示，柴油喷入气缸后，在很短的时间内与空气混合后便立即着火燃烧，且此后一段时间内边喷油边燃烧，气缸内压力和温度急剧升高，推动活塞下行做功。柴油机的可燃混合气是在气缸内部形成的，而不像汽油机那样，混合气主要是在气缸外部形成的。柴油机燃烧过程中气缸内出现的最高压力要比汽油机高得多，可高达 6~10 MPa，最高温度也可高达 2 000~2 500 K。做功终了时，气体压力约为 0.2~0.4 MPa，气体温度约为 1 200~1 500 K。

④ 排气行程　如图 1-5(d)所示，柴油机的排气行程和汽油机一样，废气同样经排气管排入到大气中去，排气终了时，气缸内气体压力约为 0.105~0.125 MPa，气体温度约为 800~1 000 K。

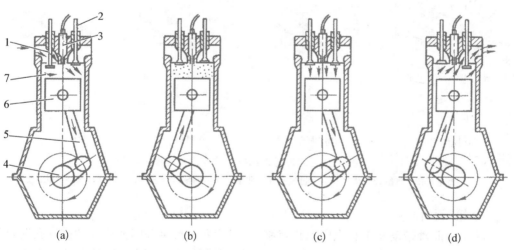

图 1-5　四冲程柴油机工作原理示意图

1—进气门；2—排气门；3—喷油器；4—曲轴；5—连杆；6—活塞；7—气缸。

（3）四冲程汽油机与柴油机的比较

四冲程汽油机与四冲程柴油机的共同点是：

① 每个工作循环都包含进气、压缩、做功和排气等四个活塞行程，每个行程各占 180°曲轴转角，即曲轴每旋转两周完成一个工作循环。

② 四个活塞行程中，只有一个做功行程，其余三个是耗功行程。

☞柴油机工作原理

两者不同之处是：

① 汽油机的可燃混合气在气缸外部开始形成并延续到进气和压缩行程终了，时间较长。柴油机的可燃混合气在气缸内部形成，从压缩行程接近终了时开始，并占小部分做功行程，时间很短。

② 汽油机的可燃混合气是点燃的，柴油机则是自燃，所以又称汽油机为点燃式内燃机，称柴油机为压燃式内燃机。

综上所述，柴油机与汽油机由于工作过程的差异，形成了各自的特点。柴油机的压缩比高，热效率高，燃油消耗率低，同时柴油价格较低，因此，柴油机的燃料经济性能好，而且柴油机的排气污染少，排放性能较好。但它的主要缺点是转速低，质量大，噪声大，振动大，制造和维修费用高。随着技术的进步，上述缺点也逐渐得以解决。

## 2. 二冲程发动机工作原理

### (1) 二冲程汽油机工作原理

二冲程汽油机在结构上与四冲程汽油机的不同之处在于没有了进、排气门，取而代之的是进气孔、排气孔和换气孔。图 1-6 为单缸二冲程汽油机的工作循环示意图，其工作原理如下：

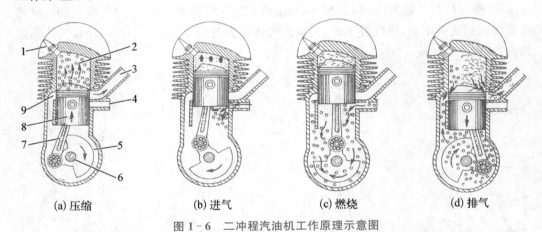

(a) 压缩　　　　(b) 进气　　　　(c) 燃烧　　　　(d) 排气

图 1-6　二冲程汽油机工作原理示意图

1—火花塞；2—气缸；3—排气孔；4—进气孔；5—曲轴箱；6—曲轴；7—连杆；8—活塞；9—换气孔。

### ① 第一行程

活塞由曲轴带动从下止点向上止点移动，当活塞上行至关闭换气孔和排气孔时，已进入气缸的新鲜混合气被压缩，直至上止点时，压缩结束；与此同时，随着活塞上行，其下方曲轴箱内形成一定真空度，当活塞上行到进气孔开启时，新鲜混合气被吸入曲轴箱。

### ② 第二行程

活塞接近上止点时，火花塞产生电火花，点燃被压缩的可燃混合气，燃烧形成的高温、高压气体推动活塞下行做功，当活塞下行到关闭进气孔后，曲轴箱内的混合气被预压缩，活塞继续下行至排气孔开启时，燃烧后的废气靠自身压力经排气孔排出；紧接着，换气孔开启，曲轴箱内经预压的混合气进入气缸，并排除气缸内残余废气，这一过程称为换气过程,它将一直延续到下一行程活塞再上行关闭换气孔和排气孔时为止。

由上述工作原理可知,第一行程时,活塞上方进行换气、压缩,活塞下方进行进气;第二行程时,活塞上方进行做功、换气,活塞下方预压混合气。换气过程跨越两个行程。

(2)二冲程柴油机的工作原理

如图1-7所示:

① 第一行程

活塞由下止点移至上止点。当活塞还处于下止点位置时,进气孔和排气门均已开启。扫气泵将纯净的空气增压到0.12～0.14 MPa后,经空气室和进气孔送入气缸,扫除其中的废气。废气经气缸顶部的排气门排出。当活塞上移将进气孔关闭的同时,排气门也关闭,进入气缸内的空气开始被压缩。活塞运动至上止点,压缩过程结束。

② 第二行程

活塞由上止点移至下止点。当压缩过程终了时,高压柴油经喷油器喷入气缸,并自行着火燃烧。高温高压的燃烧气体推动活塞做功。当活塞下移2/3行程时,排气门开启,废气经排气门排出。活塞继续下移,进气孔开启,来自扫气泵的空气经进气孔进入气缸进行扫气。扫气过程将持续到活塞上移时将进气孔关闭为止。

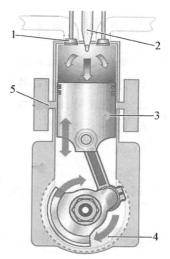

图1-7 二冲程柴油机工作原理示意图

1—排气门;2—喷油器;3—活塞;4—曲轴箱;5—进气孔。

(3)二冲程发动机与四冲程发动机的比较

① 四冲程发动机的进、排气是两个分开的专门过程,而二冲程发动机单纯的排气(或进气)时间极短,是一个几乎完全重叠的,以新鲜气体清扫废气的换气过程。这样的换气过程不可避免地会发生新鲜气体和废气混合,造成废气难以排净和新鲜气体随废气排出的后果,经济性较差。

② 完成一个工作循环,二冲程发动机只需转一转,而四冲程发动机需要转两转。因此,当发动机工作容积、压缩比和转速相等时,从理论上讲,二冲程发动机的功率应为四冲程发动机功率的两倍,但实际上只有1.5～1.6倍,这是由于二冲程发动机难以将废气排净,以及为了安排换气过程而较多地损失了高压气体的做功能力,另外还有可燃混合气随废气排出等所致。

③ 当转速相同时,二冲程发动机的做功次数较四冲程发动机多一倍。因此,二冲程发动机运转较平稳,这对单缸发动机来说更为明显。

④ 由于没有气门或只有排气门,也就省去了配气机构或使配气机构较为简单,简化了发动机的结构。易受磨损和经常需要修理的运动部件数量较少。

由于二冲程汽油机有混合气损失,故经济性差,在大中型汽车上的应用受到了限制。但由于它具备结构简单、重量轻、制造成本低等优点,轻便摩托车和微型汽车的小排量发动机广泛采用。

## 任务 2　汽车发动机总体构造认知

1. 能够对发动机性能进行评价
2. 掌握汽车发动机的结构组成和总体构造
3. 熟悉发动机基本性能指标
4. 培养专业兴趣

### 一、汽车发动机结构组成

发动机通常由两大机构和五大系统组成,即曲柄连杆机构、配气机构、进排气系统、燃料供给系统、润滑系统、冷却系统和启动系统;若是汽油机,还包括点火系统,若为增压发动机,则还应有增压系统。图 1-8 为汽车用四缸汽油机的结构图。

1. 曲柄连杆机构

曲柄连杆机构由机体组、活塞连杆组、曲轴飞轮组等三部分组成。其中机体组由机体 14、气缸盖 16、气缸套、气缸垫及油底壳 7 等组成;活塞连杆组由活塞 13、活塞环、活塞销、连杆 12 等组成;曲轴飞轮组由曲轴 4、飞轮 11、扭转减振器、平衡重等组成。机体是发动机各机构、各系统的装配基体,其本身的许多部分又分别是曲柄连杆机构、配气机构、燃料供给系、冷却系和润滑系的组成部分。曲柄连杆机构的功用是将燃料燃烧时产生的热量转变为活塞往复运动的机械能,再通过连杆将活塞的往复运动变为曲轴的旋转运动而对外输出动力。

2. 配气机构

配气机构由进气门 20、排气门 19、挺柱、推杆、摇臂、凸轮轴 24 以及凸轮轴正时齿轮 25(由曲轴正时齿轮 26 驱动)等组成。它的功用是使可燃混合气及时充入气缸并及时从气缸排出废气,实现发动机的工作循环。

3. 燃料供给系统

汽油机燃料供给系的功用是根据发动机的要求,配制出一定数量和浓度的混合气,供入气缸。供给系由汽油箱、汽油泵、汽油滤清器、喷油器等组成。

4. 进排气系统

它由空气滤清器 21、进气管、排气管、排气消声器以及排气污染控制装置等组成。它的功用是对空气进行清洁,然后将其送入气缸,以供燃烧,并将燃烧生成的废气降噪

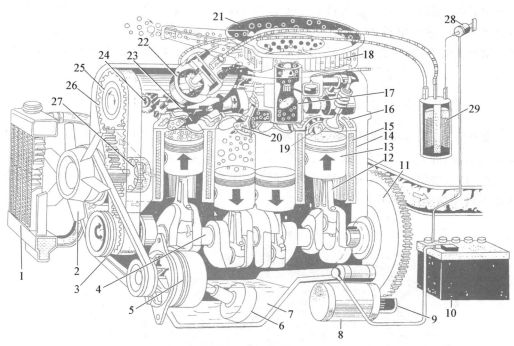

☞发动机总体
构造

图 1-8　四缸四冲程汽油机总体结构图

1—散热器;2—冷却风扇;3—曲轴正时齿轮;4—曲轴;5—发电机;6—机油集滤器;7—油底壳;8—起动机;
9—起动机齿轮;10—蓄电池;11—飞轮;12—连杆;13—活塞;14—机体;15—水套;16—气缸盖;17—节气门;
18—空气滤清器滤芯;19—排气门;20—进气门;21—空气滤清器;22—分电器;23—火花塞;24—凸轮轴;
25—凸轮轴正时齿轮;26—正时皮带;27—水泵;28—点火开关;29—点火线圈。

和清洁处理后排出发动机。

　　5.润滑系统

　　润滑系由机油泵、集滤器 6、限压阀、润滑油道、机油粗滤器、机油细滤器和机油冷
却器等组成。它的功用是将润滑油供给做相对运动的零件以减少它们之间的摩擦阻
力,减轻机件的磨损,并部分地冷却摩擦零件,清洗摩擦表面。

　　6.冷却系统

　　冷却系主要由水泵 27、散热器 1、风扇 2、分水管、机体放水阀以及机体和气缸盖里
铸出的空腔-水套等组成。它的主要功用是把受热机件的热量散到大气中去,以保证发
动机的正常工作。

　　7.起动系统

　　起动系由起动机 8 及其附属装置组成,它的功用是使静止的发动机起动并转入自
行运转。要使发动机由静止状态过渡到工作状态,必须先用外力转动发动机的曲轴,使
气缸内的可燃混合气燃烧膨胀做功,推动活塞向下运动使曲轴旋转,发动机才能自行
运转。

　　8.点火系统

　　在汽油机中,气缸内的可燃混合气是靠电火花点燃的,能够按时在火花塞电极间产

生电火花的全部设备称为点火系。点火系由将低压电流变成高压电流的断电器(与分电装置等组合成分电器 22)和点火线圈 29、把高压电流按规定时刻通过分电器装置接通气缸的火花塞 23 等组成。它的功用是保证按规定时刻及时点燃气缸中被压缩的混合气。

## 二、典型汽车发动机总体构造

如图 1-9 为本田 F22B1 发动机,为直列四缸水冷,排量 2.2 L,压缩比 8.8。配气结构采用双顶置凸轮,每缸四气门,特有的 VTEC 可变气门升程系统使得发动机获得了在低速时的经济性和高速时的动力性。在发动机管理上,采用带氧传感器控制的顺序多点燃油喷射系统(PGM-FI)。

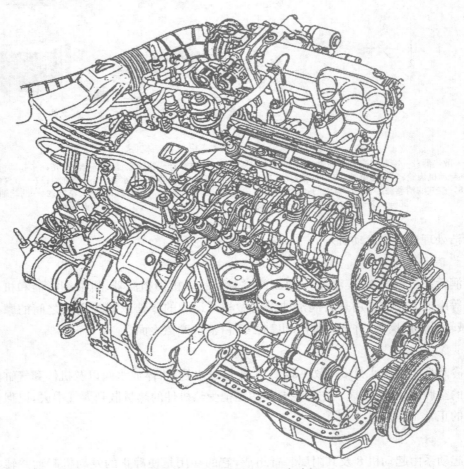

图 1-9　本田雅阁 F22B1 汽油机

图 1-10 为车用高速柴油机剖面图,该柴油机机体与气缸盖为合金铸铁,每缸 2 气门,直喷式燃烧系统;下置凸轮轴,齿形带传动;供油系统采用 VE 喷油泵、P 型喷油器。该柴油机广泛应用在轻型车上。

图 1-11 为水平对置式汽油机,布置在轿车上,利于轿车高度尺寸的控制。

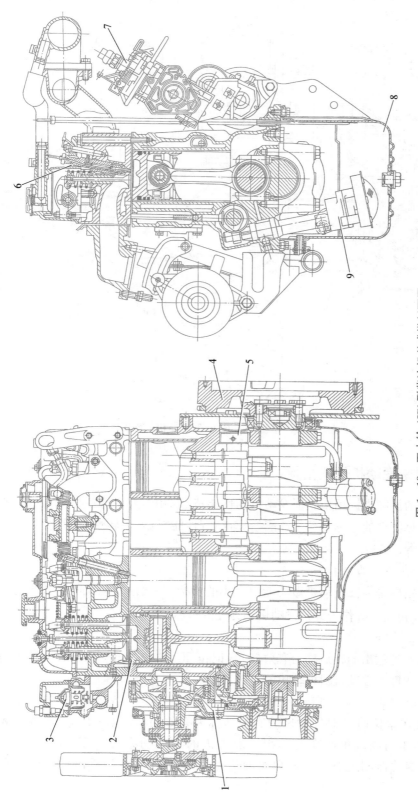

图 1 – 10　五十铃 4JB1 型柴油机总成纵剖面图

1—正时轮室总成；2—活塞连杆总成；3—节温器总成；4—曲轴飞轮总成；5—凸轮轴总成；6—喷油器总成；7—VE 型喷油泵；8—油底壳总成；9—机油泵总成。

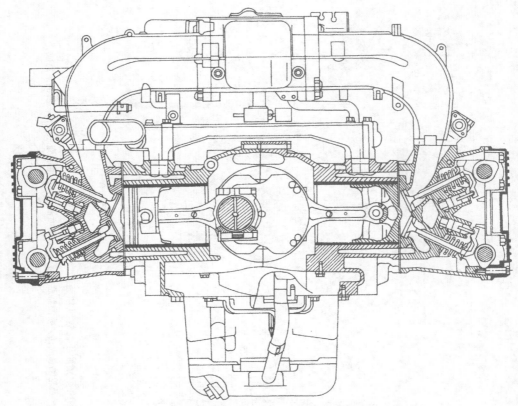

图 1-11　富士重工 EJ20 型汽油机剖面图

### 三、汽车发动机性能指标

发动机的性能指标用来表征发动机的性能特点,并作为评价各类发动机性能优劣的依据。常见的性能指标有动力性能指标,经济性能指标,运转性能指标和可靠性、耐久性能指标等。

1. 发动机的动力性指标

动力性指标是表征发动机做功能力大小的指标,一般用发动机的有效转矩 $T_e$、有效功率 $P_e$ 和转速 $n$ 等作为评价发动机动力性的指标。

(1) 有效转矩

发动机对外输出的转矩称为有效转矩,记作 $T_e$,单位为 N·m。有效转矩与曲轴角位移的乘积即为发动机对外输出的有效功。

(2) 有效功率

发动机在单位时间对外输出的有效功称为有效功率,记作 $P_e$,单位为 kW。它等于有效转矩与曲轴角速度的乘积。发动机的有效功率可以用台架试验方法测定,也可用测功器测定有效转矩和曲轴角速度,然后用公式计算出发动机的有效功率 $P_e$:

$$P_e = T_e \frac{2\pi n}{60} \times 10^{-3} = \frac{T_e n}{9\ 550} (kW)$$

式中:$T_e$——有效转矩,N·m;

$\quad n$——曲轴转速,r/min。

（3）发动机转速

发动机曲轴每分钟的回转数称为发动机转速,用 $n$ 表示,单位为 r/min。发动机转速的高低,关系到单位时间内做功次数的多少或发动机有效功率的大小。因此,在说明发动机有效功率的大小时,必须同时指明其相应的转速。

在发动机产品标牌上规定的有效功率及其相应的转速分别称作标定功率和标定转速。发动机在标定功率和标定转速下的工作状况称作标定工况。标定功率不是发动机所能发出的最大功率,它是根据发动机用途而制定的有效功率最大使用限度。

2. 经济性指标

发动机经济性指标包括有效热效率和有效燃油消耗率等。

（1）有效热效率

燃料燃烧所产生的热量转化为有效功的百分数称为有效热效率,记作 $\eta_e$。显然,为获得一定数量的有效功所消耗的热量越少,有效热效率越高,发动机的经济性越好。

$$\eta_e = \frac{W_e}{Q_1}$$

式中:$W_e$——发动机有效功,kJ;

$\quad Q_1$——燃料中所含的热量,kJ。

现代汽车汽油机 $\eta_e$ 值一般 0.30 左右,柴油机 0.40 左右。

（2）有效燃油消耗率

发动机每输出 1 kW·h 的有效功所消耗的燃油量称为有效燃油消耗率,记作 $g_e$,单位为 g/(kW·h)。

$$g_e = \frac{B}{P_e} \times 10^3$$

式中:$B$——发动机在单位时间内的耗油量,kg/h;

$\quad P_e$——发动机的有效功率,kW。

显然,有效燃油消耗率越低,经济性越好。

3. 强化指标

强化指标是指发动机承受热负荷和机械负荷能力的评价指标,一般包括升功率和活塞平均速度等。

（1）升功率

发动机在标定工况下,单位发动机排量输出的有效功率称为升功率。升功率大,表明每升气缸工作容积发出的有效功率大,发动机的热负荷和机械负荷都高。

$$P_l = \frac{P_e}{V_h i}$$

（2）活塞平均速度

活塞平均速度 $C_m$ 是指发动机在标定转速下工作时,活塞往复运动速度的平均值。

$$C_m = \frac{Sn}{30} \times 30^{-3} (\text{m/s})$$

式中:$S$——活塞行程,mm;

$n$——发动机标定转速,r/min。

活塞平均速度高,使发动机的热负荷和机械负荷增高,因此,一定程度上代表了发动机的技术水平。

### 4. 运转性能指标

（1）排放指标

发动机的排气中含有多种对人体有害的物质,主要有一氧化碳（CO）、碳氢化合物（HC）、氮氧化物（$NO_x$）、二氧化硫（$SO_2$）、醛类和微粒（含碳烟）等。截至 2019 年底,我国汽车保有量已突破 3.48 亿辆,汽车排气污染已成为大气污染的重要因素。我国排放标准参照欧洲法规体系,从 2000 年开始执行第 I 阶段标准开始,至目前轻型汽油车遵照《轻型汽车污染物排放限值及测量方法（中国第六阶段）》（GB 18352.6—2016）,2020 年 7 月 1 日执行;重型柴油车遵照《重型柴油车污染物排放限值及测量方法（中国第六阶段）》（GB 17691—2018）,2019 年 7 月 1 日执行。

（2）噪声

噪声是发动机工作时发出的一种声强和频率无一定规律的声音,主要有燃烧噪声和机械噪声。汽车是城市主要噪声源之一,发动机又是汽车的主要噪声源,应该给予控制。我国的噪声标准中规定,小型水冷汽油机噪声不大于 110 dB（A）,轿车的噪声不大于 82 dB（A）。

（3）起动性能

起动性能是表征发动机起动难易的指标。发动机起动性能好,便于汽车起步行驶,同时减少了起动时的功率消耗和发动机的磨损。

起动性能一般以一定条件下的起动时间长短来衡量。我国标准规定,不采用特殊的低温起动措施,汽油机在 -10 ℃、柴油机在 -5 ℃ 以下的气温条件下起动,能在 15 s 以内达到自行运转。

### 5. 可靠性与耐久性能指标

可靠性与耐久性也是汽车发动机使用中的两个重要指标。

（1）可靠性

可靠性是指发动机在规定的运转条件下,具有持续工作,不至因为故障而影响正常运转的能力。通常以首发故障行驶里程、平均故障间隔里程、保证期内的不停车故障数、停车故障数、更换主要零件和重要零件数等具体指标来衡量。按照汽车发动机可靠性试验方法的规定,我国汽车发动机应能在标定工况下连续运行 300～1 000 h。

（2）耐久性

耐久性是指发动机在规定的运转条件下,长期工作而不大修的性能。一般以发动机从开始使用到第一次大修前累计汽车行驶的里程数来衡量。

上述发动机的动力性能指标,经济性能指标,运转性能指标和可靠性、耐久性等指标,对不同用途的发动机要求是不同的。各项指标之间既相互联系又相互制约,往往为了降低排气污染,而不得不牺牲发动机的动力和经济性能指标。

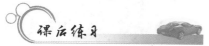

### 一、选择题

1. 汽车用发动机一般按(　　)来分类。

A. 排量　　　　　　B. 气门数目　　　　C. 所用燃料　　　　D. 活塞的行程

2. 气缸工作容积是指(　　)的容积。

A. 活塞运行到下止点活塞上方　　　　　　B. 活塞运行到上止点活塞上方

C. 活塞上、下止点之间　　　　　　　　　D. 进气门从开到关所进空气

3. 轻型汽油车执行国六排放的时间是(　　)。

A. 2018 年 7 月　　B. 2019 年 7 月　　C. 2020 年 7 月　　D. 2021 年 7 月

4. 发动机的有效转矩与曲轴角速度的乘积称为(　　)。

A. 指示功率　　　　B. 有效功率　　　　C. 最大转矩　　　　D. 最大功率

5. 汽油机气缸内最高燃烧压力(　　)柴油机。

A. 高于　　　　　　B. 低于　　　　　　C. 等同于

### 二、判断题

1. 柴油机的压缩比通常小于汽油机的压缩比。　　　　　　　　　　(　　)

2. 四冲程发动机完成一个工作循环,曲轴旋转 360°。　　　　　　　(　　)

3. 二冲程发动机功率比四冲程大 1 倍。　　　　　　　　　　　　　(　　)

4. 可以根据升功率来衡量发动机的强化程度。　　　　　　　　　　(　　)

5. 发动机压缩比越高,燃油经济性越好。　　　　　　　　　　　　(　　)

### 三、问答题

1. 简述汽车发动机如何进行分类。

2. 分析四冲程汽油机和柴油机的工作过程,两者有何异同?

3. CA488 型四冲程汽油机有 4 个气缸,气缸直径 87.5 mm,活塞行程 92 mm,压缩比为 8.1,试计算其气缸工作容积、燃烧室容积和发动机排量。

4. 分析当前汽油机和柴油机的应用情况,并说明原因。

5. 查阅某种在用轿车的发动机性能参数,并对其进行评价。

# 曲柄连杆机构检修

项目二

## 项目导入

　　曲柄连杆机构是往复活塞式发动机实现能量转换的主要机构,其作用是将燃气作用在活塞顶上的压力转变为曲轴的转矩,使曲轴产生旋转运动而对外输出动力,因此,其工作状态决定了能量转换的效率。曲柄连杆机构的故障主要是三漏、异响及机件损坏,通常很多故障往往首先以异响的形式表现出来。本项目内容对接"1+X"汽车运用与维修职业技能领域职业技能等级标准,符合"1-1汽车动力与驱动系统综合分析技术模块(中级):汽车动力系统检测维修"中"1.2缸体和曲轴活塞组件维修"职业技能要求。

## 任务1　机体组检修

1. 能够对机体组零部件进行检修
2. 能够对机体组的故障进行分析判断
3. 掌握机体组主要部件的结构
4. 熟悉曲柄连杆机构受力情况
5. 培养社会主义核心价值观

### 一、曲柄连杆机构组成

曲柄连杆机构主要由以下三部分组成,如图2-1所示。

(1)机体组　主要包括气缸套、机体1、气缸盖3、气缸垫2、油底壳12等。

(2)活塞连杆组　主要包括活塞6、活塞环5、活塞销、连杆7等。

（3）曲轴飞轮组　主要包括曲轴 13、飞轮、曲轴带轮等部件。

## 二、曲柄连杆机构中的作用力及力矩

在发动机做功时，气缸内的最高温度可达 2 500 K 以上，最高压力可达 5～9 MPa；车用发动机最高转速可达 3 000～7 000 r/min，则活塞每秒要进行 100～200 个行程，可见其线速度极高。此外，与可燃混合气和燃烧废气接触的机件还将受到化学的腐蚀。因此，曲柄连杆机构是在高温、高压、高速和化学腐蚀的条件下工作的。曲柄连杆机构受到的力主要有以下几种。

### 1.气体压力

在做功行程中，气体压力是推动活塞向下运动的。这时，燃烧气体产生的高压直接作用在活塞顶部，如图 2-2(a) 所示，设活塞所受总压力为 $F_P$，传到活塞销上，可分解为 $F_{P1}$ 和 $F_{P2}$，分力 $F_{P1}$ 通过活塞销传给连杆，并沿连杆方向作用在曲柄上。$F_{P1}$ 可分解为两个分力 $R$ 和 $S$。沿曲柄方向分力 $R$ 使曲柄主轴颈与主轴承间产生压紧力；与曲柄相垂直的分力 $S$ 除了使主轴颈和主轴承之间产生压紧力外还对曲柄形成转矩 $T$，推动曲柄旋转。水平力 $F_{P2}$ 把活塞压向气缸壁，形成活塞与气缸壁间的侧压力，使两者产生摩擦，并有使机体翻转的趋势。

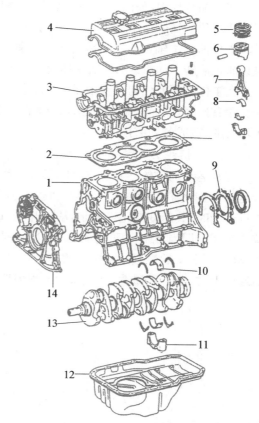

图 2-1　曲柄连杆机构

1—机体；2—气缸垫；3—气缸盖；4—气缸盖罩；
5—活塞环；6—活塞；7—连杆；8—连杆轴瓦；
9—后盖；10—主轴瓦；11—主轴承盖；
12—油底壳；13—曲轴；14—前盖。

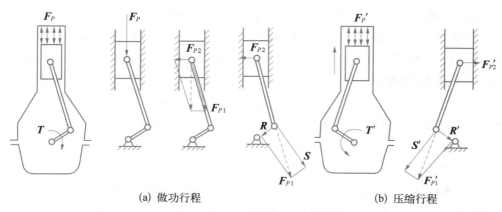

(a) 做功行程　　　　　(b) 压缩行程

图 2-2　气体压力作用情况示意图

在压缩行程中,如图 2-2(b)所示,气体压力是阻碍活塞向上运动的阻力。这时作用在活塞顶的气体总压力 $F'_P$ 也可以分解为两个分力 $F'_{P1}$ 和 $F'_{P2}$,而 $F'_{P1}$ 又分解为 $R'$ 和 $S'$。$R'$ 使曲轴主轴颈与主轴承间产生压紧力,$S'$ 对曲轴造成一个旋转阻力矩 $T'$,企图阻止曲轴旋转。而 $F'_{P2}$ 则将活塞压向气缸的另一侧壁,也使两者产生磨损。

在工作循环的任何行程中,气体作用力的大小都是随活塞位移而变化的,再加上连杆在左右摇摆,因而作用在缸套、活塞、活塞销和曲轴轴颈的表面上的压力和作用点是不均匀的,造成各处磨损不均匀。

2. 往复惯性力和离心力

往复运动的物体,当运动速度变化时,就要产生往复惯性力。物体绕某一中心做旋转运动时,就会产生离心力。活塞和连杆小头在气缸中做往复直线运动,从上止点向下止点运动时,其速度变化规律是:从零开始,逐渐增大,临近中间达最大值,然后又逐渐减小至零。即当活塞向下运动时,前半程是加速运动,惯性力向上,以 $F_j$ 表示,如图 2-3(a)所示。后半程是减速运动,惯性力向下,以 $F'_j$ 表示,如图 2-3(b)所示。同理当活塞向上时,前半程惯性力向下,后半程惯性力向上。

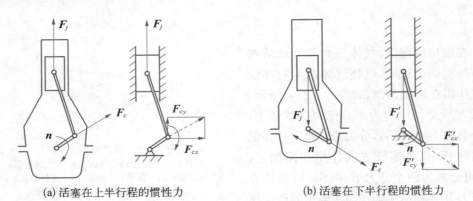

(a) 活塞在上半行程的惯性力          (b) 活塞在下半行程的惯性力

图 2-3  往复惯性力和旋转惯性力作用情况示意图

活塞、活塞销和连杆小头的质量愈大,曲轴转速越高,则往复惯性力也放大。它使曲轴连杆机构的各零件和所有轴颈承受周期性的附加载荷,加快轴承的磨损;未被平衡的变化着的惯性力传到气缸体后,还会引起发动机的振动。

偏离曲轴轴线的曲柄和连杆大头绕曲轴轴线旋转,产生旋转惯性力,即离心力,其方向沿曲柄半径向外,其大小与曲轴半径、旋转部分的质量及曲轴转速有关。曲柄半径长,旋转质量大,曲轴转速高,则离心力大。如图 2-3(a)所示,离心力 $F_c$ 在垂直方向分力 $F_{cy}$ 与往复惯性力方向总是一致的,因而加剧了发动机的上、下振动。而水平方向分力 $F_{cx}$ 则使发动机产生水平方向的振动。离心力使连杆大头的轴瓦和活塞销、曲轴主轴颈及其轴承受到又一个载荷,增加它们的变形和磨损。

3. 摩擦力

曲柄连杆机构中相互接触的表面做相对运动时都存在摩擦力,其大小与正压力和摩擦系数成正比,其方向总是与相对运动的方向相反。摩擦力的存在是造成配合表面磨损的根源。

曲柄连杆机构产生的惯性力和摩擦力都是有害的,现代高速发动机尽量减少运动件的质量和活塞的行程,以便减少惯性力。同时保证运动件有较高的加工精度和装配精度,并采取加强润滑等措施,以减少摩擦力。

### 三、机体组

机体组是发动机的骨架,是曲柄连杆机构、配气机构和发动机各系统主要零部件的装配基体。

#### 1.机体

（1）机体的工作条件及要求

机体(如图2-4)是气缸体与曲轴箱的连铸体。绝大多数水冷发动机的气缸体与曲轴箱连铸在一起,而且多缸发动机的各个气缸也合铸成一个整体,机体是发动机中最大最重的零件。在发动机工作时,机体承受拉、压、弯、扭等不同形式的机械负荷,同时还因为气缸壁面与高温燃气直接接触而承受很大的热负荷。因此,机体应具有足够的强度和刚度,且耐磨损和耐腐蚀,并应对气缸进行适当的冷却,以免机体损坏和变形。机体应有较高的尺寸精度,力求结构紧凑、质量轻,以减小整机的尺寸和质量。

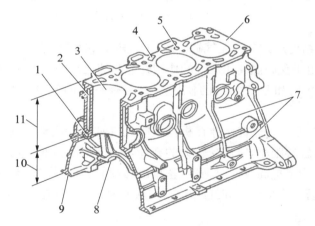

图2-4 发动机机体

1—主油道孔;2—冷却水套;3—气缸;4—冷却液孔;5—螺纹孔;6—机体上平面;
7—加强筋;8—主轴承座;9—机体下平面;10—曲轴箱;11—气缸体。

（2）机体材料

机体一般用高强度的灰铸铁、球墨铸铁或铝合金铸造。最近,在轿车发动机上采用铝合金机体越来越普遍。铝合金机体具有以下优点:

① 铝合金机体与铝活塞热膨胀系数相同,因此,活塞与气缸的间隙可以控制到最小,降低噪声和油耗。

② 导热性好,可以提高压缩比,提高功率和经济性。

③ 质量轻,有利于前置前驱轿车的前后轴荷分配。

④ 散热性好,可以减少冷却液容量,减小散热器尺寸。

缺点:制造成本高,强度低,仅用于汽油机。

(3) 机体构造

机体的构造与气缸排列形式、气缸结构形式和曲轴箱结构形式有关。

① 根据气缸排列形式,机体分为直列式、V 型和水平对置式。

如图 2-5 所示,直列式高度和长度大,振动较小,适合六缸以下发动机;V 型机体宽度大,高度和长度小,形状复杂,刚度大,尺寸小,适合 6 缸以上大功率发动机;水平对置式重心低,平衡性好,应用较少。

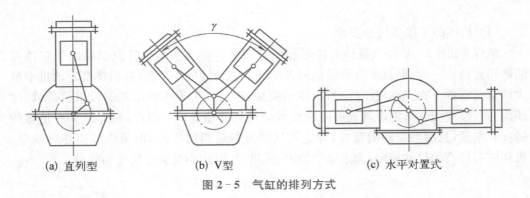

(a) 直列型　　　　　　(b) V型　　　　　　(c) 水平对置式

图 2-5　气缸的排列方式

② 根据气缸结构形式分为无气缸套式、干气缸套式和湿气缸套式。

气缸内表面由于受高温高压燃气的作用并与高速运动的活塞接触而极易磨损。为了提高气缸的耐磨性和延长气缸的使用寿命而有不同的气缸结构形式,如图 2-6 所示。

Ⅰ.无气缸套式　气缸直接镗在机体上叫无气缸套式或整体式气缸,整体式气缸强度和刚度都好,缸心距小,能承受较大的载荷,工艺性好,这种气缸对材料要求高,成本高,维修不便。为了提高表面耐磨性,整个缸体材料都必须加入价格较高的合金,一旦拉缸,须重新镗孔,或报废。如红旗 488、大众 EA827、丰田凯美瑞发动机等都采用无气缸套结构形式。

铝合金机体是铸铁缸套与铝浇铸在一起,或铝缸套表面多孔镀铬,以提高耐磨性。

对于风冷发动机气缸体,由于金属对空气的换热系数仅是金属对水的换热系数的 1/33,因此,必须在风冷气缸的外壁铸制散热片,以增加散热面积,增强散热能力。

Ⅱ.干气缸套式　在一般灰铸铁机体的气缸套座孔内压入干式气缸套,气缸套不与冷却液接触,如图 2-6(b)所示。干式气缸套的外圆表面和气缸套座孔内表面均须精加工,以保证必要的形位精度和便于拆装。壁厚较薄,一般为 1~3 mm。它具有整体式气缸体的优点,强度和刚度都较好,中心距小,质量轻,便于维修,但加工比较复杂,拆装不方便,温度不均匀,散热不良,易发生局部变形,形成窜气。因此,气缸套外圆尺寸通常与气缸套配合座孔选配,标有尺寸记号,装配时应注意。

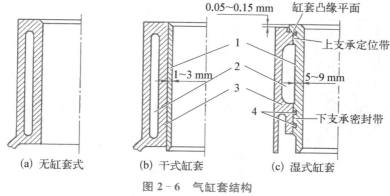

图 2-6　气缸套结构

1—气缸套；2—水套；3—机体；4—密封圈。

Ⅲ.湿式气缸套　气缸套外壁与冷却液直接接触。用合金铸铁制造的湿式气缸套的壁厚一般为 5～9 mm。它散热良好，冷却均匀，加工容易，通常只需要精加工内表面，而与水接触的外表面不需要加工，拆装方便，但缺点是强度、刚度都不如干式气缸套好，而且容易产生漏水现象。湿式气缸套下部用 1～3 道耐热耐油的橡胶密封圈进行密封，防止冷却液泄漏。湿式气缸套上部的密封是利用气缸套装入机体后，气缸套顶面高出机体顶面 0.05～0.15 mm，如图 2-6(c)所示。

为了提高气缸内表面的耐磨性、润滑性，气缸表面需经珩磨加工成深度为 4～6.5 微米的网纹，以利于储油，无缸套气缸表面可采用激光淬火工艺。

③ 按照曲轴箱结构形式的不同，机体有一般式、龙门式和隧道式三种。

Ⅰ.一般式　一般式机体的底平面与曲轴轴线平齐。这种机体高度小、质量轻、加工方便，但与另外两种机体相比刚度较差。

Ⅱ.龙门式　龙门式机体是指底平面下沉到曲轴轴线以下的机体，底平面到曲轴轴线的距离称作龙门高度。龙门式机体由于高度增加，其弯曲刚度和扭转刚度与一般式机体相比有显著提高。机体底平面与油底壳之间的密封也比较简单，维修方便，但加工工艺性差。

Ⅲ.隧道式　隧道式机体是指主轴承孔不剖分的机体结构。这种机体配以窄型滚动轴承可以缩短机体长度。隧道式机体的刚度大，主轴承孔的同轴度好，装拆比较麻烦。由于大直径滚动轴承的圆周速度不能很大，而且滚动轴承价格较贵，因此，限制了隧道式机体在高速发动机上的应用。

（4）主轴承盖和主轴承盖螺栓

① 主轴承盖　其功用是与机体主轴承孔共同组成曲轴的轴承座孔，因而承受较高的机械负荷。其材料通常采用钢、合金铸铁或球墨铸铁制造。在安装条件下加工，即所有主轴承盖安装好后用同一镗刀加工至准确尺寸，故主轴承盖不能互换，方向也不能调换。其与机体安装的定位方式有侧面定位和套筒定位两种。

② 主轴承盖螺栓　其功用是压紧主轴承盖并使轴瓦产生必要的预紧力，以防止工作力的作用下，使主轴承盖和气缸体分开，并阻止主轴承盖在横向力的作用下发生侧

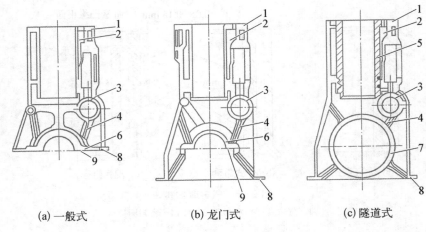

(a) 一般式　　　　　　(b) 龙门式　　　　　　(c) 隧道式

图 2-7　机体的结构形式

1—气缸体；2—水套；3—凸轮轴座孔；4—加强筋；5—湿式缸套；6—主轴承座；
7—主轴承座孔；8—油底壳安装面；9—主轴承盖安装面。

移。工作中承受较高的拉力，多用合金钢制造，不能随意替代，装配时需按规定的力矩和顺序拧紧。

### 2. 气缸盖

（1）气缸盖工作条件及要求

气缸盖承受气体力和紧固气缸盖螺栓所造成的机械负荷，同时还由于与高温燃气接触而承受很高的热负荷。为了保证气缸的良好密封，气缸盖既不能损坏，也不能变形，为此气缸盖应具有足够的强度和刚度。为了使气缸盖的温度分布尽可能均匀，避免进、排气门座之间发生热裂纹，应对气缸盖进行良好的冷却。

（2）气缸盖材料

气缸盖一般都由优质灰铸铁或合金铸铁铸造，轿车用的汽油机则多采用铝合金气缸盖，具有质量轻、易浇铸、散热好等特点。

（3）气缸盖构造

气缸盖是结构复杂的箱形零件。如图 2-8 所示，其上加工有进、排气门座孔，气门导管孔，火花塞安装孔（汽油机）或喷油器安装孔（柴油机）。在气缸盖内还铸有水套、进排气道和燃烧室或燃烧室的一部分。若凸轮轴安装在气缸盖上，则气缸盖上还加工有凸轮轴承孔或凸轮轴承座及其润滑油道。气缸盖的具体结构受到每缸气门数、凸轮轴位置、冷却方式、进排气道及燃烧室形状等因素的影响。

水冷发动机的气缸盖有整体式、分块式和单体式三种结构形式。在多缸发动机中，全部气缸共用一个气缸盖的，则

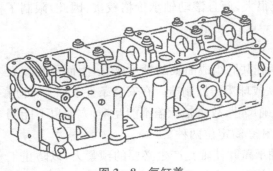

图 2-8　气缸盖

称该气缸盖为整体式气缸盖;若每两缸一盖或三缸一盖,则该气缸盖为分块式气缸盖;若每缸一盖,则为单体式气缸盖。风冷发动机均为单体式气缸盖。

（4）燃烧室

当活塞位于上止点时,活塞顶面以上、气缸盖底面以下所形成的空间称为燃烧室。在汽油机气缸盖底面通常铸有形状各异的凹坑,习惯上称这些凹坑为燃烧室。

在汽油机上广泛应用的燃烧室有:

① 楔形燃烧室　如图2-9(a)所示,其结构简单、紧凑,散热面积小,热损失小;能保证混合气在压缩行程中形成良好的涡流运动,有利于提高混合气的混合质量;进气阻力小,提高了充气效率。但火花塞置于楔形燃烧室高处,火焰传播距离长,爆燃倾向变大,而且存在较大的激冷面,容易形成有害气体排放。

② 浴盆形燃烧室　如图2-9(b)所示,结构简单,挤气涡流强,制造成本低,但不够紧凑,散热面积大,热损失大,火焰传播距离长,爆燃倾向大。

③ 半球形燃烧室　如图2-9(c)所示,其结构紧凑、复杂,火花塞布置在燃烧室中央,火焰行程短,燃烧速率高,散热少,热效率高,可采用4气门结构,充气效率高,排气净化好,在轿车发动机上广泛应用。

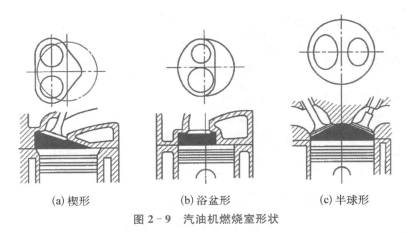

(a) 楔形　　　　(b) 浴盆形　　　　(c) 半球形

图2-9　汽油机燃烧室形状

此外,还有多球形燃烧室、篷形燃烧室等多种燃烧室结构,不同的形状取决于发动机追求的性能指标。

3. 气缸衬垫

（1）气缸衬垫功用

气缸衬垫是机体顶面与气缸盖底面之间的密封件。其作用是保持气缸密封不漏气,保持由机体流向气缸盖的冷却液和机油不泄漏。气缸衬垫承受拧紧气缸盖螺栓时造成的压力,并受到气缸内燃烧气体高温、高压的作用以及机油和冷却液的腐蚀。气缸衬垫应该具有足够的强度,并且要耐压、耐热和耐腐蚀。另外,还需要有一定的弹性,以补偿机体顶面和气缸盖底面的粗糙度和不平度以及发动机工作时反复出现的变形。

（2）气缸衬垫的分类及结构

按所用材料的不同,气缸衬垫可分为金属-石棉衬垫、金属-复合材料衬垫和全金属衬垫等多种,如图 2-10 所示。金属-石棉衬垫在所有孔边用金属板包边,防止气体和液体泄漏,该类衬垫具有良好的弹性和耐热性,可以重复使用多次。由于石棉对人体有害,近年出现了金属-复合材料衬垫,即在钢板的两面黏覆耐热、耐压和耐腐蚀的新型复合材料,孔边包不锈钢。全金属衬垫强度高、抗腐蚀和耐热能力强,多用于强化程度较高的发动机。在安装气缸垫时,光滑的一面朝向气缸体,否则容易产生冲缸垫现象。

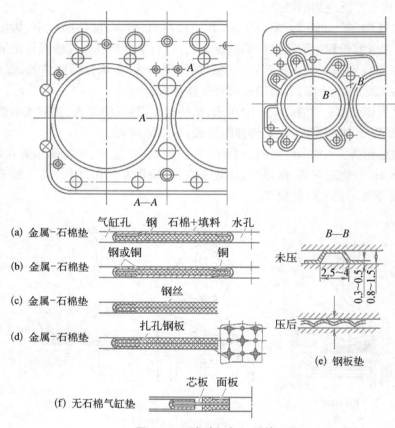

图 2-10 发动机气缸衬垫

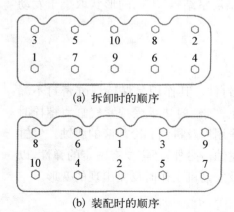

图 2-11 气缸盖螺栓拆装顺序

### 4. 气缸盖螺栓

(1)结构要求 螺栓数目要足够,保证压紧均匀,减小局部变形,密封可靠;预紧力要足够,保证必要的密封压力,防止长期工作后发生松弛。螺栓材料通常采用 45 或 40Cr 钢,经调质处理,为特制件,不得随意更换。

(2)拧紧方式 按照最终拧紧力矩的要求,50 N·m 以下分 2 次,50~100 N·m 分 3 次,100~160 N·m 分 3~4 次,160~250 N·m 分 4~5 次,从中央向四周对角交错逐渐拧紧。拆卸时正好相反,如图 2-11 所示。新发动机暖车后,需复紧一次,具体为铝合金缸盖在冷态下复紧,铸铁缸盖在热态下复紧,以保证发动机在热态时的密封可靠性。

（3）定位方式 气缸盖与机体之间的安装通常有定位装置,以保证装配精度,定位方法有套筒定位、定位螺栓定位和销定位等。

### 5. 油底壳

油底壳的主要功用是储存机油和封闭机体或曲轴箱。

如图2-12所示,油底壳用薄钢板冲压或用铝铸制而成。油底壳内设有挡板,用以减轻汽车颠簸时油面的振荡。此外,为了保证汽车倾斜时机油泵能正常吸油,通常将油底壳局部做得较深。油底壳底部设放油螺塞。有的放油螺塞带磁性,可以吸引机油中的铁屑。有的油底壳用双层钢板中间夹隔音棉,以降低发动机噪声。

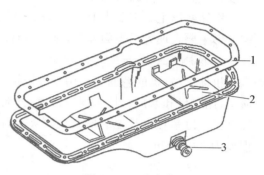

图2-12 油底壳

1—衬垫;2—稳油挡板;3—放油螺栓。

### 6. 发动机支承

发动机一般通过机体和飞轮壳或变速器壳上的支承支撑在车架上。如图2-13所示,发动机的支承方法,一般有三点支承和四点支承两种。三点支承可布置成前一后二或前二后一。采用四点支承法时,前后各有两个支承点。

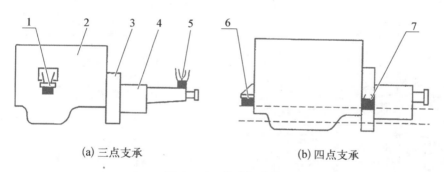

(a) 三点支承　　　　　　　　　　(b) 四点支承

图2-13 发动机支承

1—支承(1,2);2—发动机;3—离合器壳;4—变速器;
5—支承3;6—支承(1,2);7—支承(3,4)。

在发动机工作时,机体组损伤的主要形式有:机体和气缸盖的变形和裂纹、气缸的磨损、螺纹孔损坏和水道边缘处的腐蚀等。

## 一、机体和气缸盖变形检修

造成机体和气缸盖变形的原因包括拆装螺栓时力矩过大或不均匀,或不按顺序拧紧以及在高温下拆卸气缸盖等。

机体变形主要表现为上平面、端面的翘曲变形和配合表面的相对位置误差增加;缸盖变形主要表现为下平面和进、排气歧管侧平面的翘曲变形。

1. 检测气缸体和气缸盖翘曲变形

机体、气缸盖的翘曲变形用平板做接触检验,或者用直尺和塞尺检测。如图 2-14 所示,用直尺和塞尺在长、宽和对角线方向上进行测量,求得其平面度误差。一般轿车发动机气缸盖在全长上的最大允许误差为 0.02 mm,机体上平面在全长上的最大允许误差为 0.05 mm。

2. 检测气缸轴线与主轴承座孔轴线垂直度

如图 2-15 所示,用垂直度检验仪对气缸与主轴承座孔轴线的垂直度进行检验。检验仪用定心器支承在气缸中,并用调整螺钉轴向支承定位于机体的上平面。测量时,用手转动手柄,测量头便水平转动与定心轴前、后两点接触,表针在两点的示值差即为气缸轴线与主轴承座孔轴线的垂直度误差,一般不大于 0.05 mm。

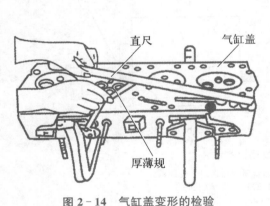

图 2-14　气缸盖变形的检验

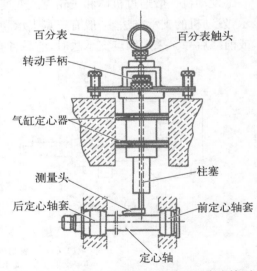

图 2-15　气缸与主轴承座孔轴线垂直度检测

3. 主轴承座孔同轴度检验

以机体前、后两主轴承孔为测量基准,用专用检验仪进行检测,如图 2-16 所示。在轴承座孔中装入定心轴套,定心轴支承在轴套内,可轴向滑动,在定心轴上装有本体、等臂杠杆及百分表。测量时,使等臂杠杆的球形触头触及被测孔的表面,当转动定心轴时,如果孔不同轴,等臂杠杆的球形触头便产生径向移动,移动量经杠杆传给百分表,便能指示出孔的同轴度误差。其要求是:所有主轴承座孔的同轴度误差不大于0.15 mm,相邻两个主轴承座孔的同轴度误差不大于 0.10 mm。

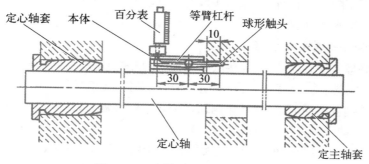

图 2-16　主轴承座孔同轴度检测

#### 4. 气缸体和气缸盖翘曲变形维修

如果气缸盖和机体平面的翘曲变形偏差在 0.3 mm 范围内或局部不平有凸起,可采用刮、铲、锉和研磨的方法修平。如果翘曲变形量较大,应根据变形超差量、部位等,用敲压校正法或用铣削、磨削的方法修复。磨削、铣削修平法是气缸盖和机体变形量大,又不规则,其他方法不能修复时采用的修复方法。其加工量不得超过厂家规定的修正值,并应保证气缸盖和机体的高度尺寸不小于规定尺寸。

机械加工修复的优点是:修理彻底,平面精度高,质量好,工艺可靠。缺点是只修理了平面度,不能同时修复形位误差。气缸盖修复后必须检验、校正燃烧室的容积。

### 二、机体和气缸盖裂纹检修

机体与气缸盖产生的裂纹会引起发动机漏气、漏水、漏油,影响发动机正常工作,必须及时检修。

#### 1. 机体和气缸盖裂纹检查

机体和气缸盖的裂纹通常采用水压试验法进行检验,如图 2-17 所示。将气缸盖和气缸衬垫装在气缸体上,将水压机出水管接头与气缸前端水泵入水口处连接好,并封闭所有水道口,然后将水压入水套,要求在 0.3～0.4 MPa 的压力下,保持约 5 min,应没有任何渗漏现象。

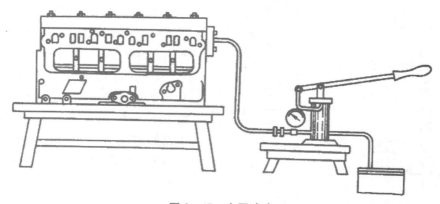

图 2-17　水压试验

镶配气门座圈、气门导管、气缸套时,若过盈量大时可能造成新的裂纹,应在这些工序后再进行一次水压试验。

### 2. 机体和气缸盖裂纹维修

裂纹的修理方法有黏接法、焊接法等几种,在修理中应根据裂纹的大小、部位、损伤程度等情况进行选择。黏接法是采用无机黏接剂黏接,无机黏接剂由磷酸氢氧化铝、氧化铜按一定比例调制而成,又称氧化铜黏接剂。它耐高温,可达 873～1 173 K,工艺简单,使用方便。缺点是性脆,耐冲击能力差,受力大的关键部位不能使用。

焊接法一般应用于裂纹处于受力较大的部位,但由于机体体积大,精度高,形位公差严,需认真选择焊补工艺。尽量采用冷焊,对焊接质量要求高又不便于冷焊的部位采用热焊。

## 三、气缸检修

### 1. 气缸磨损规律

气缸正常磨损的特征是不均匀磨损。气缸孔沿高度方向磨损成上大下小的倒锥形,最大磨损部位是活塞处于上止点时第一道活塞环对应的气缸壁位置,而该位置以上几乎无磨损,形成明显的"缸肩"。气缸沿圆周方向的磨损形成不规则的椭圆形,其最大磨损部位一般是主推力面方向。

造成上述不均匀磨损的原因是:活塞在上止点附近时各道环的背压最大,其中又以第一道环为最大,以下逐道减小;加之气缸上部温度高,润滑条件差,进气中的灰尘附着量多,废气中的酸性物质引起的腐蚀等,造成了气缸上部磨损较大。而圆周方向的最大磨损部位主要是侧向力、曲轴的轴向窜动等造成的。

### 2. 气缸磨损检测

气缸的磨损程度一般用圆度和圆柱度表示,也有以标准尺寸和气缸磨损后的最大尺寸之差值来衡量。

圆度误差是指同一截面上磨损的不均匀性,取同一横截面上不同方向测得的最大直径与最小直径差值的一半作为圆度误差。

圆柱度误差是指沿气缸轴线的轴向截面上磨损的不均匀性,取被测气缸表面任意方向所测得的最大直径与最小直径差值的一半作为圆柱度误差。

在进行测量时,气缸的测量位置如图 2-18 所示,在气缸体上部距气缸上平面 10 mm 处,气缸中部和气缸下部距缸套下口 10 mm 处的三个截面,按 A、B 两个方向分别测量气缸的直径。

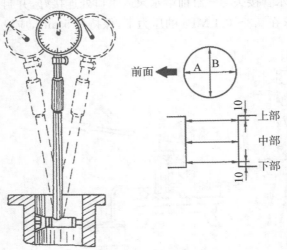

图 2-18 气缸磨损的检测

测量时,使用量缸表,方法如下:

（1）气缸圆度测量

① 根据气缸直径的尺寸,选择合适的接杆,装入量缸表的下端,并使伸缩杆有 1～2 mm 的压缩量。

② 将量缸表的测杆伸入到气缸中的相应部位,微微摆动表杆,使测杆与气缸中心线垂直,量缸表指示的最小读数即为正确的气缸直径。用量缸表在部位 A 向测量,旋转表盘使“0”刻度对准大表针,然后将测杆在此截面上旋转 90°,测量 B 向,此时表针所指刻度与“0”位刻度之差的 1/2 即为该截面的圆度误差。

（2）气缸圆柱度测量

用量缸表在上部 A 向测量并找出正确的直径位置,旋转表盘使“0”刻度对准大表针。然后依次测出其他五个数值,取六个数值中最大差值的 1/2 作为该气缸的圆柱度误差。

☞缸径测量

（3）气缸磨损尺寸测量

一般发动机最大磨损尺寸在气缸的上部,用量缸表在上部 A、B 两向测量出气缸尺寸,取两者最大值。测量时,旋转表盘使“0”刻度对准大表针,并记住小表针所指位置。取出量缸表,将测杆放置于外径千分尺的两测头之间,旋转外径千分尺的活动测头,使量缸表的大指针指向“0”,且小指针指向原来的位置(在气缸中所指示的位置)。此时,外径千分尺的尺寸减去未磨损的气缸尺寸,即为气缸的磨损尺寸。在中部 B 方向所测取的直径值与活塞裙部所测得的直径值之差,为缸套与活塞的配合间隙。

3. 气缸修理

当发动机中磨损量最大的气缸,其圆度和圆柱度超过规定标准时(如汽油机圆度超过 0.05 mm,或圆柱度超过 0.175 mm;柴油机圆度超过 0.063 mm,或圆柱度超过 0.25 mm;或桑塔纳、捷达汽车,其标准尺寸和最大磨损尺寸超过 0.08 mm),则应进行修理。

气缸的修理通常采用机械加工的方法,即修理尺寸法和镶套修复法。

修理尺寸法是指在零件结构、强度和强化层允许的条件下,对配合副中主要件的磨损部位进行机械加工,使其达到规定尺寸,恢复其正确的几何形状和精度,然后更换相应的配合件,得到尺寸改变而配合性质不变的修理方法。修复后的尺寸称为修理尺寸,气缸的修理尺寸的级别为 0.25 mm。气缸修理一般先进行镗缸,然后进行珩磨。珩磨的目的是使气缸具有合理的表面粗糙度和磨合性能。珩磨时用网纹磨削法,合理地选择珩磨头的往复运动与圆周运动的速度比,使珩磨后的气缸表面上获得深约 0.007～0.01 mm、夹角约为 50°～60°的网纹磨痕。网纹磨削在气缸表面形成微观交叉的沟槽和菱形凸块,在发动机磨合初期,有良好的储油、容屑能力和磨合性能,同时在正常条件下为气缸摩擦副提供了良好的工作条件。

对于经多次修理,直径超过最大修理尺寸或气缸壁上有特殊损伤时,可对气缸做圆整加工,用过盈配合的方式镶上新的气缸套,使气缸恢复到原来的尺寸,这种修理方法叫作镶套修复法。

## 四、气缸盖、气缸体螺纹检修

（1）火花塞座孔损坏,用镶套法修复。先将原孔扩大,再加工一只铜材新套,采用过盈配合,装入扩孔中,再攻螺纹至原座孔内径。

(2) 螺纹孔损坏。可将损坏的螺孔镗大,镶入螺塞,再在螺塞上钻孔攻螺纹至原来螺纹孔径。

### 五、气缸盖罩总成检修

检查气缸盖罩是否有裂纹、凸凹损伤及气缸盖接合平面是否有严重翘曲变形等现象,如有,则应修整或更换。

### 六、油底壳检修

检查油底壳是否有裂纹、凸凹损伤及气缸体下平面接合面是否有严重翘曲变形等现象。根据需要修理或更换。

# 任务 2　活塞连杆组检修

1. 能够对活塞连杆组零部件进行检修
2. 能够对活塞连杆组的故障进行分析判断
3. 掌握活塞连杆组主要部件的结构
4. 培养爱国主义精神

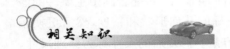

活塞连杆组由活塞、活塞环、活塞销、连杆等零件组成,如图 2-19 所示。其作用是将活塞的往复运动转变为曲轴的旋转运动,并将作用于活塞上的力转变为扭矩对外输出。

## 一、活塞组

1. 活塞

(1) 活塞的功用及工作条件

活塞的主要功用是承受燃烧气体压力,并将此力通过活塞销传给连杆以推动曲轴旋转。此外活塞顶部与气缸盖、气缸壁共同组成燃烧室。

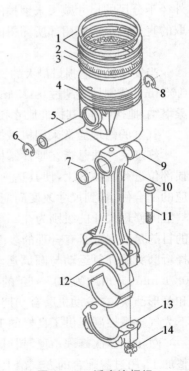

图 2-19　活塞连杆组

1—气环;2—油环衬簧;3—油环刮片;4—活塞;5—活塞销;6,8—卡环;7,9—连杆衬套;10—连杆;11—连杆螺栓;12—连杆轴瓦;13—连杆盖;14—连杆螺母活塞是发动机中工作条件最严酷的零件。作用在活塞上的有气体力和往复惯性力,其中燃气压力汽油机为 3～5 MPa,柴油机 6～9 MPa,增压柴油机达 14～16 MPa,同时引起侧压力增大,增加了变形和磨损。活塞顶与高温燃气直接接触,使活塞顶的温度高达 600～700 K。高温使活塞材料机械强度下降,热膨胀量增大。活塞在侧压力的作用下沿气缸壁面高速滑动,平均速度达 8～12 m/s。由于润滑条件差,因此,摩擦损失大,磨损严重。

（2）活塞材料

现代汽车发动机不论是汽油机,还是柴油机,广泛采用铝合金活塞,只在极少数汽车发动机上采用铸铁或耐热钢活塞。如共晶铝硅材料含 12％硅,过共晶铝硅含 18％～23％硅。增加硅含量可以提高耐磨性,加镍、铜等可以提高热稳定性,确保活塞高温下良好的机械性能。

铝合金与铸铁相比,导热性好 3 倍,重量轻 50％～70％,但热膨胀大,强度低。

（3）活塞构造

活塞由顶部、头部和裙部等 3 部分构成,如图 2 - 20 所示。

① 活塞顶部。如图 2 - 21 所示,汽油机活塞顶部的形状与燃烧室形状和压缩比大小有关。大多数汽油机采用平顶活塞,其优点是受热面积小,加工简单。采用凹顶活塞,可以通过改变活塞顶上凹坑的尺寸来调节发动机的压缩比。顶部打有各种记号（如图 2 - 22）,用以显示活塞及气缸的安装和选配要求,应严格按要求进行。

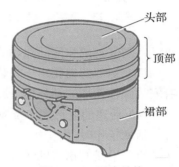

图 2 - 20　活塞结构

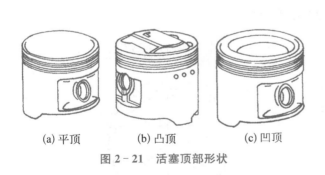

(a) 平顶　　　　(b) 凸顶　　　　(c) 凹顶

图 2 - 21　活塞顶部形状

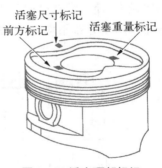

图 2 - 22 活塞顶部标记

② 活塞头部。活塞头部是最下一道活塞环槽以上的部分,分为火力岸和环带两部分。其作用是承受气体压力,并将力通过活塞销座、活塞销传给连杆;同时与活塞环一道实现气缸的密封;将活塞顶部吸收的热量通过活塞环传导到气缸壁（70％～80％的热量）。

活塞头部切有若干道用以安装活塞环的环槽,一般有 2～3 道气环槽和 1 道油环槽,随着发动机高速化,气环数有减少的趋势。气环槽一般具有同样的宽度,油环槽比气环槽宽度大,且槽底加工有回油孔,油环刮下的润滑油从回油孔回到油底壳。

活塞环槽的宽度和深度略大于活塞环的高度和厚度,以保证发动机工作时,活塞环可在环槽内运动,以除去环槽内的积碳和保证密封。这样,活塞环槽的磨损常常是影响发动机使用寿命的一个重要因素,特别是第一道环槽温度高,使材料硬度下降,磨损更为严重。为了保护环槽,有的发动机在环槽部位铸入用耐热材料制成的环槽护圈,以提高活塞使用寿命,如图2-23所示。

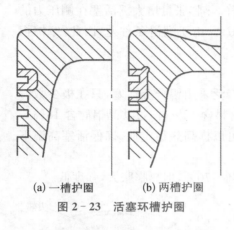

(a) 一槽护圈　　(b) 两槽护圈

图2-23　活塞环槽护圈

③ 活塞裙部。活塞裙部是油环槽下端以下的部分,其作用是为活塞在气缸内往复运动做导向和承受侧压力。活塞裙部要有一定的长度和足够的面积,以保证可靠的导向和减磨。裙部基本形状为一薄壁圆筒,圆筒完整的称为全裙式;许多高速发动机为了减轻活塞质量,在活塞不受侧向力的两侧,即沿销座孔轴线方向的裙部切去一部分,形成拖板式裙部,这种结构裙部弹性较好,可以减小活塞与气缸的装配间隙,如图2-20所示。

活塞裙部的销孔用于安装活塞销,为厚壁圆筒结构。销座孔内接近外端面处加工有安放弹性锁环的锁环槽,锁环用来防止活塞销在工作中发生轴向窜动。

(4) 活塞的变形规律及应对措施

活塞工作时,由于机械负荷和热负荷的影响,会使活塞产生变形。在圆周方向,其裙部直径沿活塞销座轴线方向增大,使裙部变成长轴在活塞销座轴线方向上的椭圆,如图2-24所示。这是由于气体压力和侧压力的作用,同时活塞销座附近金属堆积,受热后膨胀量大,使得活塞径向产生了椭圆变形。在高度方向,由于顶部压力作用、活塞温度分布和质量分布不均匀,则使活塞头部变大。

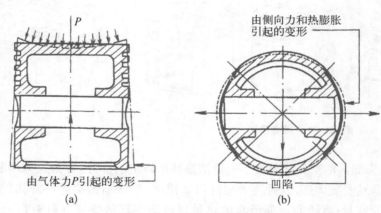

由气体力P引起的变形
(a)

由侧向力和热膨胀引起的变形
凹陷
(b)

图2-24　活塞工作时的变形

为了保证活塞在工作时与气缸壁间保持比较均匀的间隙,以免在气缸内卡死或引起局部磨损,必须在结构上采取各种措施。

① 冷态下将活塞制成裙部断面为长轴垂直于活塞销方向的椭圆,轴线方向为上小

下大的近似圆锥形,如图 2-25 所示。

②在活塞裙部受侧压力小的一侧开"Π"形槽或"T"形槽,如图 2-26 所示。其中横槽称隔热槽,可减少从活塞头部向裙部的传热,使裙部膨胀量减少;纵槽称膨胀槽,使裙部具有弹性,这样冷态下的间隙可减小,热态下又因切槽的补偿作用,使活塞不致卡死在气缸中。通常柴油机活塞受力大,裙部一般不开槽。

③采用双金属活塞。有些铝合金活塞在活塞销座孔处嵌入线膨胀系数小的"恒范钢片"或"筒形钢片",其作用是牵制活塞裙部的膨胀量。桑塔纳 2000GSi 轿车 AJR 发动机活塞就嵌入了恒范钢片,如图 2-27 所示。

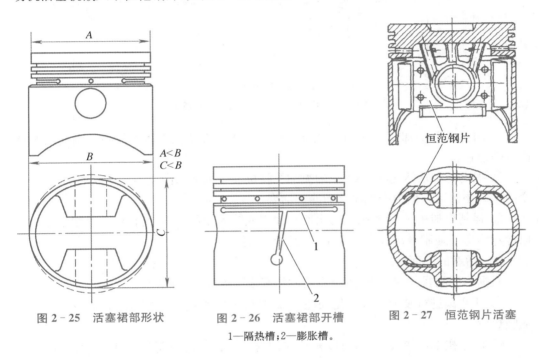

图 2-25　活塞裙部形状　　图 2-26　活塞裙部开槽　　图 2-27　恒范钢片活塞

1—隔热槽;2—膨胀槽。

④活塞销孔偏置结构(如图 2-28)。有些高速汽油机的活塞销孔中心线偏离活塞中心线平面,向做功行程中受侧压力的一方偏移了 1~2 mm。这种结构可使活塞在压缩行程到做功行程中较为柔和地从压向气缸的一面过渡到压向气缸的另一面,以减小敲缸的声音。在安装时要注意,活塞销偏置的方向不能装反,否则换向敲击力会增大,使裙部受损。

采用上述措施后,活塞裙部与气缸壁之间的冷态装配间隙便可减小,使发动机不产生冷"敲缸"现象。

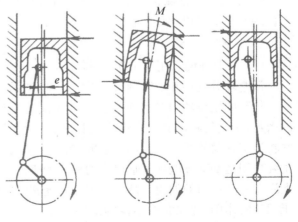

图 2-28　活塞销孔偏置结构

（5）活塞的冷却

高强化发动机尤其是活塞顶上有燃烧室凹坑的柴油机，为了减轻活塞顶部和头部的热负荷而采用油冷活塞。如图 2-29 所示，用机油冷却活塞的方法有：

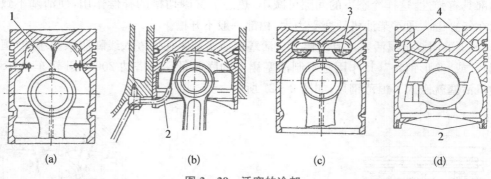

图 2-29　活塞的冷却

1—喷油孔；2—喷油嘴；3—环形油槽；4—冷却油道。

① 自由喷射冷却法　从连杆小头上的喷油孔或从安装在机体上的喷油嘴向活塞顶内壁喷射机油。

② 振荡冷却法　从连杆小头上的喷油孔将机油喷入活塞内壁的环形油槽中，由于活塞的运动使机油在槽中产生振荡而冷却活塞。

③ 强制冷却法　在活塞头部铸出冷却油道或铸入冷却油管，使机油在其中强制流动以冷却活塞。强制冷却法广为增压发动机所采用。

（6）活塞的表面处理

根据不同的目的和要求，进行不同的活塞表面处理，其方法有：

① 活塞顶进行硬模阳极氧化处理，形成高硬度的耐热层，增大热阻，减少活塞顶部的吸热量。

② 活塞裙部镀锡或镀锌，可以避免在润滑不良的情况下运转时出现拉缸现象，也可以起到加速活塞与气缸的磨合作用。

③ 在活塞裙部涂覆石墨，石墨涂层可以加速磨合过程，可使裙部磨损均匀，在润滑不良的情况下可以避免拉缸。

2. 活塞环

（1）活塞环的功用及工作条件

活塞环分气环和油环两种，如图 2-30 所示。

气环的主要功用是密封和传热。保证活塞与气缸壁间的密封，防止气缸内的可燃混合气和高温燃气漏入曲轴箱，并将活塞顶部接受的热传给气缸壁，避免活塞过热。油环的主要功用是刮除飞溅到气缸壁上的多余的机油，并在气缸壁上涂布一层均匀的油膜。活塞环工作时受到气缸中高温、高压燃气的作用，并在润滑不良的条件下在气缸内高速滑动。由于气缸壁面的形状误差，使活塞环在上下滑动的同时还在

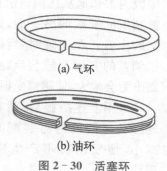

(a) 气环

(b) 油环

图 2-30　活塞环

环槽内产生径向移动。这不仅加重了环与环槽的磨损,还使活塞环受到交变弯曲应力的作用而容易折断。

（2）活塞环材料及表面处理

根据活塞环的功用及工作条件,制造活塞环的材料应具有良好的耐磨性、导热性、耐热性、冲击韧性、弹性和足够的机械强度。目前广泛应用的活塞环材料有优质灰铸铁、球墨铸铁、合金铸铁和钢带等。第一道活塞环外圆面通常进行镀铬或喷钼处理。多孔性铬层硬度高,并能储存少量机油,可以改善润滑减轻磨损。钼的熔点高,也具有多孔性,因此,喷钼同样可以提高活塞环的耐磨性。

（3）气环

① 气环的间隙　发动机工作时,活塞、活塞环都会发生热膨胀,并且活塞环随着活塞在气缸内做往复运动时,有径向胀缩变形现象。为防止环卡死在缸内或胀死在环槽中,安装时,活塞环应留有端隙、侧隙和背隙,如图2-31所示。

端隙 $\Delta_1$ 又称为开口间隙,是活塞环在冷态下装入气缸后,该环在上止点时环的两端头的间隙,一般为0.25～0.50 mm。

侧隙 $\Delta_2$ 又称边隙,是指活塞环装入活塞后,其侧面与活塞环槽之间的间隙。第一道环因工作温度高,间隙较大,一般为 0.04～0.10 mm,其他环一般为 0.03～0.07 mm。油环侧隙较气环小。

背隙 $\Delta_3$ 是活塞及活塞环装入气缸后,活塞环内圆柱面与活塞环槽底部间的间隙,一般为 0.50～1.00 mm。油环背隙较气环大,以增大存油隙,利于减压泄油。

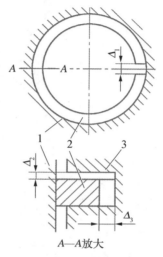

图 2-31　活塞环的间隙
1—气缸;2—活塞环;3—活塞;
$\Delta_1$—端隙;$\Delta_2$—侧隙;$\Delta_3$—背隙。

② 气环的密封原理　活塞环在自由状态下不是正圆形,其外廓尺寸比气缸直径大。如图2-32所示,当活塞装入气缸后,在其自身的弹力作用下环的外圆面与气缸壁贴紧形成第一密封面,高压气体不能通过第一密封面,便通过活塞环与气缸壁之间的间隙进入活塞环的侧隙和径向间隙中。一方面把环压到环槽下侧面,形成第二密封面,另一方面,作用在环背的气体压力又大大加强了第一密封面的密封作用。这时漏气的唯一通道就是活塞环的开口端隙。如果几道活塞环的开口相互错开,那么就形成了迷宫式漏气通道。由于侧隙、径向间隙和端隙都很小,气体在通道内的流动阻力很大,致使气体压力 $P$ 迅速下降,只有极少气体漏入曲轴箱,一般仅为进气量的0.2%～1.0%。

③ 气环开口形状　开口形状对漏气量有一定

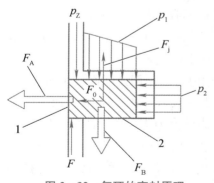

图 2-32　气环的密封原理
（做功的前半冲程）
1—第一密封面;2—第二密封面;
$F_j$—环的惯性力;$F$—环与缸壁的摩擦力。

影响。直开口工艺性好,但密封性差;阶梯形开口密封性好,工艺性差;斜开口的密封性和工艺性介于前两种开口之间,斜角一般为30°或45°。

④ 气环的断面形状　气环的断面形状多种多样,根据发动机的结构特点和强化程度,选择不同断面形状的气环组合,可以得到最好的密封效果和使用性能。常见的气环断面形状如图2-33所示。

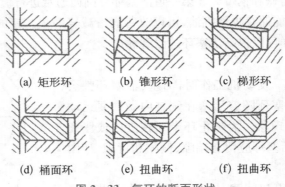

(a) 矩形环　　(b) 锥形环　　(c) 梯形环

(d) 桶面环　　(e) 扭曲环　　(f) 扭曲环

图2-33　气环的断面形状

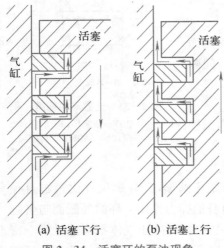

(a) 活塞下行　　(b) 活塞上行

图2-34　活塞环的泵油现象

矩形环断面为矩形,形状简单,加工方便,与气缸壁接触面积大,有利于活塞散热,但磨合性差,而且在与活塞一起做往复运动时,在环槽内上下窜动,如图2-34所示,把气缸壁上的机油不断地挤入燃烧室中,产生"泵油作用",使机油消耗量增加,活塞顶及燃烧室壁面积炭。

锥面环外圆面为锥角很小的锥面。理论上锥面环与气缸壁为线接触,磨合性好,增大了接触压力和对气缸壁形状的适应能力。当活塞下行时,锥面环能起到向下刮油的作用。当活塞上行时,由于锥面的油楔作用,锥面环能滑越过气缸壁上的油膜而不致将机油带入燃烧室。锥面环传热性差,所以不用作第一道气环。由于锥角很小,一般不易识别,为避免装错,在环的上侧面标有向上的记号。

扭曲环的断面不对称,气环装入气缸后,由于弹性内力的作用使断面发生扭转,故称扭曲环。扭曲环断面扭转原理如图2-35所示,活塞环装入气缸之后,其断面中性层以外产生拉应力,断面中性层以内产生压应力。拉应力的合力 $F_1$ 指向活塞环中心,压应力合力 $F_2$ 的方向背离活塞环中心。由于扭曲环中性层内外断面不对称,使 $F_1$ 与 $F_2$ 不作用在同一平面内而形成力矩 $M$。在力矩 $M$ 的作用下,使环的断面发生扭转。当发动机工作时,在进气、压缩和排气行程中,扭曲环发生扭曲,其工作特点一方面与锥面环类似,另一方面由于扭曲环的上下侧面与环槽的上下侧面相接触,从而防止了环在环槽内上下窜动,消除了泵油现象,减轻了环对环槽的冲击而引起的磨损。在做功行程中,巨大的燃气压力作用于环的上侧面和内圆面,足以克服环的弹性内力使环不再扭曲,整个外圆面与气缸壁接触,这时扭曲环的工作特点与矩形环相同。

梯形环断面为梯形,其主要优点是抗黏结性好。当活塞头部温度很高时,窜入第一道环槽中的机油容易结焦并将气环黏住。在侧向力换向活塞左右摆动时,梯形环的侧隙、径向间隙都发生变化将环槽中的胶质挤出。楔形环的工作特点与梯形环相似,且由于断面不对称,装入气缸后也会发生扭曲。梯形环多用作柴油机的第一道气环。

桶面环,环的外圆面为外凸圆弧形。其密封性、磨合性及对气缸壁表面形状的适应性都比较好。桶面环在气缸内不论上行或下行均能形成楔形油膜,将环浮起,从而减轻环与气缸壁的磨损。

(4) 油环

油环有两种结构形式:整体式和组合式,如图 2-36 所示。

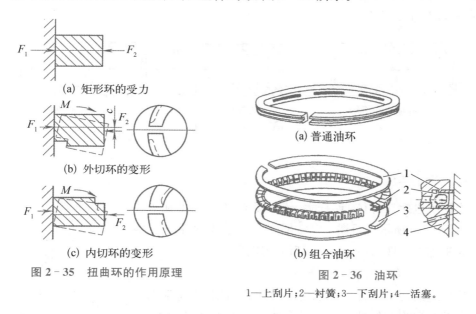

(a) 矩形环的受力

(b) 外切环的变形

(c) 内切环的变形

图 2-35 扭曲环的作用原理

(a) 普通油环

(b) 组合油环

图 2-36 油环

1—上刮片;2—衬簧;3—下刮片;4—活塞。

整体式油环用合金铸铁制造,其外圆面的中间切有一道凹槽,在凹槽底部加工出很多穿通的排油小孔或缝隙。

组合油环由上、下刮片和产生径向、轴向弹力的衬簧组成。这种环环片很薄,对气缸壁的比压大,刮油作用强,质量小,回油通道大,在高速发动机上得到广泛应用。

无论活塞上行或下行,油环都能将气缸壁上多余的机油刮下来经活塞上的回油孔流回油底壳。油环的刮油作用如图 2-37 所示。

3. 活塞销

(1) 活塞销的功用

活塞销用来连接活塞和连杆,并将活塞承受的力传给连杆或相反。活塞销在高温条件下承受很大

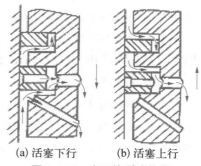

(a) 活塞下行    (b) 活塞上行

图 2-37 油环的刮油作用

的周期性冲击负荷,且由于活塞销在销孔内摆动角度不大,难以形成润滑油膜,因此,润滑条件较差。为此活塞销必须有足够的刚度、强度和耐磨性,质量尽可能小,销与销孔应该有适当的配合间隙和良好的表面质量。在一般情况下,活塞销的刚度尤为重要,如果活塞销发生弯曲变形,可能使活塞销座损坏。

（2）活塞销材料及结构

活塞销的材料一般为低碳钢或低碳合金钢,如 20、20Mn、15Cr、20Cr 或 20MnV 等。外表面渗碳淬硬,再经精磨和抛光等精加工。这样既提高了表面硬度和耐磨性,又保证有较高的强度和冲击韧性。

活塞销的结构形状很简单,如图 2-38 所示,基本上是一个厚壁空心圆柱。其内孔形状有圆柱形、两段截锥形和组合形。圆柱形孔加工容易,但活塞销的质量较大;两段截锥形孔的活塞销质量较小,且因为活塞销所受的弯矩在其中部最大,所以接近于等强度梁,但锥孔加工较难。

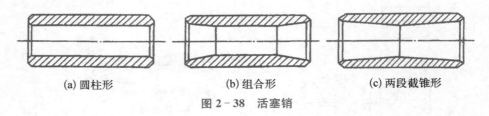

(a) 圆柱形　　　　　　(b) 组合形　　　　　　(c) 两段截锥形

图 2-38　活塞销

## 二、连杆组

连杆组包括连杆体、连杆盖、连杆螺栓和连杆轴瓦等零件,如图 2-39 所示。习惯上常常把连杆体、连杆盖和连杆螺栓合起来称作连杆,有时也称连杆体为连杆。

### 1. 连杆组的功用及工作条件

连杆组的功用是将活塞承受的力传给曲轴,并将活塞的往复运动转变为曲轴的旋转运动。连杆小头与活塞销连接,同活塞一起做往复运动;连杆大头与曲柄销连接,同曲轴一起做旋转运动,因此,在发动机工作时连杆做复杂的平面运动。连杆组主要受压缩、拉伸和弯曲等交变负荷。最大压缩载荷出现在做功行程上止点附近,最大拉伸载荷出现在进气行程上止点附近。在压缩载荷和连杆组做平面运动时产生的横向惯性力的共同作用下,连杆体可能发生弯曲变形。

### 2. 连杆材料

连杆体和连杆盖由优质中碳钢或中碳合金钢,如 45、40Cr、42CrMo 或 40MnB 等模锻或辊锻而成。连杆螺栓通常用优质合金钢 40Cr 或 35CrMo 制造。一般均经喷丸处理以提高连杆的强度。纤维增强铝合金连杆以其质量轻、综合性

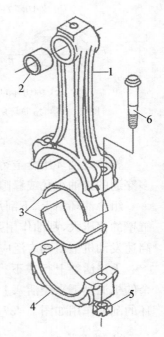

图 2-39　连杆组

1—杆身；2—连杆衬套；
3—连杆轴瓦；4—连杆大头；
5—连杆螺母；6—连杆螺栓。

能好而备受注目。在相同强度和刚度的情况下,纤维增强铝合金连杆比用传统材料制造的连杆要轻30%。

### 3.连杆的结构

（1）连杆小头

小头的结构形状取决于活塞销的尺寸及其与连杆小头的连接方式。在汽车发动机中连杆小头与活塞销的连接方式有两种,即全浮式和半浮式。全浮式活塞销工作时,在连杆小头孔和活塞销孔中转动,可以保证活塞销沿圆周磨损均匀。为防止活塞销两端刮伤气缸壁,在活塞销孔外侧装置活塞销挡圈。半浮式活塞销是用螺栓将活塞销夹紧在连杆小头孔内,这时活塞销只在活塞销孔内转动,在小头孔内不转动。小头孔不装衬套,销孔中也不装活塞销挡圈。

☞连杆结构

（2）连杆杆身

杆身断面为工字形,刚度大、质量轻、适于模锻。工字形断面的 Y-Y 轴在连杆运动平面内。有的连杆在杆身内加工有油道,用来润滑小头衬套或冷却活塞。如果是后者,须在小头顶部加工出喷油孔。

（3）连杆大头

连杆大头除应具有足够的刚度外,还应外形尺寸小,质量轻,拆卸发动机时能从气缸上端取出。连杆大头是剖分的,连杆盖用螺栓或螺柱紧固,为使结合面在任何转速下都能紧密结合,连杆螺栓的拧紧力矩必须足够大。

结合面与连杆轴线垂直的为平切口连杆,而结合面与连杆轴线成 30°～60°夹角的为斜切口连杆。平切口连杆体大端的刚度较大,因此,大头孔受力变形较小,而且平切口连杆制造费用较低。汽油机均采用平切口连杆。柴油机连杆既有平切口的,也有斜切口的。一般柴油机由于曲柄销直径较大,因此,连杆大头的外形尺寸相应较大,欲在拆卸时能从气缸上端取出连杆体,必须采用斜切口连杆。连杆盖装合到连杆体上时须严格定位,以防止连杆盖横向位移。平切口连杆利用连杆螺栓上一段精密加工的圆柱面与精密加工的螺栓孔来实现连杆盖的定位。斜切口连杆的连杆螺栓由于承受较大的剪切力而容易发生疲劳破坏。为此,应该采用能够承受横向力的定位方法,如图 2-40 所示。

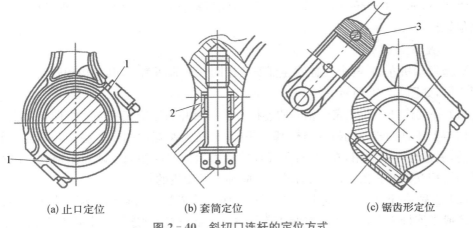

(a) 止口定位　　　　(b) 套筒定位　　　　(c) 锯齿形定位

图 2-40　斜切口连杆的定位方式

#### 4. 连杆轴瓦

连杆轴瓦(俗称小瓦)装在连杆大头内,保护曲轴连杆轴颈和连杆大头孔。由于其工作时承受较大的交变载荷,且润滑困难,要求它具有足够的强度、良好的减磨性和耐腐蚀性。

连杆轴瓦由钢背和减磨层组成,为两半分开形式。钢背由厚 1~3 mm 的低碳钢制成,是轴承的基体,减磨层是由浇铸在钢背内圆上厚为 0.3~0.7 mm 的薄层减磨合金制成,减磨合金主要有白合金(巴氏合金)、铜铅合金和铝基合金,具有保持油膜,减少摩擦阻力和易于磨合的作用,如图 2-41 所示。

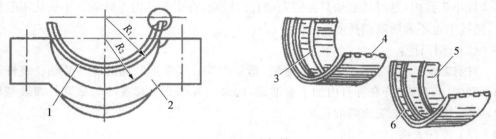

图 2-41 连杆轴承
1—轴承;2—连杆轴承盖;3—油槽;4—定位凸唇;5—减磨合金层;6—钢背。

连杆轴瓦在自由状态下并不是半圆形的,也就是说 $R_1 > R_2$。当它们装入连杆大头孔内时,又有过盈,故能均匀地紧贴在大头孔壁上及连杆盖上,具有很好的承载和导热能力。为了防止连杆轴承在工作中发生转动或轴向移动,在两个连杆轴承的剖分面上,分别冲压出高于钢背面的两个定位凸唇。装配时,这两个凸唇分别嵌入在连杆大头和连杆盖上的相应凹槽中。在连杆轴承内表面上还加工有油槽,用以储油,保证可靠润滑。

#### 5. 连杆螺栓

工作时连杆螺栓承受交变载荷,因此,在结构上应尽量增大连杆螺栓的弹性,而在加工方面要精细加工过渡圆角,消除应力集中,以提高其抗疲劳强度。连杆螺栓用优质合金钢制造,如 40Cr、35CrMo 等。经调质后滚压螺纹,表面进行防锈处理,维修中不可用其他螺栓替代。

#### 6. V 型发动机连杆

V 型发动机左、右两个气缸的连杆安装在同一个曲柄销上,其结构随安装形式的不同而不同,如图 2-42 所示。

(1) 并列连杆  两个完全相同的连杆一前一后并列地安装在同一个曲柄销上。连杆结构与上述直列式发动机的连杆基本相同,只是大头宽度稍小一些。并列连杆的优点是前、后连杆可以通用,左、右两列气缸的活塞运动规律相同。缺点是两列气缸沿曲轴纵向需相互错开一段距离,从而增加了曲轴和发动机的长度。

(2) 主副连杆  一个主连杆一个副连杆组成主副连杆,副连杆通过销轴铰接在主连杆体或主连杆盖上。一列气缸装主连杆,另一列气缸装副连杆。主副连杆不能互换,

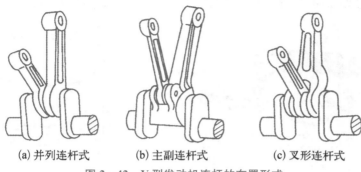

| (a) 并列连杆式 | (b) 主副连杆式 | (c) 叉形连杆式 |

图 2 - 42  V 型发动机连杆的布置形式

且副连杆对主连杆作用以附加弯矩。两列气缸中活塞的运动规律和上止点位置均不相同。采用主副连杆的 V 型发动机,其两列气缸不需要相互错开,因而也就不会增加发动机的长度。

(3)叉形连杆  指一列气缸中的连杆大头为叉形;另一列气缸中的连杆与普通连杆类似,只是大头的宽度较小,一般称其为内连杆。叉形连杆的优点是两列气缸中活塞的运动规律相同,两列气缸无需错开。缺点是叉形连杆大头结构复杂,制造比较困难,维修也不方便,且大头刚度较差。

活塞连杆组的检修项目主要包括活塞、活塞环、活塞销的选配;连杆的检验与校正;活塞连杆组组装时的检验校正和装配。

## 一、活塞选配

### 1. 活塞检测

活塞检测主要是裙部直径、活塞环槽高度和活塞销座孔尺寸的测量。

(1)活塞裙部直径检测

一种方法是用千分尺测量活塞裙部规定的测量位置。如图 2 - 43 所示,将在此位置测得的数据与气缸磨损最大部位的测量值相减,并用所得差值与配缸间隙值相比较,即可确定该活塞可否使用。

另一种是采用测量配缸间隙的方法来确定活塞可否使用。如图 2 - 44 所示,将活塞倒置于相关的气缸中,销座孔平行于曲轴方向,在活塞受侧压力最大的一面,用塞尺(宽 13 mm,长 200 mm)垂直插入气缸壁与活塞裙部之间(与活塞一起放入)。以 30 N的力能拉动(感觉有轻微阻力时)即为合适。一般发动机的活塞配缸间隙为 0.10～0.18 mm。

(2)活塞环槽测量

安装气环的环槽,用标准气环装入其内,用塞尺测量其侧隙,即可确定其是否符合要求,因磨损过多而超过装配间隙极限值的活塞,应更换,选用新活塞。

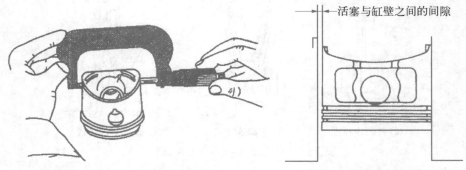

图 2-43　活塞裙部尺寸的测量　　　　图 2-44　配缸间隙的检测

### 2. 活塞选配注意事项

在同一系列发动机中,其活塞的结构不一定相同,因此,在选装活塞时,必须根据发动机的类型选用对应类型的活塞。否则,会引起发动机燃烧不良、工作粗暴、经济性和动力性下降等故障。

① 活塞的选配应按气缸的修理尺寸来确定,通常加大尺寸数值标注在活塞顶上,保证配缸间隙在规定范围内。

② 同一发动机上同一组活塞的直径差不得大于 0.020 mm。

③ 同一台发动机内各活塞的重量差不得超过活塞重量的 3%,如果同一组活塞仅重量不符合规定,可车削活塞裙部内壁下部向上 20 mm 的部位来修正。

## 二、活塞环检测

随着活塞环磨损的加剧,活塞环的弹力将逐渐减弱,端隙、侧隙的增大,会使密封性能变差,造成高压气体下窜和润滑油上窜现象,降低发动机的动力性和经济性。

图 2-45　活塞环弹力检查

### 1. 弹力检查

活塞环的弹力是建立背压的首要条件,也是保证气缸密封性的必要条件。弹力过大使环的磨损加剧;弹力过弱,气缸密封性能差,燃料消耗增加,积碳严重。如图 2-45 所示,利用活塞环弹力检测仪检测活塞环弹力,应在规定的范围内。

### 2. 漏光度检查

新的活塞环与气缸壁在未磨合之前,环的外圆表面不可能与气缸壁完全贴合,不贴合处与缸壁形成间隙,此间隙可通过灯光进行检验,称之为漏光度检验,如图 2-46 所示,利用漏光检测仪进行检查。活塞环漏光度检验的技术要求是:

① 同一环上漏光不大于两处,每处漏光弧长所

对应的圆心角总和不大于 45°。

② 活塞环开口两端各 30°范围内不允许有漏光。

③ 漏光度的最大缝隙不大于 0.03 mm。

### 3. 端面翘曲度检测

活塞环的端面与活塞环槽的上下端面的贴合是环的第二密封面。此密封面不好,将造成漏气。检验活塞环端面的平面度的方法有两种:一种用专用设备检验,即采用表面粗糙度很小的两平行板,间距为被检环的厚度加上 0.05 毫米的允许翘曲范围,当被检环能无阻碍地通过此间距时表示合格。另一种是简易法,将环自由平放在平板上,观察其接触情况或平面漏光情况,决定是否采用。

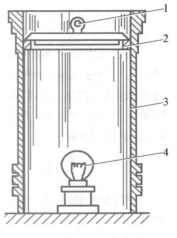

图 2-46　漏光度检验
1—盖板;2—活塞环;
3—缸套;4—灯泡。

### 4. 活塞环端隙检测

温度最高的第一道环的端隙为 0.25～0.45 mm,其余各道环温度较低,端隙为 0.20～0.40 mm。检测方法如图 2-47 所示,先将活塞环平整地放在待配的气缸内,用活塞头将活塞环推平(对未加工的气缸应推到磨损最小处),然后用厚薄规插入活塞环开口处进行测量。

### 5. 活塞环侧隙检测

活塞环的侧隙过大,将使活塞环的泵油作用加剧,环易疲劳破碎,加速环的断裂,使润滑油消耗增加;侧隙过小,会使活塞环卡死在环槽内,环的弹力极度减弱,冲击应力加剧。测量的方法如图 2-48 所示,将环放在槽内,围绕槽滚动一周,应能自由滚动,既不能松动,又不能有阻滞现象。

☞测量活塞和
活塞环间隙

图 2-47　活塞环端隙检测

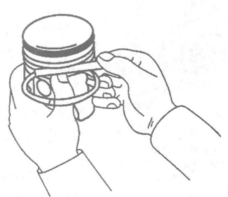

图 2-48　活塞环侧隙检测

### 6. 活塞环背隙检测

背隙一般为 0.5～1 mm。为了测量方便,通常以槽深和环宽之差来表示。活塞环一般应低于环槽岸边 0～0.35 mm,以免在气缸内卡死。

### 三、活塞销选配

发动机大修应选用标准尺寸的活塞销。新活塞销表面应无锈蚀、斑点,锥体和圆度误差均不超过 0.005 mm,以保证修配质量。活塞销采用热装法,将活塞放在水中加热,当水沸腾后,将活塞迅速取出,并立即将活塞销装入活塞销座孔内。装配前应检查装配情况。在 80 ℃左右用拇指应能将活塞销推进活塞,如果在较低温度下,活塞销也能装入,应更换活塞销。

### 四、连杆检修

连杆变形
检修

连杆的损伤有杆身的弯曲、扭转变形;小头孔和大头侧面的磨损,其中变形最为常见。

1. 连杆变形检验

连杆变形的检验在连杆检验仪上进行,如图 2-49 所示。检验仪上的菱形支撑轴能保证连杆大端承孔轴向与检验平板垂直。测量工具是一个带 V 形槽的"三点规",三点规上的三点构成的平面与 V 形槽的对称平面垂直,两下测点的距离为 100 mm,上测点与两下测点连线的距离也是 100 mm。

① 将连杆大头的轴承盖装好(不装轴承),按规定力矩把螺栓拧紧,检查连杆大头孔的圆度和圆柱度应符合要求,装上已修配好的活塞销。

② 把连杆大头装在检验仪的支撑轴上,拧紧调整螺钉使定心块向外扩张,把连杆固定在检验仪上。

③ 将 V 形检验块两端的 V 形定位面靠在活塞销上,观察 V 形三点规的三个接触点与检验平板的接触情况,即可检查出连杆的变形方向和变形量。

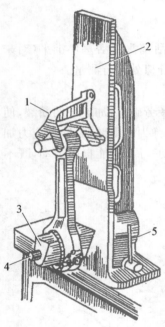

图 2-49　连杆检验仪
1—量规;2—检验平板;
3—菱形支承轴;4—调整螺丝;
5—锁紧板杆。

Ⅰ.三点规的三个测点都与平板接触,说明连杆没有变形。

Ⅱ.若上测点与平板接触,两下测点不接触且与平板距离一致;或两下测点与平板接触而上测点不接触,表明连杆弯曲。用厚薄规测出测点与平板的间隙,即为连杆在100 mm 长度上的弯曲度,如图 2-50 所示。

Ⅲ.若只有一个下测点与平板接触,另一个下测点与平板不接触,且间隙为上测点与平板间隙的两倍,这时下测点与平板的间隙即为连杆在 100 mm 长度上的扭曲度,如图 2-51 所示。

Ⅳ.如果一个下测点与平板接触,但另一个下测点与平板的间隙不等于上测点间隙的两倍,这时连杆弯扭并存。下测点与平板的间隙为连杆的扭曲度,上测点间隙与下测点间隙一半的差值为连杆的弯曲度。

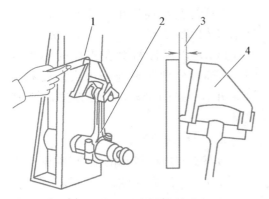

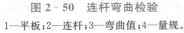

图 2-50  连杆弯曲检验

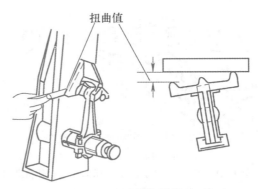

图 2-51  连杆扭曲检验

1—平板；2—连杆；3—弯曲值；4—量规。

Ⅴ．测出连杆小头端面与平板的距离，然后将连杆翻转 180°后再测此距离，若数值不相等，即说明连杆有双重弯曲，两次测量数值之差为连杆双重弯曲度。

2. 连杆变形校正

经检验，如果弯、扭超过规定值，应记住弯、扭方向和数值，进行校正。

连杆弯曲的校正可在压床或弯曲校正器上进行，用弯曲校正器校正连杆弯曲的方法如图 2-52 所示。

连杆扭曲的校正可将连杆夹在虎钳上，用扭曲校正器、长柄扳钳或管子钳进行校正，用扭曲校正器校正连杆扭曲的方法如图 2-53 所示。

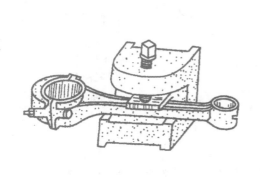

图 2-52  连杆弯曲的校正

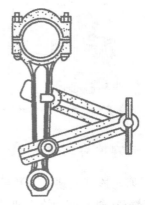

图 2-53  连杆扭曲的校正

校正时注意：先校扭，再校弯；避免反复过校正。校正后要进行时效处理，消除弹性后效作用。

## 五、连杆衬套修复

1. 连杆衬套选配

对于全浮式安装的活塞销，连杆小头内压装有连杆衬套。发动机在大修时，在更换活塞、活塞销的同时，必须更换连杆衬套，以恢复其正常配合。

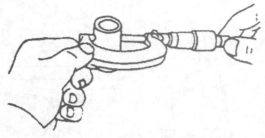

图 2-54 连杆衬套外径的测量

连杆衬套与连杆小头应有一定量的过盈（如桑塔纳发动机为 0.06～0.10 mm），以保证衬套在工作时不走外圆。可通过分别测量连杆小头内径和新衬套外径（如图 2-54）的方法求得过盈量。

2. 连杆衬套修配

活塞销与连杆衬套的配合，在常温下应有 0.005～0.010 mm 的间隙，接触面积应在 75％以上。配合间隙过小，可将连杆夹到内圆磨床上进行磨削，并留有研磨余量。再将活塞销插入连杆衬套内配对研磨，研磨时可加少量机油，将活塞销夹在台虎钳上，沿活塞销轴线方向扳动连杆，应有无间隙感觉（如图 2-55）。加入机油扳动时无"气泡"产生，把连杆置于与水平面成 75°角时应能停住，轻拍连杆徐徐下降，此时配合间隙为合适。

经过加工的衬套，应能用大拇指把活塞销推入连杆衬套内，并有无间隙感觉，如图 2-56 所示。

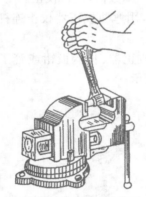

图 2-55 连杆衬套修配

图 2-56 检验活塞销与连杆衬套的配合

## 六、活塞连杆组装配

① 活塞与连杆的装配通常采用热装合法。将活塞放入水中加热至 353～373 K，取出后迅速擦净，将活塞销涂以机油，插入活塞销座孔和连杆衬套中，然后装入锁环。

② 装配时注意，活塞与连杆的缸序和安装方向不得错乱，按照装配标记进行安装，如图 2-57 所示。如标记不清或不能确认时，可结合活塞和连杆的结构加以识别。

③ 安装活塞环时，应采用专用工具，如图 2-58 所示。要特别注意各道环的类型和规格、顺序及安装方向，并按照维修手册的要求注意各道环的开口交错布置。

④ 总成装入气缸前，应在运动部位如活塞裙部、环槽处、连杆轴瓦处涂以润滑油。连杆螺栓按照规定顺序和力矩拧紧到位。

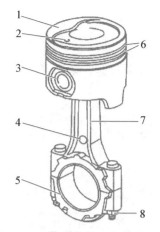

图 2－57 活塞连杆组的正确安装

1—活塞；2—活塞顶部标记；3—活塞销；
4—连杆标记；5—连杆轴承盖；
6—活塞环；7—连杆；8—连杆螺栓。

图 2－58 活塞环的正确安装

## 七、活塞连杆组故障诊断

### 1. 活塞销响

（1）现象

发动机在怠速、低速和从怠速向低速抖动节气门时，可听到清脆而又连贯的"嗒、嗒、嗒"的金属敲击声；响声严重时，随转速的升高而增大，随负荷的增大而加重；发动机温度变化时，对响声稍有影响或影响不大；机油压力不降低；单缸断火时响声明显减弱或消失，复火瞬间响声又出现或连续出现双响。

（2）原因

① 活塞销与连杆小头衬套配合松旷；

② 衬套与连杆小头承孔配合松旷；

③ 活塞销与活塞上的销座孔配合松旷。

（3）故障诊断与排除

① 当发动机转速变化时，将听诊器触及气缸体上部，可听出清脆连续的响声。该缸断火后，响声减弱或消失，在恢复点火瞬间，响声会敏感地突然恢复并出现双响，详见图 2－59。

② 若活塞销与连杆小端衬套配合间隙过大，应更换新的活塞销和连杆衬套后重新铰销；若活塞销与活塞销座孔配合松旷，应更换新的活塞销和活塞。

### 2. 活塞敲缸响

（1）现象

发动机在怠速或低速运转时，在气缸的上部发出清晰而明显的"嗒、嗒、嗒"的金属敲击声，而中速以上运转时响声减弱或消失；发动机温度变化时响声亦变化：多数情况下响声冷车时明显，热车时减弱或消失，但个别原因造成的活塞敲缸响反而在温度升高

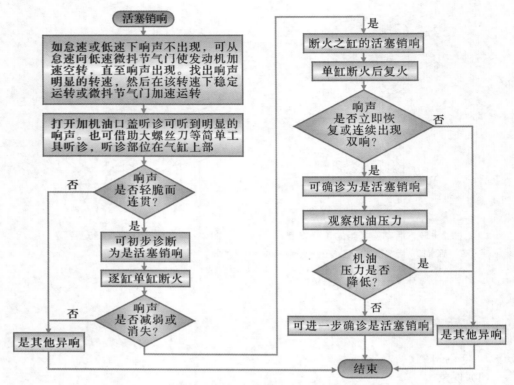

图 2－59　活塞销异响诊断流程

后加重;响声严重时,负荷愈大响声也愈大,但机油压力不降低。

（2）原因

① 活塞与气缸壁配合间隙太大;

② 活塞与气缸壁间润滑条件太差;

③ 活塞在常温时反椭圆或椭圆度太小;

④ 活塞销与活塞上销座孔装配过紧;

⑤ 活塞销与连杆小头衬套装配过紧;

⑥ 连杆轴承装配过紧;

⑦ 活塞圆柱度过大。

（3）故障诊断与排除

① 用听诊器在气缸体上部听诊,声响明显。为进一步证明某缸活塞敲缸响,可向怀疑发响的气缸内注入少量机油,使机油附在气缸壁和活塞之间,再起动发动机察听,若敲击声减弱或消失,但运转一段时间后又出现,则判断是该缸活塞敲缸响,这是因为活塞与气缸壁间隙过大所致。详见图 2－60。

② 如果是连杆变形或连杆衬套与活塞销装配过紧而产生的响声,应重新校正连杆或修刮连杆衬套,当活塞与气缸壁的配合间隙过大时,若因活塞磨损过大而产生异响,可更换同一修理级别的新活塞,若因气缸磨损过大时,则应镗、磨气缸并配以相应修理级别的活塞。

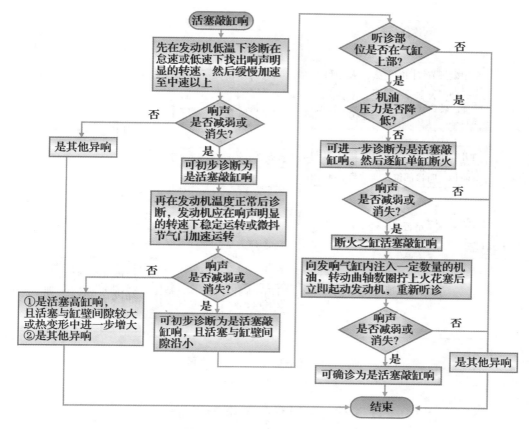

图 2-60　活塞敲缸响故障诊断

### 3. 连杆轴承响

**（1）现象**

当发动机突然加速时,有"铛、铛、铛"连续明显、轻而短促的金属敲击声,是连杆轴承响的主要特征;轴承严重松旷时,怠速运转也能听到明显的响声,机油压力降低;发动机温度变化时,响声不变化;发动机负荷变化时,响声随负荷增加而加剧;单缸断火,响声明显减弱或消失,但复火时又能立即出现,即具有所谓响声"上缸"现象。

**（2）原因**

① 连杆轴承盖的固定螺栓松动或折断;

② 连杆轴瓦减磨,合金烧毁或脱落;

③ 连杆轴瓦或轴颈磨损过甚,造成径向间隙太大;

④ 机油压力太低、机油变质或曲轴内通连杆轴颈的油道堵塞。

**（3）故障诊断与排除**

① 诊断流程见图 2-61;

② 检查连杆螺栓及预紧力,必要时更换连杆轴瓦并保证适当的配合间隙。

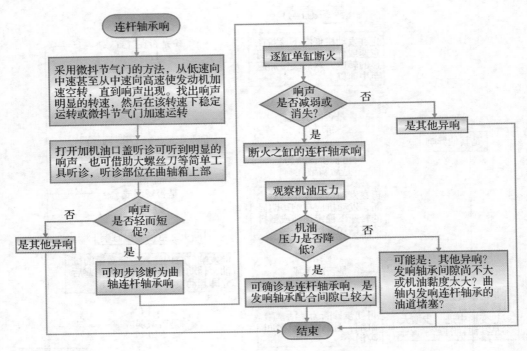

图 2 - 61 连杆轴承异响诊断流程图

# 任务 3 曲轴飞轮组检修

1. 能够对曲轴飞轮组零部件进行检修
2. 能够对曲轴飞轮组故障进行分析判断
3. 掌握曲轴飞轮组主要部件的结构
4. 培养团队意识

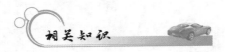

曲轴飞轮组主要包括曲轴、飞轮等机件。如图 2 - 62 所示,发动机产生的动力大部分经曲轴后端的飞轮输出,还有一部分通过曲轴前端的齿轮和带轮驱动本机其他机构和系统。

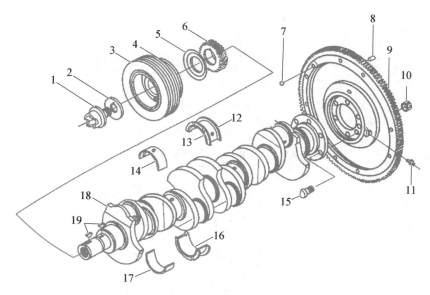

图 2-62 曲轴飞轮组

1—起动爪；2—锁紧垫圈；3—扭转减振器；4—带轮；5—挡油片；6—正时齿轮；7—六缸上止点记号用钢球；
8—离合器盖定位销；9—飞轮与齿圈；10—螺母；11—滑脂嘴；12—止推片；13,14,16,17—主轴瓦；
15—飞轮螺栓；18—曲轴；19—半圆键。

## 一、曲轴

### 1. 曲轴的功用及工作条件

曲轴的功用是把活塞、连杆传来的气体力转变为转矩，用以驱动汽车的传动系统和发动机的配气机构以及其他辅助装置。曲轴在周期性变化的气体力、惯性力及其力矩的共同作用下工作，承受弯曲和扭转交变载荷。因此，曲轴应有足够的抗弯曲、抗扭转的疲劳强度和刚度；轴颈应有足够大的承压表面和耐磨性；曲轴的质量应尽量小；对各轴颈的润滑应该充分。

### 2. 曲轴材料

曲轴一般由 45、40Cr、35Mn2 等中碳钢和中碳合金钢模锻而成，轴颈表面经高频淬火或氮化处理，最后进行精加工。现代汽车发动机广泛采用球墨铸铁曲轴，球墨铸铁价格便宜，耐磨性能好，轴颈不需硬化处理，同时金属消耗量少，机械加工量也少。为提高曲轴的疲劳强度，消除应力集中，轴颈表面应进行喷丸处理，圆角处要经滚压处理。

### 3. 曲轴构造

曲轴的基本结构包括前端、主轴颈、连杆轴颈、曲柄、平衡重、后端凸缘等，如图 2-63 所示。

曲轴前端指曲轴第一道主轴颈之前的部分，如图 2-64 所示。它用以安装正时齿轮（或正时齿形带轮或链轮）、皮带轮等。为防止机油外漏，在曲轴前端有油封装置；为减小扭转振动，曲轴前端还装有扭转减振器。

曲轴结构

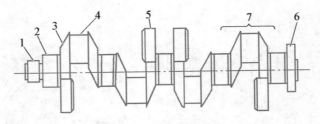

图 2-63　曲轴的基本结构

1—曲轴前端；2—主轴颈；3—曲柄臂；4—连杆轴颈；
5—平衡重；6—后端凸缘；7—单元曲拐。

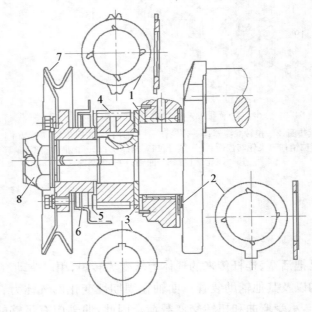

图 2-64　曲轴前端

1,2—滑动止推轴承；3—止推片；4—正时齿轮；
5—甩油盘；6—油封；7—带轮；8—起动爪。

　　主轴颈是曲轴的支承部分。按曲轴主轴颈的数目，可以把曲轴分为全支承曲轴和非全支承曲轴两种。如图 2-65 所示，在每个连杆轴颈两边都有一个主轴颈，称为全支承曲轴，否则为非全支承。显然全支承曲轴的主轴颈数比连杆轴颈数多一个，这种支承方式曲轴刚度好，但长度较长。

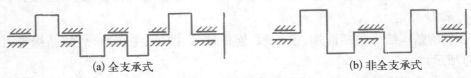

(a) 全支承式　　　　　　　　　　　　　　(b) 非全支承式

图 2-65　曲轴的支承形式

　　连杆轴颈是曲轴和连杆相连的部分，连杆大头安装在曲轴的连杆轴颈上。

曲柄是连接曲轴主轴颈和连杆轴颈的部分。在曲轴的主轴颈、曲柄、连杆轴颈上钻有贯通的油道，如图 2-66 所示，以使主轴颈内的润滑油经此油道流至连杆轴颈进行润滑。

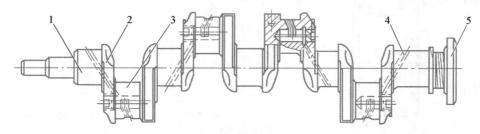

图 2-66　曲轴的油道

1—曲轴主轴颈；2—曲柄；3—连杆轴颈；4—油道；5—后端凸缘。

平衡重用来平衡连杆大头、连杆轴颈和曲柄等产生的离心力及其力矩，有时还平衡部分往复惯性力，使发动机运转平稳。如图 2-67 所示，从整体来说，其惯性力及力矩是平衡的，但曲轴局部却受弯矩 $M_{1-2}$、$M_{3-4}$ 作用，造成曲轴弯曲变形。如果在曲柄的相反方向上设置平衡重，就能使其产生的力矩与上述惯性力矩 $M_{1-2}$、$M_{3-4}$ 相平衡。

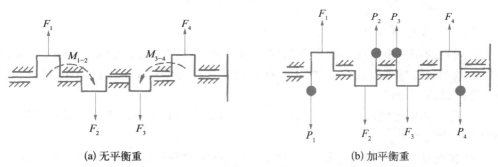

(a) 无平衡重　　　　　　　　　(b) 加平衡重

图 2-67　曲轴平衡重作用示意图

曲轴后端是最后一道主轴颈之后的部分。有安装飞轮用的凸缘，为防止机油从后端泄漏，后端也安装有油封装置。

### 4. 曲轴轴向定位

汽车行驶时由于踩踏离合器而对曲轴施加轴向推力，使曲轴发生轴向窜动。过大的轴向窜动将影响活塞连杆组的正常工作，破坏正确的配气定时和柴油机的喷油定时。为了保证曲轴轴向的正确定位，需装设止推轴承，而且只能在一处设置止推轴承，以保证曲轴受热膨胀时能自由伸长。曲轴止推轴承有翻边轴瓦、止推环、止推片等多种形式，如图 2-68 所示。

翻边轴瓦是将轴瓦两侧翻边作为止推面，在止推面上浇铸减磨合金。轴瓦的止推面与曲轴止推面之间留有 0.06~0.25 mm 的间隙，从而限制了曲轴轴向窜动量。

止推轴承环为两片止推圆环，分别安装在第一主轴承盖的两侧。

半圆环止推片一般为四片，上、下各两片，分别安装在机体和主轴承盖上的浅槽中，用定位舌或定位销定位，防止其转动。装配时，需将有减磨合金层的止推面朝向曲轴的止推面，不能装反。

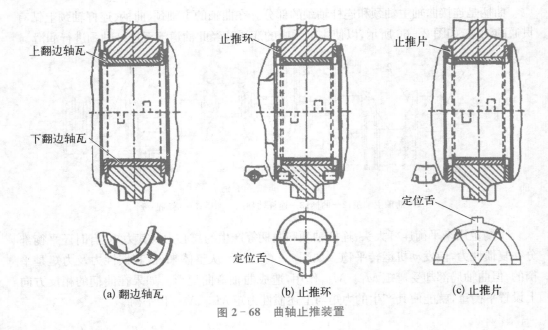

上翻边轴瓦

下翻边轴瓦

止推环

止推片

定位舌

定位舌

(a) 翻边轴瓦　　　　(b) 止推环　　　　(c) 止推片

图 2－68　曲轴止推装置

5. 曲拐布置与多缸发动机的工作顺序

各曲拐的相对位置或曲拐布置取决于气缸数、气缸排列形式和发动机工作顺序。当气缸数和气缸排列形式确定之后，曲拐布置就只取决于发动机工作顺序。发动机工作顺序遵循以下规律：

① 应该使接连做功的两个气缸相距尽可能远，以减轻主轴承载荷和避免在进气行程中发生抢气现象。

② 各气缸发火的间隔时间应该相同。发火间隔时间若以曲轴转角计，则称发火间隔角。在发动机完成一个工作循环的曲轴转角内，每个气缸都应发火做功一次。对于气缸数为 $i$ 的四冲程发动机，其发火间隔角应为 $720°/i$，即曲轴每转 $720°/i$ 时，就有一缸发火做功，以保证发动机运转平稳。

③ V 型发动机左、右两列气缸应交替发火。

常见几种多缸发动机曲拐的布置和工作顺序如下：

(1) 直列四缸四冲程发动机曲拐布置

曲拐对称布置在同一平面内，如图 2－69 所示。做功间隔角为

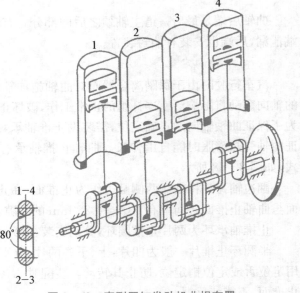

图 2－69　直列四缸发动机曲拐布置

$720°/4＝180°$,各缸工作顺序有1-3-4-2和1-2-4-3两种。工作循环见表2-1、表2-2所示。

表2-1  四缸发动机工作循环表(工作顺序1-3-4-2)

| 曲轴转角(°) | 第一缸 | 第二缸 | 第三缸 | 第四缸 |
|---|---|---|---|---|
| 0～180 | 做功 | 排气 | 压缩 | 进气 |
| 180～360 | 排气 | 进气 | 做功 | 压缩 |
| 360～540 | 进气 | 压缩 | 排气 | 做功 |
| 540～720 | 压缩 | 做功 | 进气 | 排气 |

表2-2  四缸发动机工作循环表(工作顺序1-2-4-3)

| 曲轴转角(°) | 第一缸 | 第二缸 | 第三缸 | 第四缸 |
|---|---|---|---|---|
| 0～180 | 做功 | 压缩 | 排气 | 进气 |
| 180～360 | 排气 | 做功 | 进气 | 压缩 |
| 360～540 | 进气 | 排气 | 压缩 | 做功 |
| 540～720 | 压缩 | 进气 | 做功 | 排气 |

（2）直列六缸四冲程发动机曲拐布置

四行程直列六缸发动机发火间隔角为$720°/6＝120°$,六个曲拐分别布置在互成120°的三个平面内,如图2-70所示。发火顺序是1-5-3-6-2-4和1-4-2-6-3-5,以第一种应用较为普遍,其工作循环表见表2-3所示。

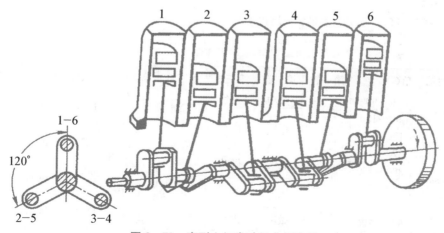

图2-70  直列六缸发动机曲拐布置

☞V6发动机
做功顺序

表2-3　六缸发动机工作循环表(工作顺序 1-5-3-6-2-4)

| 曲轴转角(°) | | 第一缸 | 第二缸 | 第三缸 | 第四缸 | 第五缸 | 第六缸 |
|---|---|---|---|---|---|---|---|
| | 0~60 | | 排气 | 进气 | 做功 | 压缩 | |
| 0~180 | 60~120 | 做功 | | | | | 进气 |
| | 120~180 | | | 压缩 | 排气 | | |
| | 180~240 | | 进气 | | | 做功 | |
| 180~360 | 240~300 | 排气 | | | | | 压缩 |
| | 300~360 | | | 做功 | 进气 | | |
| | 360~420 | | 压缩 | | | 排气 | |
| 360~540 | 420~480 | 进气 | | | | | 做功 |
| | 480~540 | | | 排气 | 压缩 | | |
| | 540~600 | | 做功 | | | 进气 | |
| 540~720 | 600~660 | 压缩 | | | 做功 | | 排气 |
| | 660~720 | | 排气 | 进气 | | 压缩 | |

**(3) V 型八缸四冲程发动机曲拐布置**

这种曲轴有四个曲拐,其布置可以与直列四缸发动机一样,四个曲拐布置在同一平面内,也可以布置在两个相互错开90°的平面内,如图2-71所示。做功间隔角为720°/8＝90°,V型发动机工作顺序随气缸序号的排列方法而定,图中为1-8-4-3-6-5-7-2。工作循环见表2-4所示。

V8 发动机做功顺序

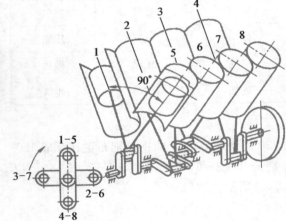

图2-71　V型八缸发动机曲拐布置

表2-4　八缸发动机工作循环表(工作顺序 1-8-4-3-6-5-7-2)

| 曲轴转角(°) | | 第一缸 | 第二缸 | 第三缸 | 第四缸 | 第五缸 | 第六缸 | 第七缸 | 第八缸 |
|---|---|---|---|---|---|---|---|---|---|
| 0~180 | 0~90 | 做功 | 做功 | 进气 | 压缩 | 排气 | 进气 | 排气 | 压缩 |
| | 90~180 | | 排气 | 压缩 | | 进气 | | | 做功 |
| 180~360 | 180~270 | 排气 | | | 做功 | | 压缩 | 进气 | |
| | 270~360 | | 进气 | 做功 | | 压缩 | | | 排气 |
| 360~540 | 360~450 | 进气 | | | 排气 | | 做功 | 压缩 | |
| | 450~540 | | 压缩 | 排气 | | 做功 | | | 进气 |
| 540~720 | 540~630 | 压缩 | | | 进气 | | 排气 | 做功 | |
| | 630~720 | | 做功 | 进气 | | 排气 | | | 压缩 |

## 二、曲轴扭转减振器

当发动机工作时,曲轴在周期性变化的转矩作用下,各曲拐之间发生周期性相对扭转的现象称为扭转振动,简称扭振。当发动机转矩的变化频率与曲轴扭转的自振频率相同或成整数倍时,就会发生共振。共振时扭转振幅增大,并导致传动机构磨损加剧,发动机功率下降,甚至使曲轴断裂。为了消减曲轴的扭转振动,现代汽车发动机多在扭转振幅最大的曲轴前端安装扭转减振器。汽车发动机多采用橡胶扭转减振器,硅油扭转减振器和硅油-橡胶扭转减振器等。

橡胶扭转减振器如图 2-72 所示。减振器壳体与曲轴连接,减振器壳体与扭转振动惯性质量黏结在硫化橡胶层上。发动机工作时,减振器壳体与曲轴一起振动,由于惯性质量滞后于减振器壳体,因而在两者之间产生相对运动,使橡胶层来回揉搓,振动能量被橡胶的内摩擦阻尼吸收,从而使曲轴的扭振得以消减。橡胶扭转减振器结构简单,工作可靠,制造容易,在汽车上广为应用,但其阻尼作用小,橡胶容易老化,故在大功率发动机上较少应用。

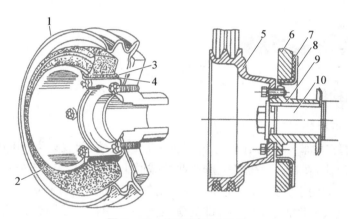

图 2-72　橡胶扭转减震器

1,5—曲轴带轮;2,6—惯性盘;3,7—橡胶环;4,8—减振圆盘;9—带轮轮毂 10—曲轴前端。

### 三、曲轴主轴瓦

曲轴主轴瓦(俗称大瓦),装于主轴承座孔中,将曲轴支承在发动机的机体上。主轴瓦的结构与连杆轴瓦相同,为了向连杆轴瓦输送润滑油,在主轴瓦上都开有周向油槽和通油孔。有些负荷不大的发动机,为了通用化起见,上、下两半轴瓦上都制有油槽,有些发动机只在上轴瓦开油槽和通油孔,而负荷较重的下轴瓦不开油槽。在相应的主轴颈上开径向通孔,这样,主轴承便能不间断地向连杆轴瓦供给润滑油。

**注　意**

后一种主轴瓦上、下片不能互换,否则主轴承的来油通道将被堵塞。

### 四、飞轮

飞轮的主要功用是用来贮存做功行程的能量,用于克服进气、压缩和排气行程的阻

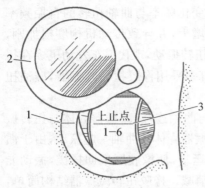

图 2-73　发动机点火正时记号

力和其他阻力,使曲轴能均匀地旋转。汽车离合器也装在飞轮上,是摩擦式离合器的主动件,利用飞轮后端面作为驱动件的摩擦面,对外传递动力。除此之外,在飞轮轮缘上镶嵌有供起动发动机用的飞轮齿圈;在飞轮上还刻有上止点记号,用来校准点火定时或喷油定时以及调整气门间隙,如图2-73所示。

飞轮与曲轴在制造时一起进行动平衡校验,在拆装时应严格按相对位置安装。飞轮紧固螺钉承受作用力大,应按规定力矩和正确方法拧紧。

**任务实施**

☞曲轴轴颈
磨损检测

## 一、曲轴检修

### 1. 曲轴磨损检修

(1)轴颈磨损检验　用外径千分尺测量轴颈的直径、圆度误差和圆柱度误差。根据轴径的磨损规律,在每一道轴径上选取两个截面Ⅰ-Ⅰ与Ⅱ-Ⅱ,在每一道截面上取与曲柄平行及垂直的两个方向A-A和B-B,用外径千分尺进行测量。此时轴径同一横断面上测得的最大的数值差的一半,即为圆度误差。轴径在两断面上测得的最大的差数值的一半即为圆柱度误差。一般根据圆柱度误差确定轴颈是否需要修磨,同时也可确定修理尺寸。

(2)轴颈修磨　发动机大修时,对轴颈磨损已超过规定的曲轴,用修理尺寸法对曲轴主轴颈、连杆轴颈进行光磨修理,同名轴颈必须为同级修理尺寸,以便选择统一的轴承,其修理尺寸查阅相关车型的维修手册。

### 2. 曲轴弯曲变形检修

(1)弯曲变形检验　检验弯曲变形应以两端主轴颈的公共轴线为基准,检查中间主轴颈的径向圆跳动误差,如图2-74所示。检验时,将曲轴两端主轴颈分别放置在检验平板的V型块上,将百分表触头垂直地抵在中间主轴颈上,慢慢转动曲轴一圈,百分表指针所指示的最大读数与最小读数之差,即为中间主轴颈的径向圆跳动误差值。

(2)弯曲变形校正　曲轴的径向圆跳动误差不得大于0.15 mm,否则应进行校正。

曲轴弯曲变形的校正,一般采用冷压校正或敲击校正法。当变形量不大时,可采用敲击校正法。即用锤子敲击曲柄边缘的非工作表面,使被敲击表面产生塑性残余变形,达到校正弯曲的目的。冷压校正是将曲轴用V型铁架住两端主轴颈,用油压机沿曲轴弯曲相反方向加压,如图2-75所示。由于钢质曲轴的弹性作用,压弯量应为曲轴弯曲量的10~15倍,并保持2~4 min,为减小弹性后效作用,最好采用人工时效法消除。

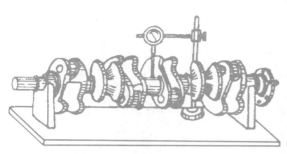

| 图 2－74 曲轴弯曲的检测 | 图 2－75 曲轴弯曲冷压校正 |

#### 3. 曲轴扭曲变形检修

（1）扭曲变形检验 曲轴扭曲变形检验的支撑方法和弯曲检验一样，将曲轴两端主轴颈分别放置在检验平板的 V 型块上，保持曲轴水平，使两端同一曲柄平面内的两个连杆轴颈位于水平位置，用百分表测量两轴颈最高点至平板的高度差 $\Delta A$，据此求得曲轴主轴线的扭曲角 $\theta$。

$$\theta = \frac{360\Delta A}{2\pi R} = \frac{57\Delta A}{R}$$

式中：$R$——曲柄半径，mm。

（2）扭曲变形校正 曲轴扭曲变形量一般很小，可直接在曲轴磨床上结合对连杆轴颈磨削时予以修正。

☞曲轴扭曲
度检测

#### 4. 曲轴裂纹检修

裂纹的检验方法有磁力探伤法和浸油敲击法。

磁力探伤的原理是：当磁力线通过被检验的零件时，零件被磁化。如果零件表面有裂纹，在裂纹部位的磁力线就会因裂纹不导磁而被中断，使磁力线偏散而形成磁极。此时，在零件表面撒上磁性铁粉，铁粉便被磁化而吸附在裂纹处，从而显现出裂纹的部位和大小。

浸油敲击法是将曲轴置于煤油中浸一段时间，取出后擦净表面煤油并撒上白粉，然后分段用小锤轻轻敲击，如有明显的油迹出现，即该处有裂纹。曲轴出现裂纹，一般应更换曲轴。

#### 5. 曲轴轴向间隙和径向间隙检查与调整

（1）轴向间隙检查与调整 为了适应发动机机件正常工作的需要，曲轴必须留有合适的轴向间隙，间隙过小，会使机件因受热膨胀而卡死；轴向间隙过大，曲轴工作时将产生轴向窜动，加速气缸的磨损，活塞连杆组也会不正常磨损，还会影响配气相位和离合器的正常工作。因此，曲轴装到气缸体上之后，应检查其轴向间隙。

曲轴轴向间隙的检查可采用百分表或塞尺进行。检查时，将曲轴装入缸体轴承座，将百分表触头顶在曲轴平衡重上，用撬棒前后撬动曲轴，观察表针摆动数值，指针的最大摆差即为曲轴轴向间隙，如图 2－76 所示。或者用撬棒将曲轴撬向一端，再用塞尺检查止推轴承和曲轴止推面之间的间隙,即为曲轴轴向间隙,如图 2-76 所示。

☞曲轴轴向窜动量控制

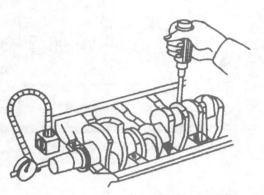

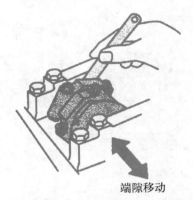

端隙移动

图 2-76　用百分表检查曲轴轴向间隙　　　　图 2-77　用塞尺检查曲轴轴向间隙

　　此间隙应符合规定,桑塔纳 2000GSi 轿车 AJR 发动机曲轴的轴向间隙为 0.07～0.21 mm,轴向间隙过小或过大时,应更换不同厚度的止推垫片进行调整。

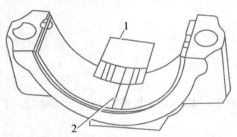

图 2-78　曲轴径向间隙检查方法
1—塑料间隙塞尺;2—压扁了的塑料间隙塞尺。

　　(2)径向间隙检查与调整　曲轴的径向也必须留有适当间隙,因为轴承的适当润滑和冷却是取决于曲轴径向间隙的大小。曲轴径向间隙过小会使阻力增大,加重磨损,使轴瓦划伤。曲轴径向间隙太大,曲轴会上下敲击,并使润滑油压力降低,曲轴表面过热并与轴瓦烧熔到一起。曲轴的径向间隙可用塑料间隙塞尺检查,如图 2-78 所示。

　　首先清洁曲轴主轴颈、连杆轴颈、轴瓦和轴承盖,将塑料间隙塞尺(或软金属丝)放置在曲轴轴颈上(不要将油孔盖住),盖上轴承盖并按规定扭力拧紧螺栓。

注　意

不要转动曲轴。然后取下轴承盖和塑料间隙塞尺。

　　用被压扁的塑料间隙塞尺和间隙条宽度标尺相对照(如图 2-79),查得间隙塞尺宽度(或测量软金属丝厚度)对应的间隙值即为曲轴的径向间隙。

| 0.025 | 0.038 | 0.051 | 0.076 | | 0.025 | 0.038 | 0.051 | 0.076 | | 0.025 | 0.038 | 0.051 | 0.076 | | 0.025 | 0.038 | 0.051 | 0.076 | | 0.025 | 0.038 | 0.051 | 0.076 | | 0.025 |

TO 0.076 MILLIMETER　CLEARANCE RANGE

D IN U.S.A　　USE SPR-1(RED)FOR 0.051 TO 0.152mm
USE SPB-1(BLUE)FOR 0.102 TO 0.229mm

图 2-79　间隙条宽度标尺

## 二、曲轴主轴瓦的选配

（1）选择轴瓦内径　根据曲轴轴承的直径和规定的径向间隙选择合适内径的轴瓦。现代发动机曲轴轴瓦制造时，根据选配的需要，其内径直径已制成一个尺寸系列。

（2）检验轴瓦钢背质量　要求定位凸点完整，轴瓦钢背光整无损。

（3）检验轴瓦自由弹开量　要求轴瓦在自由状态下的曲率半径大于座孔的曲率半径，保证轴瓦压入座孔后，可借轴瓦自身的弹力作用与轴承座贴合紧密，如图 2 - 80 所示。

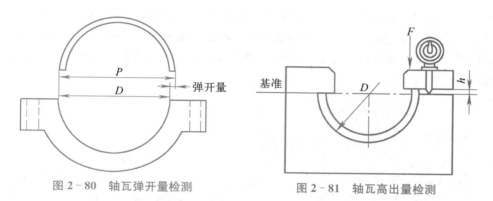

图 2 - 80　轴瓦弹开量检测　　　　图 2 - 81　轴瓦高出量检测

（4）检验轴瓦的高出量　轴瓦装入座孔内，上、下两片的每端均应高出轴承座平面 $0.03 \sim 0.05$ mm，称为高出量 $h$，如图 2 - 81 所示。轴瓦高出座孔，以保证轴承与座孔紧密贴合，提高散热效果。

## 三、飞轮检修

飞轮常见的损伤形式主要是齿圈磨损、打坏、松动、端面打毛；飞轮与离合器摩擦片接触的工作面磨损、起槽、出现刮痕等。

（1）更换齿圈　飞轮齿圈有断齿或齿端冲击耗损，与起动机齿轮啮合状况发生变化时，应更换齿圈或飞轮组件。齿圈与飞轮配合过盈为 $0.30 \sim 0.60$ mm，更换时，应先将齿圈加热至 $623 \sim 673$ K，再进行热压配合。

（2）修整飞轮工作平面　飞轮工作平面有严重烧灼或磨损沟槽深度超过 $0.50$ mm 或飞轮端面圆跳动误差超过 $0.50$ mm 时，应进行光磨修整。

（3）曲轴、飞轮、离合器总成组装后进行动平衡试验　组件动不平衡量应不大于原厂规定。更换飞轮或齿圈、离合器压盘或总成之后，都应重新进行组件的动平衡试验，并在规定的方位去除重量满足动平衡要求。

## 四、曲轴主轴承异响检修

（1）现象

发动机突然加速时会发出沉重而有力的"镗、镗"或"刚、刚、刚"的金属敲击声，严重时机体发生很大振动；响声随发动机转速的提高而增大，随负荷的增加而增强，产生响声的部位是在缸体下部的曲轴箱内。

（2）原因

① 主轴承盖固定螺栓松动；

② 主轴瓦减磨合金烧毁或脱落；

③ 主轴瓦和轴颈磨损过甚、轴向止推装置磨损过甚，造成径向和轴向间隙过大；

④ 曲轴弯曲；

⑤ 机油压力太低或机油变质。

（3）故障诊断与排除

① 在气缸体下部用听诊仪具听诊或在机油加油口处听察，并反复改变发动机转速，当忽然加速或减速，如有明显的沉重响声，则是主轴承响。单缸断火时，响声无变化，而相邻两缸断火时，响声会明显减弱。曲轴转速由低速到中速，出现有节奏而沉重的响声。详见图2-82。

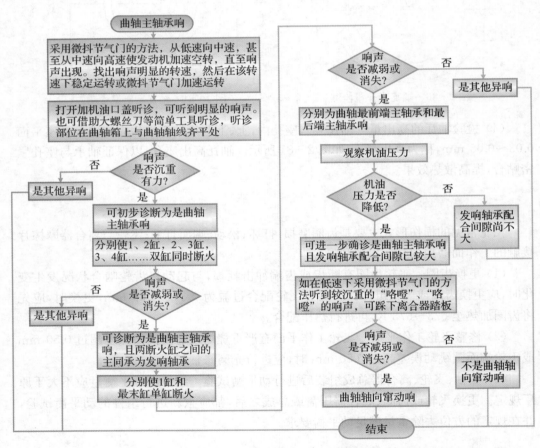

图2-82 曲轴主轴承异响诊断流程图

② 放去机油，观察如有银白色的粉末，说明拉瓦，打开油底壳进一步检查。

③ 若主轴承盖螺栓松动，必须拆除主轴承盖，检查轴瓦、螺栓、轴颈是否损伤，如完好，按规定的拧紧力矩拧紧；若主轴瓦磨损致使与轴颈的配合间隙过大或主轴瓦表面合

金层燃烧脱落,可更换同一修理尺寸的主轴瓦,当主轴颈磨损时,应修磨主轴颈并配相应修理级别的主轴瓦。

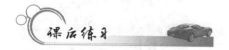

### 一、选择题

1. 将气缸盖用螺栓固定在气缸体上,拧紧螺栓时,应采取下列方法(　　)。

A. 由中央对称地向四周分几次拧紧　　　B. 由中央对称地向四周一次拧紧

C. 由四周向中央分几次拧紧　　　　　　D. 由四周向中央一次拧紧

2. 对于铝合金气缸盖,为了保证它的密封性能,在装配时,必须在(　　)状态下拧紧。

A. 热状态　　　　　B. 冷状态　　　　　C. A、B均可　　　　D. A、B均不可

3. 为了保证活塞能正常工作,冷态下常将其沿径向做成(　　)的椭圆形。

A. 长轴在活塞销方向　　　　　　　　　B. 长轴垂直于活塞销方向

C. A、B均可　　　　　　　　　　　　　D. A、B均不可

4. 四行程六缸发动机各缸工作间隔角是(　　)。

A. 60°　　　　　　　B. 90°　　　　　　C. 120°　　　　　　D. 180°

5. 曲轴箱内有异响,某一缸断缸后响声明显减小,则可初步判断是(　　)。

A. 曲轴主轴承异响　B. 连杆轴承响　　　C. 活塞销响　　　　D. 活塞敲缸响

### 二、判断题

1. 当缸套装入气缸体时,一般缸套顶面应与气缸体上平面平齐。　　　　　　(　　)

2. 有正反面的气缸垫在安装时应把光滑的一面朝向气缸盖。　　　　　　　(　　)

3. 扭曲环是在矩形环的基础上,内圈上边缘切槽或外圈下边缘切槽,不能装反。

(　　)

4. 按1—5—3—6—2—4顺序工作的发动机,当一缸压缩到上止点时,五缸处于进气行程。　　　　　　　　　　　　　　　　　　　　　　　　　　　　　　　(　　)

5. 连杆如有弯、扭,应首先校正弯曲,再校正扭曲。　　　　　　　　　　　(　　)

### 三、问答题

1. 选配活塞时有哪些要求?

2. 活塞连杆组的组装怎样进行?

3. 试述气缸磨损的特点及原因。

4. 曲轴为什么要留有轴向间隙? 如何测量?

5. 如何诊断排除发动机敲缸故障?

# 配气机构检修

项目二

配气机构功用是按照发动机各缸的做功次序和每一缸工作循环的要求,准时地将各缸进气门与排气门打开、关闭,向气缸供给可燃混合气(汽油机)或新鲜空气(柴油机)并及时排出废气,以便发动机完成各个工作过程。配气机构对发动机工作性能有非常大的影响,因此,现代主流发动机逐步采用了可变配气机构,以确保发动机在任何工况下均保持优良的工作性能。本项目内容对接"1+X"汽车运用与维修职业技能领域职业技能等级标准,符合"1-1汽车动力与驱动系统综合分析技术模块(中级):汽车动力系统检测维修"中"1.1缸盖和气门机构维修"职业技能要求。

## 任务1　气门组检修

1. 能够检修气门组主要零部件
2. 掌握气门组检修方法
3. 熟悉配气机构的结构形式与工作原理
4. 培养工匠精神

☞配气机构
工作过程

### 一、配气机构组成与布置型式

目前,四冲程汽车发动机都采用气门式配气机构,由气门组和气门传动组组成。

气门组的作用是封闭进、排气道,由气门、气门座圈、气门导管、气门弹簧、气门弹簧座和气门锁夹等组成(如图3-1)。

气门传动组的作用是使进、排气门按配气相位规定的时刻开闭，且保证有足够的开度。

### 1. 凸轮轴布置型式

（1）凸轮轴下置式配气机构　大多数载货汽车和大、中型客车发动机都采用这种方式。凸轮轴置于曲轴箱内且布置在曲轴的一侧（如图3-1），由于曲轴和凸轮轴位置靠近，只用一对正时齿轮传动，使得曲轴和凸轮轴之间的动力传递比较简单。

发动机工作时，曲轴通过正时齿轮驱动凸轮轴旋转。当凸轮的上升段顶起挺柱时，经推杆推动摇臂绕摇臂轴摆动，压缩气门弹簧使气门开启。当凸轮的下降段与挺柱接触时，气门在气门弹簧力的作用下逐渐关闭。

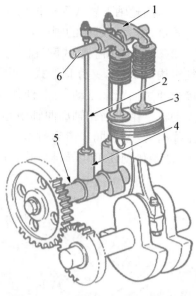

图3-1　凸轮轴下置式配气机构

1—摇臂；2—推杆；3—气门组；4—挺柱；
5—凸轮轴；6—摇臂轴。

四冲程发动机每完成一个工作循环，每个气缸进、排气一次。这时曲轴转两周，而凸轮轴只旋转一周，所以曲轴与凸轮轴的转速比或传动比为2∶1。

（2）凸轮轴中置式配气机构　为减小气门传动组零件的往复运动惯性力，某些速度较高的发动机将下置式凸轮轴的位置抬高到气缸体的上部，缩短了传动零件的长度，称之为凸轮轴中置式配气机构（如图3-2）。由于凸轮轴与曲轴距离较远，故在一对正时齿轮中间加了一个中间传动齿轮（如图3-3）。

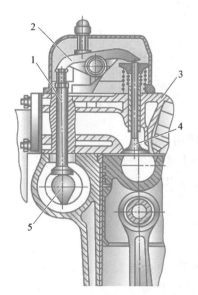

图3-2　凸轮轴中置式配气机构

1—推杆；2—摇臂；3—气缸盖；
4—气门；5—凸轮轴。

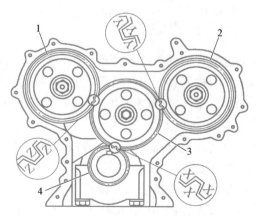

图3-3　凸轮轴中置齿轮传动

1—凸轮轴正时齿轮；2—喷油泵齿轮；
3—中间惰轮；4—曲轴正时齿轮。

与凸轮轴下置式配气机构的组成相比,减短了推杆,从而减轻了配气机构的往复运动质量,增大了机构的刚度,更适用于较高转速的发动机。

(3) 凸轮轴上置式配气机构　凸轮轴置于气缸盖上的配气机构为凸轮轴上置式配气机构(OHC),又称顶置式(如图3-4和图3-5)。其主要优点是运动件少,凸轮轴直接或通过摇臂来驱动气门,使往复运动质量大大减小,整个机构的刚度大,适合于高速发动机。由于凸轮轴离曲轴中心较远,因而都采用链条传动或同步齿形带传动,为使在工作时,链条或同步齿形带有一定的张力而不致较松甚至脱落,通常装有张紧轮装置等,链条传动还可用导链板装置进行张紧。

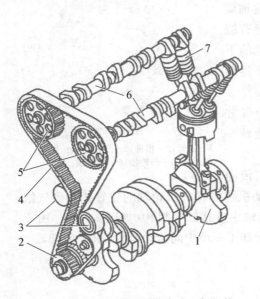

图3-4　双凸轮轴顶置带传动配气机构

1—曲轴;2—曲轴正时带轮;
3—张紧轮;4—正时带;5—凸轮轴正
时带轮;6—凸轮轴;7—气门组。

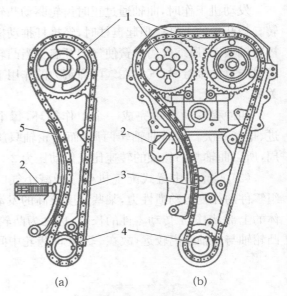

(a)　　　　　　　(b)

图3-5　凸轮轴顶置链传动配气机构

1—凸轮轴正时链轮;2—张紧
装置;3—链条;4—曲轴正时
链轮;5—导链板。

同步齿形带传动与链条传动相比,噪音小,但使用寿命低。

由于气门排列和气门驱动形式的不同,凸轮轴上置式配气机构有多种多样的结构形式。如单顶置凸轮轴(SOHC)、双顶置凸轮轴(DOHC)等。

2. 气门驱动型式

气门驱动型式有摇臂驱动、摆臂驱动和直接驱动三种类型。

(1) 摇臂驱动

一种是凸轮通过挺柱推动推杆,由推杆推动摇臂,再由摇臂驱动气门,该种型式多与凸轮轴下置配合使用(如图3-6(a));第二种是凸轮直接驱动摇臂,摇臂再驱动气门(如图3-6(b)),该种型式用于凸轮轴顶置,为减少凸轮与摇臂运动接触面的磨损,可在摇臂上加装滚轮(如图3-6(c))。

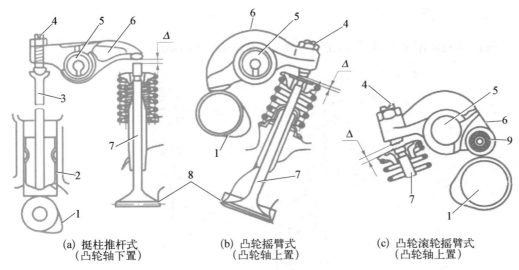

(a) 挺柱推杆式　　　　　(b) 凸轮摇臂式　　　　　(c) 凸轮滚轮摇臂式
　（凸轮轴下置）　　　　　（凸轮轴上置）　　　　　（凸轮轴上置）

图 3－6　摇臂驱动气门型式

1—凸轮;2—挺柱;3—推杆;4—气门间隙调整螺钉;
5—摇臂轴;6—摇臂;7—气门;8—气门座;9—滚轮;Δ—气门间隙。

（2）摆臂驱动

摆臂驱动气门的配气机构比摇臂驱动式刚度更好,图 3－7(a)图的支座为固定式。图 3－7(b)的支座为液压式。此外,在摇臂上还装有滚轮,以减小凸轮和摇臂的磨损。

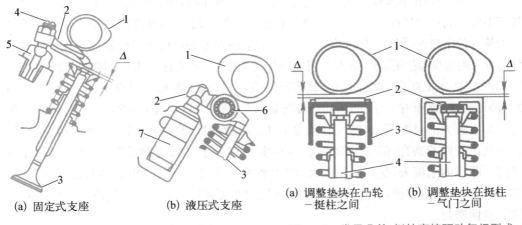

(a) 固定式支座　　　　　(b) 液压式支座

图 3－7　摆臂驱动气门型式

Δ—气门间隙;1—凸轮;2—摆臂;3—气门;4—气门间隙调整
螺钉;5—摆臂固定支座;6—滚轮;7—液压式摆臂支座。

(a) 调整垫块在凸轮　　　(b) 调整垫块在挺柱
　－挺柱之间　　　　　　　－气门之间

图 3－8　常见凸轮-挺柱直接驱动气门型式

1—凸轮;2—调整垫块;3—普通挺柱;
4—气门;Δ—气门间隙。

（3）直接驱动

凸轮通过挺柱(普通挺柱或液压挺柱)直接驱动气门,结构型式如图 3－8 所示。与其他两种型式相比,直接驱动式配气机构的刚度最大,驱动气门的能量损失最小。因此,在高度强化的轿车发动机上得到广泛的应用。

## 二、气门组

气门组的作用是密封气缸,定时开闭,组成如图3-9所示。

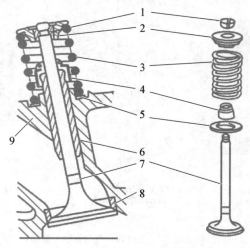

图3-9　气门组

1—气门锁夹;2—气门弹簧座;3—气门弹簧;4—气门油封;5—气门弹簧垫;
6—气门导管;7—气门;8—气门座;9—气缸盖。

### 1. 气门

气门的工作条件恶劣,一是气门直接与高温燃气接触,受热严重,而散热困难,因此,气门温度很高;二是气门承受气体力和气门弹簧力的作用,以及由于配气机构运动件的惯性力使气门落座时受到冲击;三是气门在润滑条件很差的情况下以极高的速度启闭并在气门导管内做高速往复运动;四是气门由于与高温燃气中有腐蚀性的气体接触而受到腐蚀。

汽车发动机的进、排气门均为蘑菇形气门,由气门头部和气门杆两部分构成(如图3-10)。气门顶面有平顶、凹顶和凸顶等形状(如图3-11)。凹顶质量小、惯性小,头部与杆部有较大的过渡圆弧,使气流阻力小,以及具有较大的弹性,对气门座的适应性好,容易获得较好的磨合,但受热面积大,易存废气,容易过热及受热易变形,所以仅用作进气门。凸顶的刚度大,受热面积也大,用于某些排气门。目前应用最多的是平顶气门,其结构简单,制造方便,受热面积小,进、排气门都可采用。气门与气门座或气门座圈之间靠锥面密封。

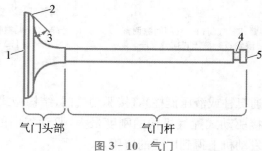

图3-10　气门

1—气门顶面;2—气门密封锥面;3—气门锥角;4—气门锁夹槽;5—气门尾端面。

(a) 球面顶          (b) 平顶          (c) 喇叭形顶          (d) 凹面顶

图 3-11  气门顶部形状

气门锥面与气门顶面之间的夹角称为气门锥角(如图 3-10 序号 3)。进、排气门的气门锥角一般为 30°或 45°。气门锥角可以使气门落座时有自动定位作用,能挤掉接触面的沉积物,具有自洁作用,同时还能获得较大的压合力,以提高密封性和导热性,并避免使气流拐弯过大而降低流速。

气门头部接受的热量一部分经气门座圈传给气缸盖;另一部分则通过气门杆和气门导管也传给气缸盖,最终都被气缸盖水套中的冷却液带走。为了增强传热,气门与气门座圈的密封锥面必须严密贴合。为此,二者要配对研磨,研磨之后不能互换。

气门杆有较高的加工精度和较低的粗糙度,与气门导管保持较小的配合间隙,以减小磨损,并起到良好的导向和散热作用。气门尾端的形状取决于气门弹簧座的固定方式(如图 3-12)。采用剖分成两半且外表面为锥面的气门锁夹来固定气门弹簧座,结构简单,工作可靠,拆装方便,因此得到了广泛的应用。气门锁夹内表面有多种形状,相应地气门尾端也有各种不同形状的气门锁夹槽。

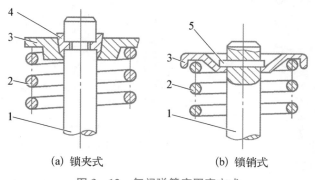

(a) 锁夹式          (b) 锁销式

图 3-12  气门弹簧座固定方式

1—气门杆;2—气门弹簧;3—弹簧座;4—锁夹;5—锁销。

在某些高度强化的发动机上采用中空气门杆的气门,旨在减轻气门质量和减小气门运动的惯性力。为了降低排气门的温度,增强排气门的散热能力,在许多汽车发动机上采用钠冷却气门。这种气门是在中空的气门杆中填入一半金属钠。因为钠的熔点是 97.8 ℃,沸点为 880 ℃,所以在气门工作时,钠变成液体,在气门杆内上下激烈地晃动,不断地从气门头部吸收热量并传给气门杆,再经气门导管传给气缸盖,使气门头部得到冷却。

#### 2. 气门数量与布置型式

一般发动机每个气缸有两个气门,即一个进气门和一个排气门。进气门头部直径比排气门大 15%～30%,目的是增大进气门通过断面面积,减小进气阻力,增加进气量。

当每缸采用两气门时,为了使结构简单,常采用所有气门沿机体纵向轴线排成一列的方式。这样,相邻两缸同名气门就有可能合用一个气道,并得到较大的气道通过截面;另一种方式是将进、排气门交替布置,每缸单独占用一个气道,这样有助于气缸盖冷却均匀。

现代高性能汽车发动机普遍采用每缸三、四、五个气门(如图 3-13 和图 3-14),其中尤以四气门发动机为数最多。四气门发动机每缸两个进气门,两个排气门,其突出的优点一是气门通过断面积大,进、排气充分,进气量增加,发动机的转矩和功率提高;其次是每个气门的头部直径较小,气门质量减轻,运动惯性力减小,有利于提高发动机转速;第三,火花塞可以布置在燃烧室中央,有利于燃烧。

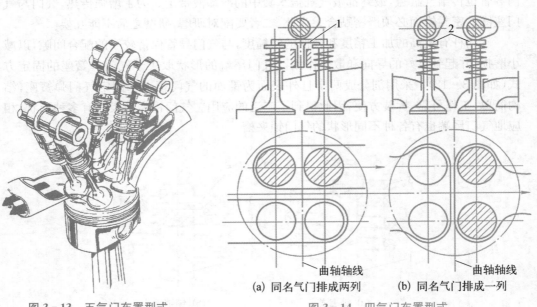

图 3-13　五气门布置型式

(a) 同名气门排成两列　　(b) 同名气门排成一列

图 3-14　四气门布置型式

1—T 形杆;2—挺柱。

当每缸采用四气门时,气门排列的方式有两种。一种是同名气门排成两列,如图 3-14(a)所示,由一个凸轮轴通过 T 形驱动件同时驱动,并且所有气门都可以由一根凸轮轴驱动,又由于两个气门串联,会影响进气门充气效率且使前、后两排气门热负荷不均匀,这种方案不常采用;另一种是同名气门排成一列,如图 3-14(b)所示,这种结构在组织进气涡流、保证排气门及缸盖热负荷均匀等方面都具有相当的优越性,但一般需用两根凸轮轴。

#### 3. 气门座与气门座圈

气缸盖上与气门锥面相贴合的部位称气门座(如图 3-9 序号 8)。气门座的温度很高,又承受频率极高的冲击载荷,容易磨损。因此,铝气缸盖和大多数铸铁气缸盖均镶嵌由合金铸铁或粉末冶金或奥氏体钢制成的气门座圈。在气缸盖上镶嵌气门座圈可以延长气缸盖的使用寿命。也有一些铸铁气缸盖不镶气门座圈,直接在气缸盖上加工出气门座。

### 4. 气门导管与气门油封

气门导管(如图3-9序号6)的功用是对气门的运动进行导向,保证气门做直线往复运动,使气门与气门座或气门座圈能正确贴合。此外,还将气门杆接受的热量部分地传给气缸盖。气门导管的工作温度较高,而且润滑条件较差,靠配气机构工作时飞溅起来的机油来润滑气门杆和气门导管孔。气门导管由灰铸铁、球墨铸铁或铁基粉末冶金制造。在以一定的过盈将气门导管压入气缸盖上的气门导管座孔之后,再精铰气门导管孔,以保证气门导管与气门杆的正确配合间隙。

发动机高速化后,进气管中的真空密度显著地增高,气门室中的机油会通过气门杆与导管之间的间隙被吸入进气管和气缸内,除增加机油的消耗外,还会在气门和燃烧室产生积碳。为此,发动机的气门杆上部一般还都装有气门油封(如图3-9序号4)。

### 5. 气门弹簧

气门弹簧的功用是保证气门关闭时能紧密地与气门座或气门座圈贴合,并克服在气门开启时配气机构产生的惯性力,使传动件始终受凸轮控制而不相互脱离。

气门弹簧一般为等螺距圆柱形螺旋弹簧。当气门弹簧的工作频率与其固有的振动频率相等或为整数倍时,气门弹簧就会发生共振。共振时将使配气定时遭到破坏,使气门发生反跳和冲击,甚至使弹簧折断。为防止共振的发生,可采取下列结构措施:

(1)采用双气门弹簧(如图3-15)　在柴油机和高性能汽油机上广泛采用每个气门安装两个直径不同,旋向相反的内、外弹簧。由于两个弹簧的固有频率不同,当一个弹簧发生共振时,另一个弹簧能起到阻尼减振作用。采用双气门弹簧可以减小气门弹簧的高度,而且当一个弹簧折断时,另一个弹簧仍可维持气门工作。弹簧旋向相反,可以防止折断的弹簧圈卡入另一个弹簧圈内使其不能工作或损坏。

图3-15　双气门弹簧

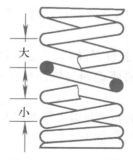

图3-16　变螺距弹簧

(2)采用变螺距气门弹簧(如图3-16)　某些高性能汽油机采用变螺距单气门弹

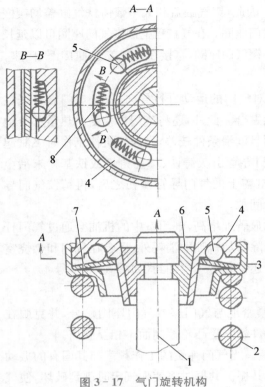

图 3-17 气门旋转机构

1—气门；2—气门弹簧；3—气门弹簧座；4—旋转机构壳体；5—钢球；6—气门锁夹；7—碟形弹簧；8—复位弹簧。

簧。变螺距弹簧的固有频率不是定值，从而可以避开共振。

（3）采用锥形气门弹簧 锥形气门弹簧的刚度和固有振动频率沿弹簧轴线方向是变化的，因此，可以消除发生共振的可能性。

### 6.气门旋转机构

当气门工作时，如能产生缓慢的旋转运动，可使气门头部周向温度分布比较均匀，从而减小气门头部的热变形。同时，气门旋转时，在密封锥面上产生轻微的摩擦力，能够清除锥面上的沉积物。

如图 3-17 所示的一种强制式气门旋转机构。在旋转机构的壳体 4 上有 6 个变深度的凹槽，凹槽中装有钢球 5 和复位弹簧 8，碟形弹簧 7 安装在旋转机构壳体 4 与气门弹簧座 3 之间。当气门关闭时，碟形弹簧并没有压紧在钢球上。这时钢球在复位弹簧的作用下位于凹槽的最浅处。当气门开启时，气门杆尾端受到的压力传到碟形弹簧，使碟形弹簧变形并压紧在钢球上，迫使钢球沿凹槽的斜面滚动，同时带动旋转机构的壳体的气门锁夹 6 以及气门 1 一起旋转一定的角度。

**任务实施**

气门组技术要求如下：

（1）气门与气门座工作面锥度应一致，密封带符合厂家要求，保证气门头部与气门座贴合严密。

（2）气门导管与气门杆的上下运动有良好的导向，配合间隙应符合原厂规定。

（3）气门弹簧的两端面与气门杆的中心线相垂直，以保证气门头在气门座上不偏斜。

（4）气门弹簧的弹力足以克服气门及其传动件的运动惯性力，使气门能迅速开闭，并保证气门紧压在气门座上。

### 一、气门检修

气门的工作条件恶劣，气门头部锥形工作面在高温下不断与气门座工作面发生撞击,不但会发生正常的磨损,还会产生斑痕、裂纹或烧蚀;另外,当气门杆与导管间隙过大或发生气门与活塞碰撞的事故时,气门杆会发生弯曲变形。气门杆端面在不断地敲击下也会磨损或产生疤痕。

1. 外观检验

目测发现气门有裂纹、破损或烧损时,须更换气门。

2. 气门杆磨损检查

用外径千分尺测量气门杆的磨损程度,如图 3-18 所示,测量部位在气门杆上、中、下三个部位分别测量,将测量的尺寸与标准值比较,若超过规定范围,更换气门或镀铬修复。

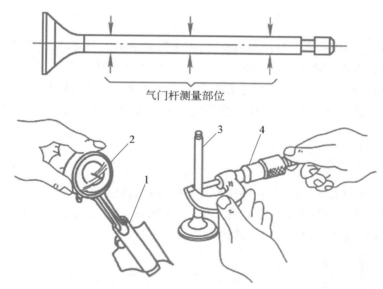

气门杆测量部位

图 3-18　气门杆和气门导管直径的测量
1—气门导管;2—内径百分表;3—气门杆;4—外径千分尺。

3. 气门杆端面检修

气门杆端面磨损,往往使端面不平。当气门顶起时,挺杆(或摇臂)作用力将产生侧向力,使气门杆歪斜,气门关闭不严。气门杆端面磨损可用磨气门机磨平。

4. 气门杆弯曲和气门头部歪斜检查

用百分表来测定气门杆的弯曲,如图 3-19 所示。清除气门积碳并将气门擦净,将气门杆支承在两个距离 100 mm 的 V 形架上,然后用百分表测量气门杆中部的弯曲度。转动气门头部一圈,气门头部百分表读数最大和最小之差的 1/2 即为气门头部的倾斜度误差。气门杆弯曲或气门头部歪斜超过规定范围后,需更换或校正气门。

5. 气门工作面检查

检查气门头部工作面是否有斑点或烧蚀,若有,可根据情况更换或用气门光磨机修磨。

在修磨气门工作面之前,应先校正气门杆并检查光磨机气门夹头座的角度,避免将

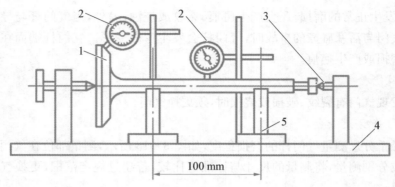

图3-19　气门变形检验

1—气门；2—百分表；3—顶尖；4—平板；5—V形块。

气门工作面角度磨错。磨削量尽量要小些，以消除表面损蚀为限，从而延长气门使用期限。最后精磨，在没有进刀量的情况下，进行2～3次空走刀，直至没有大火花为止，以改善其表面粗糙度。磨修后，气门工作锥面对气门轴线的斜向圆跳动应符合规定值。气门光磨后，其边缘逐渐变薄，工作时容易变形和烧毁，若光磨后达不到规定厚度，应更换气门。

## 二、气门座检修

检查气门座的工作面，若气门座工作面过度磨损、烧蚀，出现严重斑点或凹坑，应通过铰削、修磨等工艺来恢复其工作性能；如气门座圈有裂纹、松动和严重烧伤时，则应重新镶配气门座。具体应根据厂家要求而定。

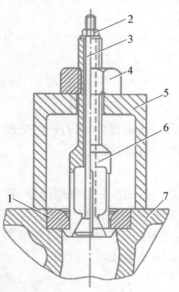

图3-20　气门座的拆卸

1—气门座；2—张开螺母；3—胀开锥；4—旋力螺母；5—套筒；6—弹簧卡头式拉爪；7—气缸盖。

### 1. 气门座镶配

检查气门下陷量，如气门顶平面低于缸盖底平面的数值超过规定时，应重新镶配气门座。

（1）气门座拆卸　如图3-20所示，用专用工具拉出旧气门座。若无专用工具，也可用铰刀削薄气门座或在气门座内侧点焊几个焊点，敲击焊点，拆下气门座。

（2）气门座选配　测量气门座圈孔直径，按直径孔大小选择相对应的新座圈。为了防止松落，新座圈与座孔应有一定的过盈（如0.075～0.125 mm）；气门座圈材料应采用在工作温度下塑性变形较小而硬度较高的合金材料，一般采用合金铸铁、球墨铸铁，也有采用合金钢的。通常座圈的硬度比气门工作面硬度稍低一些。

（3）气门座镶嵌　采用冷缩法或加热法将气门座镶入座孔内。冷缩法是将气门座在液氮中冷冻至-195 ℃后，压入气门座孔。热胀法是常用方法，将座孔加热到规定温度（用油浴加热，温度一般80 ℃～100 ℃），然后将气门座涂油，垫以软金属迅速将气门座压入座孔。气门座镶入后,应将高出气缸体(气缸盖)平面的部分修平,并且气门座周围必须严密、牢固、可靠。

### 2. 气门座铰削

铰削时,应根据实际情况,用专用工具对气门座进行铰削,如图 3-21 所示。要求接触面在气门工作锥面的中部偏下,接触面宽 1.0~1.8 mm;检查进、排气门座的凹陷量,进气门不超过 1.88 mm,排气门不超过 2.807 mm。否则,应更换气门座圈(数据应以厂家实际要求为准)。气门座的铰削如图 3-21 所示。

> **注 意**
>
> 应首先保证气门导管合格,因为它是铰削的定位基准;其次边铰削,边与气门试配,最终达到要求。

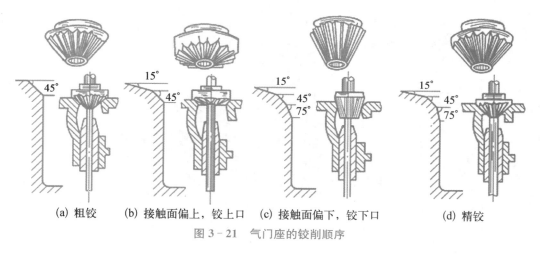

|  (a) 粗铰  |  (b) 接触面偏上,铰上口  |  (c) 接触面偏下,铰下口  |  (d) 精铰  |

图 3-21  气门座的铰削顺序

(1)选择刀杆  铰削气门座时,利用气门导管作为定位基准。根据气门导管的内径选择相适应的定心杆直径,定心杆插入气门导管内,保证铰削的气门座与气门导管中心线重合。

(2)粗铰  选用与气门工作面角度相同的粗铰刀粗铰工作面。15°铰刀:铰削气门座上平面角,使气门座工作锥面下移;30°、45°铰刀:气门座工作锥面铰刀;75°铰刀:扩大气门座孔内径,使工作锥面上移。铰削时两手要均匀用力。如果由于工作面硬化层使铰刀打滑,可用砂布垫于铰刀下砂磨工作面,然后进行铰削,直至将表面的凹陷斑点全部去掉。

(3)试配  粗铰后,用光磨过的同一组气门进行试配,查看接触面所处的位置。接触面应位于气门的中下部,接触面宽度应符合要求,保证进气门的密封性和排气门的散热作用。

(4)精铰  选用与工作面角度相同的细刃铰刀进行精铰,或在铰刀下面垫以细砂布进行光磨,保证工作面平整光滑。

如气门座材质坚硬,不易铰削,可用气门座光磨机进行铰削。光磨机修磨气门速度快、质量好,特别是修磨硬度高的气门座效果更好,但砂轮消耗较大,需经常修整。磨削前应先将气门导管孔及气门座圈擦净,以导管为基准,选择适合于导管孔径的定心杆插入导管孔,不准有摇摆或偏斜现象,然后按规定角度和要求进行修磨。

### 3. 气门研磨

气门座铰削完毕后,应对其进行研磨,研磨可分为机器研磨和手工研磨两种。手工研磨工艺:先将相关部位清洁干净;然后在气门工作面上涂一层粗气门研磨砂,将气门杆上涂些机油后,将其插入导管内;最后按照图3-22所示,用手捻转气门捻子,进行研磨,当气门与气门座的工作面出现一条较整齐且无斑痕、无麻点的接触环带时,将粗研磨砂洗去换用细气门研磨砂继续研磨。当气门工作面出现一条整齐、灰色无光的环带时,洗去细砂,涂上机油再研磨几分钟即可。

气门研磨

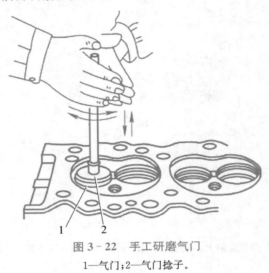

图3-22 手工研磨气门

1—气门;2—气门捻子。

### 4. 气门与气门座密封性检验

为检验气门座的修复是否合格(如图3-23),需要检查气门与气门座的气密性,以保障发动机正常工作。通常有以下几种方法检查气密性。

图3-23 气门密封锥面检查

(1) 画线法(如图3-24) 用软铅笔在气门锥面上沿垂直于密封带方向画若干条线,将气门放入气门座内,不装气门弹簧,转动气门1/4圈,取出气门检查。如果线条在密封带处均已中断,说明气门密封性能好。

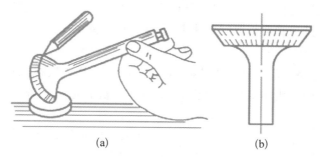

(a)　　　　　　　　　　(b)

图 3-24　用画线法检查气门密封性

☞气门密封<br>检查画线法

（2）敲击法　将气门与气门座清洗干净后，把气门杆放入气门导管孔内，当气门头部离气门座 25 mm 左右时，用手轻拍气门，使其沿气门导管孔垂直落下，连续数次后取出气门检查气门座密封锥面。若气门座密封锥面上有明亮而完整的光环且无斑点，即可认为气密性良好。

（3）涂色法　在气门密封锥面涂上一层红丹油，并把气门放入气门导管孔内，然后用力将气门压在气门座上旋转 1/8～1/4 圈后取出，最后检查气门座上的红丹油情况。如果气门座密封锥面上全部沾上红丹油，并且均匀整齐，则说明气密性良好。

（4）渗油法　将与气门座配套使用的气门放入气门导管孔内，并使气门紧贴气门座的密封锥面，然后在气门上倒上足够的煤油，经 3～5 min 后，如没有出现漏油现象，则可认为气密性良好。

☞气门密封<br>检查红油法

（5）气压试验法　用带有气压表的气门密封检验器（如图 3-25）进行检查。即将检测器的空气容筒紧紧压在气门座的外缘上，并使空气容筒与气缸盖结合面保持良好的气密性，然后用手捏橡皮球向空气容筒内充气，使其具有 0.6～0.7 MPa 的气压。如果在 30 s 内气压表的读数不下降，则表示气密性良好。

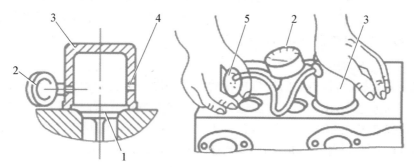

图 3-25　用气门密封检验器检验气门密封性<br>1—气门；2—气压表；3—空气容筒；4—与橡皮球相连的气孔；5—橡皮球。

### 三、气门导管检修

气门杆与气门导管间隙过大，气门在运动时就会出现摆动和受到冲击，造成气门磨损不均匀，气门关闭不严，引起漏气以至气门烧损。同时，润滑杆身的机油也会大量漏入气缸燃烧，不仅浪费机油，也会造成严重积碳，加速零件磨损。间隙过小时，会影响气门的自由运动，在杆身受热膨胀时可能卡死，使气门不能关闭。

### 1. 气门导管检验

经验检查法是将气门杆和导管孔擦净，在气门杆上涂一层机油，放入导管内，上下拉动几次，然后气门能借本身重量徐徐下降，则认为配合适当。若间隙超限，就应更换新气门导管。

气门与气门导管配合间隙检查

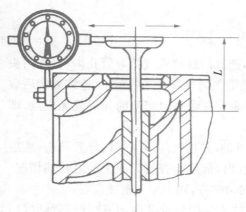

图 3-26 气门杆与导管配合间隙检查

配合间隙测量是将气门提起至气缸盖平面的一定高度（$L = 15$ mm），用百分表触头抵在气门头的边缘处，如图 3-26 所示，然后反复摆动气门，百分表测得一个摆差，即为气门导管的磨损情况。磨损极限是进气门摆差不得超过 1.00 mm，排气门摆差不得超过1.30 mm，否则应更换气门导管。

气门导管内径的测量方法如图 3-18 所示，用分球式内径百分量表测量图中箭头所示的部位，表的读数即为气门导管的内径。

### 2. 气门导管镶入

新导管的选择，要求导管的内径应与气门杆的尺寸相适应，其外径与导管支承孔的配合应有一定的过盈，通常取过盈量为导管外径的 2‰～3‰；导管的过盈量可用新旧导管对比的办法进行测量。新导管要比压出来的旧导管大 0.01～0.02 mm 为适当。

用专用工具将气门导管从凸轮轴一侧压出，带有台肩的导管则从燃烧室压出。将选定的新导管外壁涂上一层机油，压入导管支承孔内。带有台肩的导管压入时的压力不能大于 1 000 kg，否则会使台肩断裂。不带台肩的气门导管压入后，露出部分的长度应等于带台肩气门导管台肩端的长度。

气门导管更换

### 3. 气门导管铰削

气门导管更换后，检查气门杆与导管的配合间隙是否符合要求。如果气门与气门导管的配合间隙过小，用铰削的方法进行扩孔。铰削气门导管时，需要以冷却液冷却，每次铰削量以 0.02～0.04 mm 为宜，边铰边试配，直至配合间隙符合标准规定。铰削后的气门导管内孔表面粗糙度 $R_a$ 值应不大于 2.5 $\mu$m，表面无划痕。

## 四、气门弹簧检修

如图 3-27 所示，采用 90°角尺检测气门弹簧，如弹簧的自由长度缩短超过规定尺寸（如 2 mm），应更换，在 2 mm 之内可加垫片调整；弹簧的弯曲变形超过 2°应更换，气门弹簧的外圆柱在全长上对底面的垂直度公差不允许超过 1.5 mm。

用弹簧检验仪检测气门弹簧弹力是否合乎技术规范（如图 3-28），弹力的减小不能大于标准值的 10%，必要时予以更换新件。在无弹簧的原厂数据时，一般可采用新旧弹簧对比来判断。对于气门旋转机构的检验,如片弹簧出现变形、断裂、弹力减弱现象,应更换。

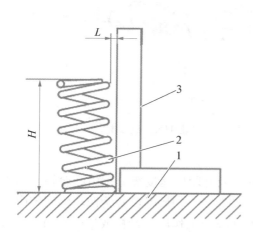

图 3-27 气门弹簧垂直度和自由高度检查
1—平板;2—气门弹簧;3—直角尺;
$L$—间隙值;$H$—自由高度。

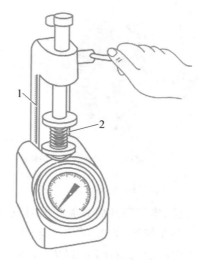

图 3-28 用弹簧检验仪检验弹簧的
自由高度和弹力
1—标尺;2—弹簧。

# 任务 2　气门传动组检修

1. 能够检修气门传动组主要零部件
2. 掌握气门传动组检修方法
3. 熟悉气门传动组的结构形式与工作原理
4. 培养共产主义信念

由于气门驱动形式和凸轮轴位置的不同,气门传动组的零件组成差别很大。

## 一、凸轮轴

凸轮轴(如图 3-29)需要承受周期性的冲击载荷。凸轮与其相接触的传动件(如挺柱和摇臂等)之间的接触应力很大,相对滑动速度也很高,因此,凸轮工作表面的磨损比较严重。凸轮轴是通过凸轮轴轴颈支承在凸轮轴轴承孔内的,如果支承不好,工作时将会发生弯曲变形,这会影响配气正时。

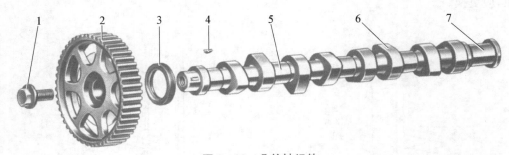

图3-29　凸轮轴组件

1—螺栓;2—凸轮轴正时带轮;3—密封圈;4—半圆键;5—凸轮轴轴颈;6—凸轮;7—凸轮轴。

### 1. 凸轮轴结构

进、排气门开启和关闭的时刻、持续时间以及开闭的速度等分别由凸轮轴上的进、排气凸轮控制,因此,凸轮的轮廓尤为重要。如图3-30所示,$O$点为凸轮轴回转中心,凸轮轮廓上的$AB$段和$DE$段为缓冲段,$BCD$段为工作段。挺柱或摇臂在$A$点开始动作,在$E$点停止运动,凸轮转到$AB$段内某一点处,气门间隙消除,气门开始开启。此后随着凸轮继续转动,气门逐渐开大,至$C$点气门开度达到最大。之后气门逐渐关闭,在$DE$段内某一点处气门完全关闭,接着气门间隙恢复。气门最迟在$B$点开始开启,最早在$D$点完全关闭。由于气门开始开启和关闭落座时均在凸轮升程变化缓慢的缓冲段内,其运动速度较小,从而可以防止强烈的冲击。

凸轮轴上各同名凸轮(各进气凸轮或各排气凸轮)的相对角位置与凸轮轴旋转方向、发动机工作顺序及气缸数或做功间隔角有关。如果从发动机前端看凸轮轴逆时针方向旋转,则工作顺序为1—3—4—2的四缸发动机其做功间隔角为720°/4=180°曲轴转角,相当于90°凸轮轴转角,即各同名凸轮间的夹角为90°(如图3-31(a))。对于工作顺序为1—5—3—6—2—4的六缸发动机,其同名凸轮间的夹角为60°(如图3-31(b))。

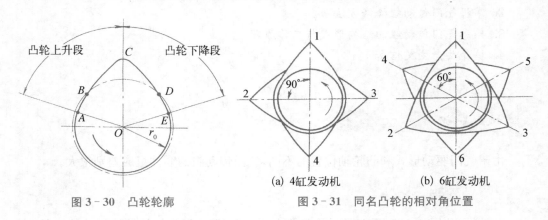

图3-30　凸轮轮廓　　　　　图3-31　同名凸轮的相对角位置

### 2. 凸轮轴轴承

中置式和下置式凸轮轴的轴承一般制成衬套压入整体式轴承座孔内,再加工轴承内孔,使其与凸轮轴轴颈相配合。上置式凸轮轴的轴承多由上、下两片轴瓦对合而成,装入剖分式轴承座孔内。

### 3. 凸轮轴传动机构

凸轮轴由曲轴驱动,其传动机构有齿轮式、链条式及齿形带式。齿轮传动机构用于下置式和中置式凸轮轴的传动。汽油机一般只用一对正时齿轮(链轮或带轮),即曲轴正时齿轮(链轮或带轮)和凸轮轴正时齿轮(链轮或带轮)。柴油机需要同时驱动喷油泵,所以增加一个中间齿轮。为了保证正确的配气正时和喷油正时,在传动齿轮(链轮或带轮)上刻有正时记号,装配时必须对正记号(如图3-3)。

### 4. 凸轮轴轴向定位

为了限制凸轮轴在工作中产生的轴向移动或承受轴向力,凸轮轴需要轴向定位。凸轮轴轴向移动量过大,对于由螺旋齿轮传动的凸轮轴,会影响配气定时。上置式凸轮轴通常利用凸轮轴承盖的两个端面和凸轮轴轴颈两侧的凸肩进行轴向定位(如图3-32(a))。

中、下置式凸轮轴的轴向定位通常采用止推板(如图3-32(b))。在第一凸轮轴轴颈和凸轮轴正时齿轮之间装入调整环5,在调整环外再套上止推板6。止推板用螺栓固定在机体前端面上。调整环、凸轮轴正时齿轮轮毂与第一凸轮轴颈端面紧紧靠在一起。由于调整环比止推板厚0.08~0.20 mm,因此,在止推板与凸轮轴正时齿轮轮毂或止推板与第一凸轮轴轴颈端面之间形成0.08~0.20 mm的间隙,此间隙即为凸轮轴最大许用轴向移动量。欲改变凸轮轴轴向移动量,只需改变调整环的厚度即可。

还有一种轴向定位的方法是止推螺钉定位(如图3-32(c))。在定时传动室盖7上与凸轮轴前端相对应的位置拧入止推螺钉9,使其端部与正时齿轮紧固螺栓8的六角头端面相距$\Delta=0.10~0.20$ mm时,将止推螺钉锁紧,即可实现凸轮轴的轴向定位。

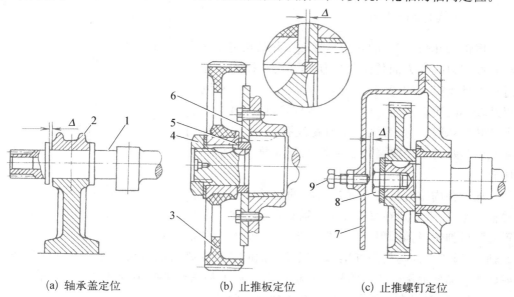

(a) 轴承盖定位　　　　(b) 止推板定位　　　　(c) 止推螺钉定位

图3-32　凸轮轴轴向定位方式

$\Delta$—轴向间隙;1—凸轮轴;2—凸轮轴承盖;3—凸轮轴正时齿轮;4—螺母;
5—调整环;6—止推板;7—定时传动室盖;8—螺栓;9—止推螺钉

## 二、挺柱

挺柱是凸轮的从动件,其功用是将来自凸轮的运动和作用力传给推杆或气门,同时还承受凸轮所施加的侧向力,并将其传给机体或气缸盖。挺柱可分为机械挺柱和液压挺柱两大类,每一类中又有平面挺柱和滚子挺柱等多种结构形式。

机械挺柱(如图3-33)的结构结构简单,质量轻,在中、小型发动机中应用比较广泛。挺柱上的推杆球面支座的半径比推杆球头半径略大,以便在两者中间形成楔形油膜来润滑推杆球头和挺柱上的球面支座。对于凸轮轴顶置的机械(普通)挺柱来说,已经简化成杯状(如图3-8)。

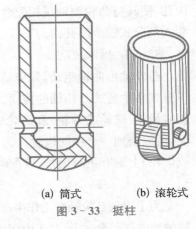

(a) 筒式　　　(b) 滚轮式

图3-33　挺柱

## 三、推杆

推杆(如图3-34)处于挺柱和摇臂之间,其功用是将挺柱传来的运动和作用力传给摇臂。在凸轮轴下置式的配气机构中,推杆是一个细长杆件,加上传递的力很大,所以极易弯曲。因此,要求推杆有较好的纵向稳定性和较大的刚度。推杆一般用冷拔无缝钢管制造,两端焊上球头和球座(如图3-34(b)、图3-34(c))。也可以用中碳钢制成实心推杆(如图3-34(a)),这时两端的球头或球座与推杆锻成一个整体。

## 四、摇臂及摇臂组

摇臂(如图3-35)的功用是将推杆和凸轮传来的运动和作用力改变方向传给气门使其开启。摇臂在摆动过程中承受很大的弯矩,因此,应有足够的强度和刚度以及较小的质量。摇臂是一个双臂杠杆,以摇臂轴为支点,两臂不等长。短臂端加工有螺纹孔,用来拧入气门间隙调整螺钉。长臂端加工成圆弧面,是推动气门的工作面。

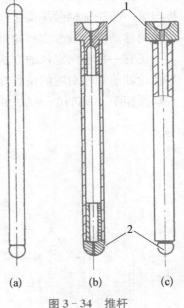

(a)　　　(b)　　　(c)

图3-34　推杆

1—球座;2—球头。

摇臂孔内镶有衬套并通过空心的摇臂轴支承在摇臂轴座上,后者固定在气缸盖上。摇臂在摇臂轴上的位置由限位弹簧或挡圈限定(如图3-36)。摇臂衬套和摇臂轴、摇臂工作面与气门杆尾端面以及气门间隙调整螺钉的球头或球座与推杆的球座或球头均需要润滑。为此将机油从机体经气缸盖和摇臂轴座中的油道引入摇臂轴,再从摇臂轴、摇臂衬套和摇臂上的油孔流向摇臂两端。

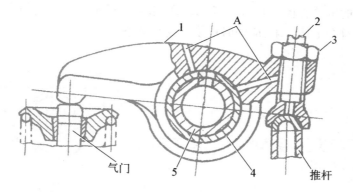

图 3-35　摇臂及其相关件

1—摇臂；2—气门间隙调整螺钉；3—锁紧螺母；4—摇臂衬套；5—摇臂轴；A—润滑油孔。

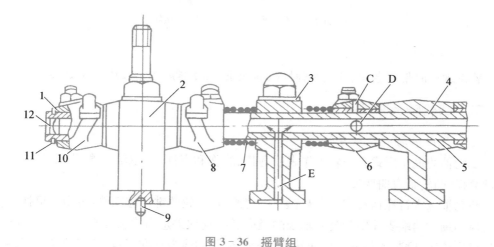

图 3-36　摇臂组

1—垫圈；2、3、4—摇臂轴支座；5—摇臂轴；7—弹簧；9—定位销；11—锁簧；
12—堵头；6、8、10—摇臂；C、D、E—润滑油孔。

一、正时轮及链条、同步带检修

1. 正时齿轮检修

正时齿轮啮合间隙应符合要求（0.04～0.2 mm），可用塞尺在齿轮圆周方向隔120°的三点进行测量，齿隙相差应不超过0.1 mm，若超过应更换。

2. 正时链轮及链条检修

检查链轮、链条和张紧装置等有无裂纹和缺陷，若有，应更换。用50 N的拉力拉紧链条测量链条的长度，其长度不大于规定的许可值（如图3-37(a)）。用游标卡尺检查链条包住链轮的链轮直径(如图 3-37(b)),要求其直径不小于规定的许可值。链条和链轮检查若不符合上述要求,应同时更换链轮和链条。

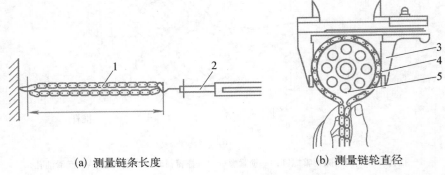

(a) 测量链条长度        (b) 测量链轮直径

图 3-37 正时链轮及链条检查

1、4—链条;2—弹簧秤;3—游标卡尺;5—链轮。

### 3. 正时带检修

若发现正时带有老化、开裂及弹性减弱现象(可张紧后用手按压),应更换。

## 二、凸轮轴及轴承检修

### 1. 凸轮轴的损伤及技术要求

凸轮轴的损伤形式有凸轮工作表面磨损、烧伤和点蚀,支承轴颈磨损,正时轮轴颈键槽磨损,凸轮轴弯曲变形等。

凸轮轴应进行探伤检查,不得有裂纹、沟槽;正时轮的键槽应完整,否则应更换。中间支撑轴颈对两端支撑轴颈公共轴线的径向圆跳动误差应符合要求(如为 0.05 mm),超过时应校正、磨削或更换。以两端支撑轴颈公共轴线为基准,凸轮基圆的径向圆跳动误差应符合要求(如为 0.04 mm),否则应磨削或更换。

凸轮的磨损使气门的升程规律改变和最大升程减小,因此,凸轮的最大升程减小值是凸轮检验的主要依据。当凸轮最大升程减小值大于 0.40 mm 或凸轮表面累积磨损量超过 0.80 mm 时,应更换凸轮轴。当凸轮表面累积磨损量不大于 0.80 mm 时,可在凸轮轴磨床上修磨凸轮,但修理工艺复杂,成本高。目前在汽车维修中对凸轮极少修复,通常是更换新凸轮轴。

### 2. 凸轮轴磨损测量

在凸轮最下尺寸(跨凸轮尖)处测量两个地方,先在桃尖边缘不磨损处用千分尺测量第一读数,然后在摇臂与桃尖接触的磨损处,测得第二个读数,将第一个读数减去第二个读数,其差值即为凸轮的磨损量,若超过规定范围,应更换。

在几个方向上检查凸轮轴颈的磨损量,圆度和圆柱度的检测方法与曲轴主轴颈的检测方法相同。如果磨损过大,则应对凸轮轴颈进行修磨;若凸轮轴颈经多次修磨,损耗严重时,就应更换。然后检查凸轮轴轴瓦的内径,并计算出凸轮轴和与之相配的轴瓦的配合间隙,若间隙超过极限值时,应更换轴承和修磨轴颈。一般配合间隙在 0.03~

0.09 mm 范围,使用极限为 0.15 mm。

### 3. 凸轮轴弯曲变形检查

如图 3-38 所示,将凸轮轴前后两轴颈搁置在 V 形架内,用百分表抵触在中间轴颈上。转动凸轮轴一圈,表头读数之差,即为该轴颈对前、后两轴颈的径向跳动。

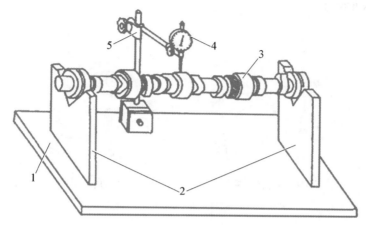

图 3-38 凸轮轴弯曲检查
1—平板;2—V 形块;3—凸轮轴;4—百分表;5—磁性表座。

### 4. 凸轮轴轴向间隙检查

用适当工具将凸轮轴向后移至极限位置,将百分表指针调至零,这时将使凸轮轴轴向前移至最前处,读下表针指示的读数,此读数即为轴向间隙。也可拆去相关件,直接用塞尺插入间隙处测量。如超过规定尺寸,应根据具体的定位方式采取相应的修理方法,如更换凸轮轴承、加大推力面或更换调整环等。

### 5. 凸轮轴轴承检修

用内径千分尺检查凸轮轴承内径,并计算凸轮轴颈与轴承的配合间隙,若间隙超过极限值,应更换轴承和修磨轴颈。新轴承与轴颈的配合间隙可通过刮削、镗削、铰削等加工方法修配达到。

## 三、气门挺柱和气门推杆检修

### 1. 机械挺柱检修

(1) 检查挺柱圆周表面,若有拉毛、点蚀和剥落,则应进行更换(如图 3-39)。

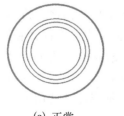    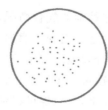  

(a) 正常　　　　　(b) 裂纹　　　　　(c) 剥落　　　　　(d) 条痕损伤

图 3-39 机械挺柱底面磨损情况

（2）检查挺柱球面磨损,用样板进行检查,若样板与挺柱球面漏光大于 0.2 mm,应更换或修理。

（3）挺柱与缸体支承孔配合间隙的检查。检查方法如图 3－40 所示,间隙的极限值为 0.1 mm,若超过,应更换挺柱或用电镀法加大直径,对于磨损的挺柱孔应用镶套修复法恢复到标准尺寸。

(a) 挺柱直径测量　　　　　　(b) 支承孔直径测量

图 3－40　机械挺柱与支承孔的间隙检查

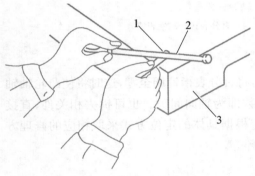

图 3－41　气门推杆弯曲检查
1—塞尺;2—推杆;3—平板。

### 2. 气门推杆检修

气门推杆的常见损伤形式为两个端头的磨损,杆身弯曲变形或开裂。除弯曲变形可校正外,均应更换。弯曲变形的检验方法如图 3－41 所示。

## 四、摇臂、摇臂轴及其组件检修

### 1. 外观检查

检查摇臂和摇臂轴工作面有无缺口、凹陷、沟槽、麻点、划损等缺陷,若有需修磨或更换,若有裂纹、机械损伤和严重的磨损,则应更换新件。

摇臂弹簧如折断变形应更换。检查、疏通摇臂组件润滑油孔。检查气门间隙调整螺钉螺纹是否完好,若损坏需更换。调整螺钉的尖端磨损严重时也应更换新件。

摇臂头磨损超过极限,也可堆焊后修磨,但应满足正常使用要求。

### 2. 轴孔配合检查

用手感检查摇臂与摇臂轴的配合情况,在单独装配的情况下推拉和摇摆摇臂,如有间隙感说明摇臂与摇臂轴之间出现了磨损。用外径千分尺和内径量表检查摇臂和摇臂轴的尺寸,然后计算出配合间隙。如果间隙超过规定值,则应根据各自的测量尺寸,对照标准尺寸规定,决定更换哪个零件,或者两个都更换;也可在摇臂孔内镶套修复,但衬套油孔与摇臂上的油孔要重合,以保证机油流动畅通。若修复后不能保证使用要求,则必须更换。

3. 摇臂轴弯曲变形检查

摇臂轴的弯曲变形检查同凸轮轴的弯曲变形检查方法一样,超过使用限度时,可用木槌矫正变形或更换。

# 任务3 配气机构装配与故障检修

1. 能够完成配气机构装配与配气正时
2. 能够进行配气机构检查与调整
3. 掌握配气相位和配气机构工作原理
4. 熟悉配气机构故障分析方法
5. 培养奉献精神

## 一、配气定时

### 1. 充气效率

新鲜空气或可燃混合气被吸入气缸愈多,则发动机可能发出的功率愈大。新鲜空气或可燃混合气充满气缸的程度用充气效率 $\eta_v$ 表示。$\eta_v$ 越高,表明进入气缸的新气越多,可燃混合气燃烧时可能放出的热量也就越大,发动机的功率越大。

在进气行程中,实际进入气缸内的新鲜空气或可燃混合气的质量与在进气系统进口状态下充满气缸工作容积的新鲜空气或可燃混合气的质量之比称为充气效率。即

$$\eta_v = M / M_0$$

$M$——进气过程中,实际进入气缸的新气的质量;

$M_0$——在理想状态下,充满气缸工作容积的新气质量。

### 2. 配气定时(配气相位)

用曲轴转角表示的进、排气门开闭时刻及其开启的持续时间称作配气定时,或称配气相位。配气相位通常用环形图——配气相位图来表示。

理论上讲进气、压缩、做功和排气四行程各占 180°曲轴转角,也就是说进、排气门都是在上、下止点开闭,延续时间都是 180°曲轴转角。但实际表明,这样理论上的简单配气相位不能满足发动机对进、排气的要求,使得充气足而排气尽。这是因为气门的开闭总是有一个从小到大,再从大到小的过程,此过程一是时间极其短暂(发动机转速为

3 000 r/min时,也只有60/3 000/2＝0.01 s),二是在其两端气门开度较小,加之气门的运动,阻碍了气体的流动。因此,实际上为了使进气充足,排气干净,除了从结构上进行改进外(如增大进、排气管道),还可以充分利用配气相位(如图3-42)。

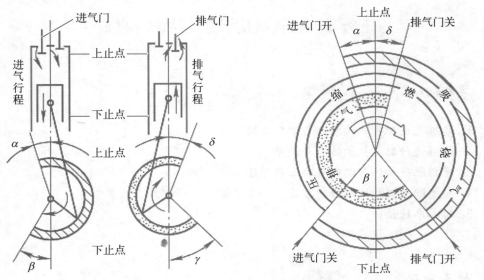

图3-42　配气定时(配气相位)图

(1) 进气门早开晚关　活塞到达进气行程下止点时,由于进气吸力的存在,气缸内气体压力仍然低于大气压,在大气压的作用下仍能进气;另外,此时进气流还有较大的惯性。由此可见,进气门晚关可以增加进气量。进气门早开,可使进气一开始就有一个较大的通道面积,以减小进气阻力,使进气顺畅,同样可增加进气量。

进气门在进气行程上止点之前开启谓之早开。从进气门开启到上止点曲轴所转过的角度称作进气提前角,记作$\alpha$。进气门在进气行程下止点之后关闭谓之晚关。从进气行程下止点到进气门关闭曲轴转过的角度称作进气迟后角,记作$\beta$。整个进气过程持续的时间或进气持续角为$180°＋\alpha＋\beta$曲轴转角。一般$\alpha＝0°～30°,\beta＝30°～80°$曲轴转角。

(2) 排气门早开晚关　在做功行程快要结束时,排气门打开,可以利用做功的余压使废气高速冲出气缸,排气量约占50%。排气门早开,势必造成功率损失,但因气压低,损失并不大,而早开可以减少排气所消耗的功,又有利于废气的排出,所以总功率仍是提高的。而在活塞到达排气行程上止点时,气缸内废气压力仍然高于外界大气压,加之排气气流的惯性,排气门晚关可使废气排得更净一些。

排气门在做功行程结束之前,即在做功行程下止点之前开启,谓之排气门早开。从排气门开启到下止点曲轴转过的角度称作排气提前角,记作$\gamma$。排气门在排气行程结束之后,即在排气行程上止点之后关闭,谓之排气门晚关。从上止点到排气门关闭曲轴转过的角度称作排气迟后角,记作$\delta$。整个排气过程持续时间或排气持续角为$180°＋\gamma＋\delta$曲轴转角。一般$\gamma＝40°～80°,\delta＝0°～30°$曲轴转角。

(3) 气门重叠角　由于进气门早开和排气门晚关,致使活塞在上止点附近出现进、排气门同时开启的现象,称其为气门重叠。重叠期间的曲轴转角称为气门重叠角,它等于进气提前角与排气迟后角之和,即 $\alpha+\delta$。

虽然进、排气门在一段时间内同时开启,但是由于新气和废气都有较大的流动惯性,因此,只要气门重叠角选择恰当,它们仍然可以各自流动而不互相掺混。如果气门重叠角太大,就会引起不良后果。例如,进气提前角过大,废气可能流入进气歧管,使进气量减少;若排气延迟角过大,则新气可能随同废气一起排出。

实际中,配气相位须根据各种车型,经过实验的方法确定,由凸轮轴的形状、位置及配气机构来保证。

## 二、气门间隙

发动机工作时,气门及其传动件,如挺柱、推杆等都将因为受热膨胀而伸长。如果气门与其传动件之间,在冷态时不预留间隙,则在热态下由于气门及其传动件膨胀伸长而顶开气门,破坏气门与气门座之间的密封,造成气缸漏气,从而使发动机功率下降,起动困难,甚至不能正常工作。为此,发动机在冷态下,当气门处于完全关闭状态时,在气门与其传动件之间(一般是气门杆尾端与摇臂)或传动件与传动件之间(一般是凸轮与挺柱)需预留适当的间隙,即气门间隙(参见图 3－6、图 3－7 和图 3－8)。

气门间隙既不能过大,也不能过小。间隙过小,不能完全消除上述弊病;间隙过大,进、排气门开启迟后,缩短了进排气时间,降低了气门的开启高度,改变了正常的配气相位,使发动机因进气不足,排气不净而功率下降,此外,还使配气机构零件的撞击增加,产生响声且磨损加快。

不同机型,气门间隙的大小不同,最适当的气门间隙由发动机制造厂根据试验确定。一般冷态时,排气门间隙大于进气门间隙(排气门受热大),进气门间隙为 0.25～0.3 mm,排气门间隙为 0.3～0.35 mm。

## 三、液压挺柱

在现代汽车发动机中,越来越多地采用无气门间隙机构(气门间隙自动调整装置),以提高配气相位的准确度,便于维修;此外,它还消除了由于气门间隙过大而引起的冲击和噪音,并且减少了相关零件运动接触面的磨损。

### 1.液压挺柱结构

液压挺柱的结构如图 3－43 所示。挺柱体中部有一道环形油槽,与气缸盖上的斜油孔 4 对齐。在挺柱体顶板的背面有一条键形槽 7,将油引入柱塞上面的低压油腔。油缸下端与

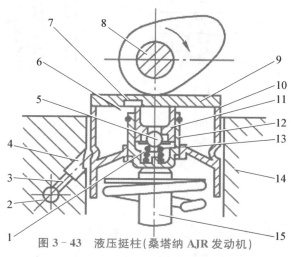

图 3－43　液压挺柱(桑塔纳 AJR 发动机)

1—高压油腔;2—气缸盖主油道;3—量油孔;4—斜油孔;
5—球形阀;6—低压油腔;7—键形槽;8—凸轮轴;
9—挺柱体;10—挺柱焊缝;11—柱塞;12—油缸;
13—补偿弹簧;14—气缸盖;15—气门杆。

气门杆 15 端面直接接触,柱塞顶部与挺柱体背面接触。柱塞下端是球形阀座,与球形阀配合。当球形阀开启时,球形阀上下是一个通腔,而球形阀关闭时,则球形阀的上部是低压腔,球形阀的下部是高压腔。球形阀的下面有柱塞回位补偿弹簧,在回位补偿弹簧的作用下,使挺柱端面和凸轮轮廓线保持紧密接触。

　　2. 液压挺柱工作原理

　　工作原理如图 3-44 所示。当挺柱顶面位于凸轮的基圆时,机油通过气缸盖主油道 2、量油孔 3、斜油孔 4 进入挺柱中部环形油槽,再由环形油槽中的油孔进入低压油腔 6。如图 3-44(a)所示,随着凸轮轴的转动,挺柱下移,柱塞 11 也随之下降。当挺杆中部的环形油槽离开了斜油孔位置时,不再进油。由于球形阀 5 紧压在阀座上,低压油腔与高压油腔被分隔开,高压油腔 1 中的油被压缩,油压升高,而机油几乎是不可压缩的,这样油缸和柱塞就成为一个刚性的整体,开始推动气门打开,直到挺柱运动到下止点。

　　如图 3-44(b)所示,挺柱到下止点后开始上行。由于在气门弹簧和凸轮的作用下,高压油腔继续保持封闭状态,直至上升到凸轮的基圆处。如图 3-44(c)所示,气缸盖上的斜油孔与挺柱中部环形油槽对上,机油进入挺柱的低压油腔。这时挺柱顶面再无凸轮压力,气门也落座关闭,高压油腔中的高压油和柱塞回位补偿弹簧一起推动柱塞上行,油压下降使球形阀离开阀座,机油从低压油腔进入高压油腔,高、低油腔的压力得到平衡。挺柱顶面和凸轮基圆紧密接触,气门间隙得以补偿。

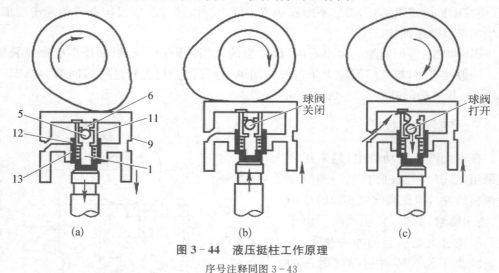

(a)　　　　　　　　　　(b)　　　　　　　　　　(c)

图 3-44　液压挺柱工作原理

序号注释同图 3-43

## 一、配气相位检查

如图 3-45,按照以下步骤进行:

（1）先将发动机的各气门间隙按要求调整好；

（2）转动发动机的曲轴，使第一缸活塞上行到达排气行程上止点之前（进气门未开）；

（3）在该缸进气门弹簧座上安装百分表（注意百分表指针应与气门杆平行），并将表置于"0"位；

（4）慢慢地顺时针转动曲轴，至进气门开始开启，检查曲轴上止点标记转角，即为进气提前角；

（5）在该缸排气门弹簧座上安装百分表；

（6）慢慢地顺时针转动曲轴，至排气门完全关闭，检查百分表指针与曲轴转角，百分表指针读数即为升程，曲轴转角为排气迟闭角；

（7）进气迟闭角在进气行程下止点测量；

（8）排气提前角在排气行程下止点测量；

（9）与标准值相比，分析原因。

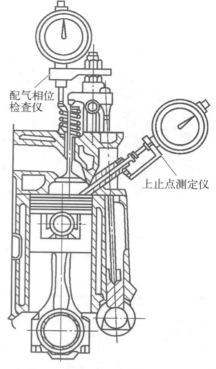

图 3-45　配气相位检查

## 二、气门间隙调整

### 1. 气门间隙调整方法

对非零气门间隙的配气机构，在组装好配气机构后或使用中气门间隙不符合要求时，应调整气门间隙。气门间隙调整的条件是气门完全关闭，调整方法有逐缸调整法和两次调整法两种。

（1）逐缸调整法　该方法是通用方法，适用于各类型配气机构。当活塞位于压缩上止点时，该气缸的进、排气门都是完全关闭的，因此进、排气门间隙都可调整。为了调整简便，调整时按发动机各缸做功次序逐缸调整各缸的气门间隙。第一缸活塞压缩上止点的位置由发动机上的配气正时标记确定，然后根据各缸点火做功间隔角，依次将曲轴按工作方向旋转相应的角度来确定其余各缸活塞的压缩上止点，从而调整相应缸的气门间隙。

（2）两次调整法　两次调整法又称"双排不进"法，仅用于6缸（含6缸）以下发动机。"双排不进"由多缸发动机工作循环表和配气相位的气门重叠现象而推导出，它是确定两次调整法可调整气门的依据。其中"双"是指该缸进、排气门间隙均可调整，"排"是指该缸仅排气门间隙可调整，"不"是指该缸的进、排气门间隙都不可调整，"进"是指该缸仅进气门间隙可调整。用两次调整法调整多缸发动机的气门间隙，具有简便、迅速和准确等特点。

两次调整法调整气门间隙的方法是：第一次，将一缸活塞定位于压缩上止点，按双、排、不、进和发动机各缸做功次序确定可调整的气门间隙并进行调整；第二次，转动曲轴一圈，再调整第一次没有调整过的气门间隙。例如，对于按1、3、4、2点火做功的4缸机，第一次可调整的气门为1缸的进、排气门，3缸的排气门和2缸的进气门；第二次可调整的气门为3缸的进气门，4缸的进、排气门和2缸的排气门。

☞气门间隙的
检查与调整
（调整螺钉）

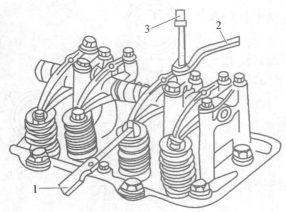

图3-46 气门间隙调整（摇臂式）
1—塞尺；2—扳手；3—螺丝刀。

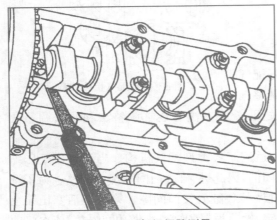

图3-47 气门间隙测量

**2. 气门间隙调整步骤**

气门间隙调整的常见具体形式有两种，一种是用调整螺钉（用于摇臂机构），另一种用调整垫块（用于气门直接驱动机构）。

（1）调整螺钉式 该方法的具体结构型式参见图3-6和图3-7(a)。具体调整步骤（如图3-46）如下：

① 将所调气门定位至完全关闭状态，然后用扳手旋松气门间隙调整螺钉的锁紧螺母。

② 选择合适的塞尺厚度（气门间隙允许值），插入摇臂头与气门杆尾端的气门间隙中。

③ 用螺丝刀旋转气门间隙调整螺钉，改变气门间隙，同时用手拉动塞尺，有轻微摩擦阻力感时，即为合格。

④ 拧紧锁紧螺母，锁紧调整螺钉，调整结束。

（2）调整垫块式 该形式的具体结构参见图3-8(a)和图3-8(b)。具体调整步骤如下：

① 将所调气门定位至完全关闭状态，然后用塞尺测量出实际气门间隙值$\Delta$（如图3-47），来回拉动时感到有轻微摩擦阻力感为标准。

② 取出旧调整垫块并用千分尺或游标卡尺测量出其厚度值$t$。

③ 计算出需更换的新调整垫块厚度$T$，$T = \Delta + t - \delta$（$\delta$为标准气门间隙），即：

新调整垫块厚度＝实测气门间隙＋旧调整垫块厚度－标准气门间隙

④ 根据计算出的需换新调整垫块厚度值，在标准垫块中选用合适厚度的新调整垫块，更换装配。

⑤ 再次测量气门间隙，进行检验。若不合格，重新调整。

### 三、液压挺柱检修

液压挺柱也会因机械磨损或挺柱内部渗入空气等原因而出现异响等故障。一般认为液压挺柱异响均是挺柱故障所致，应通过正确的检修予以排除。

① 液压挺柱工况的经验检测 起动发动机并达到正常工作温度（以电控风扇运转

☞气门间隙的
调整（垫
片调整）

为标志),将发动机转速提高到 2 500 r/min,运转 2 min,如挺柱部位一直有杂音,则应熄火停机。拆下气门室罩,检查所有凸轮尖向上(指气门处在关闭状态)的气门挺柱,用木棒下压挺柱,在气门打开之前挺柱自由行程不大于 0.1 mm。否则,应更换挺柱。当凸轮尖顶压挺柱时,可使曲轴转动,在凸轮尖向上时再按以上方法逐个检查。

②挺柱体与凸轮接触工作面的磨损　挺柱体与凸轮接触的工作面如有轻微的凹坑、磨损、麻点等,可将挺柱体夹在磨床上磨平。如上述现象较严重时,应予更换新挺柱。

③挺柱体圆柱工作面机械磨损　当挺柱体的圆柱工作面磨损严重或起沟槽时,应予更换新挺柱。检查时,还应注意挺柱体在其导孔内应能上下滑动自如,不得出现卡滞现象,否则,也应更换挺柱。

④挺柱体与导孔配合间隙检查　可用外径千分尺测量挺柱体外径,用内径千分尺测量导孔内径,两者之差即为挺柱体与导孔的配合间隙,其极限值不得超过 0.1 mm,间隙过大应更换新挺柱。

⑤挺柱柱塞与柱塞套密封性能的检查　先将清洗后的液压挺柱浸泡在汽油中,用力压缩柱塞套若干次,以排出腔体内的空气。将排净空气后的挺柱放置在泄漏回降试验台上,在手柄上施加 196 N 的压力,先使柱塞套下降 2 mm,然后再测它下降 1 mm 所需的时间,应在 7~10 s 的标准内。小于 7 s,说明柱塞与柱塞套配合间隙过大;大于 10 s,说明有卡滞现象,均应更换新挺柱。另外,液压挺柱检修时应注意:挺柱不可互换,应按原位装回;当分解清洗或更换挺柱后,装复时应排净空气,否则将会引起异响。

## 四、配气机构装配

(1) 保证零件合格,并清洗干净,用气枪吹干(或风干)。

(2) 运动配合面需涂油(按要求选择合适的油)装配,边装配边手动检验。

(3) 注意偶件(不可互换件)装配,按标记原位装配,不可互换。

(4) 注意配气正时,相关件一定要按标记对正装配,如图 3-48 所示标记。也可参见图 3-4。

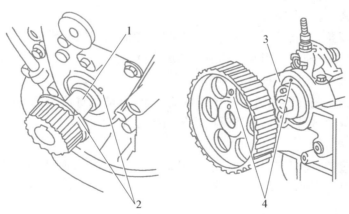

图 3-48　配气正时记号

1—曲轴;2—曲轴正时带轮正时记号;3—凸轮轴;4—凸轮轴正时带轮正时记号。

（5）若不是零气门间隙机构,应调整气门间隙。

## 五、配气机构常见故障诊断与修复

1. 发动机正时失准

发动机正时不准,将导致发动机无法启动,怠速不稳,发动机抖动,发动机过热,严重时会顶坏气门和活塞,造成严重事故。此时应检查发动机正时机构,并严格按规定进行调整,在规定期限内及时更换正时带。

2. 气门积碳

气门积碳是配气机构常见故障之一,这不仅与气门结构、燃烧过程有关,也与所用燃油的品质有关。气门积碳造成发动机难以起动,或自动熄火;排气冒黑烟;油耗高。

发现上述现象,可对气门进行检查,或在发动机例行维护、维修中,检查气门是否有积碳,如果有积碳可进行清洗,必要时更换气门。

3. 排气门烧蚀

排气门烧蚀将容易导致发动机自动熄火,这主要是使用不合理造成的。产生气门烧蚀的主要原因有:

（1）发动机长时间超负荷或者在大负荷下工作,引起气门较早地磨损,引起气缸盖、气门座、气门导管等变形,使气门密封性降低,散热条件恶化,导致气门烧蚀。

（2）发动机冷却不足,发动机持续高温,气门头部和杆部散热不良。

（3）气门弹簧弹力过小或气门间隙调整不当也会导致气门烧蚀。

气门烧蚀是汽车配气机构的常见故障。因此,应在使用中注意对发动机的例行保养,防止发动机长时间大负荷工作,及时清除积碳,按规定调整气门间隙。若不能修复者则更换之。

4. 气门间隙不正常

气门间隙不当将引起发动机冒黑烟或深灰烟;配气机构有异常响声;发动机功率下降且运转不正常,甚至自动熄火。

发现上述现象,尤其是听到发动机有异响应考虑检测发动机配气机构的气门间隙是否正常,否则应按前述气门间隙调整方法进行调整。

5. 气门导管或气门杆过度磨损

气门导管或气门杆磨损过度将导致机油上窜,发动机冒蓝灰色烟或灰白色烟。此时需检测气门导管或气门杆,必要时更换气门导管或气门。

6. 凸轮轴磨损

凸轮轴过度磨损将导致发动机功率下降,或行驶中停机故障。此时需检查凸轮轴磨损状况,必要时更换凸轮轴。

# 任务4 可变配气机构检修

1. 能够对 VTEC 可变配气系统进行检修
2. 掌握 VTEC 机构组成与工作原理
3. 熟悉可变配气系统结构类型
4. 培养吃苦耐劳精神

## 一、可变配气机构原理

发动机转速不同,要求不同的配气定时。这是因为当发动机转速改变时,由于进气流速和强制排气时期的废气流速也随之改变,因此,在气门晚关期间利用气流惯性增加进气和促进排气的效果将会不同。例如,当发动机在低速运转时,气流惯性小,若此时配气定时保持不变,则部分进气将被活塞推出气缸,使进气量减少,气缸内残余废气将会增多。当发动机在高速运转时,气流惯性大,若此时增大进气迟后角和气门重叠角,则会增加进气量和减少残余废气量,使发动机的换气过程臻于完善。总之,四冲程发动机的配气定时应该是进气迟后角和气门重叠角随发动机转速的升高而加大。如果气门升程也能随发动机转速的升高而加大,则将更有利于获得良好的发动机高速性能。

现代轿车发动机可变配气包括两种技术:可变配气正时(气门开启时刻)和可变气门升程(气门打开大小)。它们主要根据发动机的工况实时改变进气门(有的进、排气门均可)的开启时刻及大小,以达到最佳进排气量并精确控制喷油,有利于燃油的充分燃烧,最终实现减少排放和节油的目的。

目前具有代表性的可变配气技术有本田的 VTEC、i-VTEC;丰田的 VVT-i、VVTL-i;宝马的 Double VANOS、Valvetronic;大众的 VVT 和日产的 CVTC 等。

## 二、本田 VTEC 系统检修

日本本田汽车公司"可变气门配气相位和气门升程电子控制系统",英文全称"Variable Valve Timing and Valve Lift Electronic Control System",缩写就是"VTEC",是世界上第一个能同时控制气门开闭时间及升程等两种不同参数的气门控制系统。

采用 VTEC 系统,当发动机低速运转时,由于主进气门和次进气门的开度不同,使燃烧室内产生涡流,从而提高燃烧效率,降低发动机油耗。发动机高速运转时,由于主、次进气门的开度增大,使发动机的输出功率随之增大。

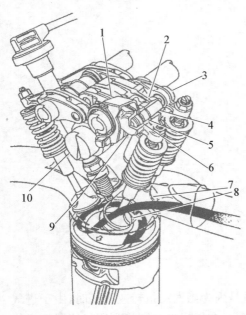

图 3-49　本田 VTEC 可变配气机构

1—正时板;2—中间摇臂;3—次摇臂;4—定位活塞;
5—同步活塞;6—正时活塞;7—次进气门;
8—主进气门;9—主摇臂;10—凸轮轴。

☞ Vtec1 本田
可变配气
机构

### 1. VTEC 系统组成

如图 3-49 所示,每个气缸有 2 个进气门(1 个主进气门 8,1 个次进气门 7)。凸轮轴除原有控制 2 个气门的一对凸轮外,还在原有凸轮之间增设了 1 个中间凸轮(高位凸轮),3 个凸轮的轮廓各不相同。3 个气门摇臂并列排在一起,分别为主摇臂 9、中间摇臂 2 和次摇臂 3。主摇臂内有一油道与摇臂轴油道相通,主摇臂腔内有一正时活塞 6,次摇臂腔内有一定位活塞 4,中间摇臂腔内有一同步活塞 5。在定位活塞和缸体之间有一回位弹簧,主摇臂上设有一个正时板 1。在发动机转速较低时,正时板在弹簧的作用下挡住正时活塞向右运动;当发动机转速升高后,由于离心力和惯性力的作用,使得正时板克服弹簧作用力而取消对正时活塞的锁止,在控制油压的作用下正时活塞向右运动,使单气门操作状态转换为双气门操作状态。由双气门变为单气门,操作则相反。

VTEC 控制系统组成如图 3-50 所示,VTEC 的控制系统主要由各种传感器(包括转速、进气量、车速、冷却液温度等)、电控单元、VTEC 电磁阀总成(包括控制电磁阀、液压执行阀)和压力开关等组成。

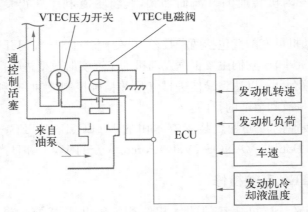

图 3-50　VTEC 系统控制原理图

### 2. VTEC 系统工作原理

整个 VTEC 系统由发动机 ECU 控制,ECU 接收传感器的参数并进行处理,输出相应的控制信号,通过电磁阀控制流向摇臂轴中的油压,从而使发动机进气门在不同的转速工况下由不同的凸轮控制,影响进气门的开度和时间。

VTEC 控制系统的工作可分为低速状态和高速状态两个工作过程。

① 低速状态　如图 3－51 所示,发动机在低速运转时,油道内没有油压,各活塞在回位弹簧的作用下处于左端,这时 A、B 两活塞正好处于主摇臂和中间摇臂内,3 个摇臂各自独立运动,互不干涉。2 个进气门分别由主、次凸轮驱动。由于主凸轮升程大,因而主气门开度大;次凸轮升程小而使次气门开启很小,因而进入发动机气缸的混合气也相对少。中间摇臂虽然受中间凸轮驱动,但对气门动作无影响。因此,发动机在

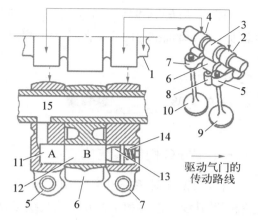

图 3－51　VTEC 可变配气机构工作原理—低速状态

1—凸轮轴;2—主凸轮;3—中间(高速)凸轮;4—次凸轮;5—主摇臂;6—中间摇臂;7—次摇臂;8—空动弹簧组件;9—主进气门;10—次进气门;11—正时活塞 A;12—同步活塞 B;13—定位活塞;14—回位弹簧;15—油道

低速时,VTEC 不起作用。此时次进气门打开很小的一个角度,正好能阻止汽化的汽油沉积在气门头上,防止燃油积留在次进气门及管道内,而且这种设计还可使燃烧室内形成涡流,从而获得良好的低速扭矩和响应性。

② 高速状态　如图 3－52 所示,当发动机转速达到 2 300～3 200 r/min(依进气量而定),负荷达 25%,水温达到 60 ℃以上,车速达到 10 km/h 以上时,正时板移出,ECU 向 VTEC 电磁阀供电,使电磁阀开启。来自油泵的液压油进入正时活塞一侧,由正时活塞推动同步活塞移动,正时活塞和同步活塞分别将主摇臂与中间摇臂、次摇臂串联成一体,成为一个同步工作的组合摇臂。由于中间凸轮升程最大,气门的提前开启角和滞后关闭角也大,所以此时两个进气门只受中间凸轮控制,同步工作,吸入的混合气增多,满足了发动机高速工作时的进气要求。

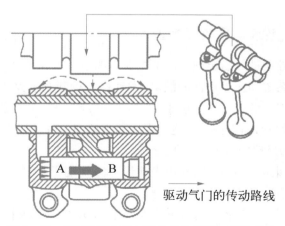

图 3－52　VTEC 可变配气机构工作原理—高速状态

当发动机转速下降到设定值时,ECU 切断 VTEC 电磁阀的电流,正时活塞一侧的油压降低,各摇臂油缸内的活塞在回位弹簧作用下回位,3 个摇臂又彼此分离,独立工作。

## 一、VTEC 控制系统检查

当 VTEC 电控系统出现故障时,发动机故障指示灯就会点亮,显示故障码,一般有电磁阀及其线路故障和压力开关及其线路故障。

### 1. 电磁阀及其线路故障检修

先目视控制电磁阀线路是否有断路或接触不良的情况,如果正常,则通过蓄电池直接给电磁阀供电,观察是否有电磁阀的动作声音,如果无声,则说明电磁阀损坏,可再用万用表检测电磁阀插座端子与搭铁线间的电阻值,应为 14～30 Ω。如果电磁阀正常,则检查控制单元供电端子接头与电磁阀接线插头之间的导通情况,看是否有断路和短路情况。如果线路也正常,则更换控制单元。如果经过以上的检查没发现问题的话,应检查液压系统及摇臂机构是否有故障。

### 2. 压力开关及其线路故障检修

① 用万用表的电阻挡检查压力开关的两导线端子,在发动机没工作时应处于不导通状态,否则说明压力开关损坏。

② 用万用表检测压力开关各线束导通情况,看是否有断路和短路情况。

③ 在压力开关上施加 250 kPa 的压力,看此时主压力开关两端子是否导通。

值得注意的是:油垢粘污压力开关内触点,使其不能闭合,在高速行驶恢复急速时,电磁阀仍然通电,也会导致 VTEC 报警,显示电控系统故障。此时只要更换机抽,清洗压力开关即可解决。

## 二、液压控制系统常见故障检查

该系统的液压控制部分易出现的故障主要有油道堵塞、液压控制阀卡滞、油道有泄漏。对于液压控制系统动作不正常的故障,发动机自诊断系统是无法检测到的。但当我们怀疑该系统有产生故障的可能迹象(如机油变质或太脏,就可能造成油道堵塞及控制阀的卡滞;摇臂机构通油不畅就可能存在泄漏现象)时,可按如下方法进行检查(主要是对 VTEC 电磁阀及液压控制活塞的检查)。

① 将电磁阀线束插头拔下,用万用表测量电磁阀端子与搭铁间的电阻值,正常时应在 14～30 Ω 范围内,否则应更换电磁阀。

② 如果电磁阀电阻值正常,则将电磁阀与液压阀体总成拆下,检查电磁阀和液压阀体与缸盖间的滤清器是否被堵塞。分解电磁阀与阀体时,用手推动活塞,看其是否能自由运动,检查电磁阀处的滤清环及密封件,如果有损坏则更换新件,安装电磁阀时应

使用新的"O"形密封圈,并更换新机油。

③ 如果以上检查均正常,则检查液压控制阀活塞是否能灵活运动,可用手按动此阀的上端,如有必要清洗此阀。

### 三、VTEC 系统摇臂机构检查

VTEC 系统摇臂机构为整个系统的动作执行机构,其工作不正常将直接影响整个系统及发动机配气机构的工作。因此,对此机构的检查相当重要。

**1. 手动检查法**

使一缸活塞处在上止点(TDC)位置;拆下气缸盖罩;用手推动一缸活塞上的中间摇臂;检查中间摇臂,应能与主摇臂和次摇臂分离,单独运动;然后按各缸做功顺序,使检查缸活塞处于上止点位置,依次检查其余各缸摇臂,均应符合要求。

如果不能移动,将中间摇臂、主摇臂和次摇臂作为一体拆下,检查中间和主摇臂内的活塞,活塞应能平滑地移动。如果需要更换摇臂,应将中间、主、次摇臂作为一体来更换。

**2. 专用工具检查法**

在使用专门检查工具之前应确信接于空气压缩机上的气压表读数超过400 kPa;在检查摇臂前,先检查气门间隙;用毛巾盖住以保护正时皮带;在各缸活塞处于上止点位置时,逐一检查每一缸的主进气摇臂。

步骤:

第一步　拆下气缸盖罩,用专用工具堵住油道减压孔。

第二步　从检查孔上旋下密封螺栓,然后连接气门检查工具;松开气门检查工具上的调节器阀,向摇臂的正时活塞和同步活塞施加 400 kPa 的气压。

第三步　将正时板向上推动 2～3 mm,这时正时活塞和同步活塞会轴向移动,使中间、主、次摇臂连接成一体,用手按压中间摇臂,该摇臂应不能单独运动。

> **注　意**
>
> 可从中间摇臂、主摇臂和次摇臂之间的间隙处看到正时活塞和同步活塞;将正时板嵌入正时活塞上的凹槽内时,活塞便被锁定在移动位置;向上推动正时板时,用力不要太大。

第四步　确信主摇臂和次摇臂通过活塞连接在一起,当用手推中间摇臂时,中间摇臂应不能单独活动。如果中间摇臂能单独活动,则应将中间摇臂、主摇臂和次摇臂作为一体进行更换。

第五步　停止向正时活塞和同步活塞施加气压,向上推动正时板,这时正时活塞和同步活塞应回到原来位置,否则应将该缸摇臂作为一体进行更换。

第六步　拆下专用工具。

第七步　检查每个运动件总成能否平滑地移动,如果不能平滑地移动,更换相应的运动件总成。

第八步　检查完毕后,故障警示灯应不亮。

## 一、丰田 VVT-i 系统

VVT 是英文缩写,全称是"Variable Valve Timing",中文意思是"可变气门正时"。该系统主要控制进气凸轮轴,即"i",就是英文"intake"(进气)的代号。VVT-i 是一种控制进气凸轮轴气门正时的装置,它通过调整凸轮轴转角使配气正时进行优化,从而提高发动机在所有转速范围内的性能指标。

如图 3-53 所示,VVT-i 系统由传感器、ECU 和凸轮轴正时液压控制阀、控制器等部分组成。ECU 储存了最佳气门正时参数值,根据发动机曲轴位置传感器、空气流量计(或进气管绝对压力传感器)、节气门位置传感器、冷却液温度传感器和凸轮轴位置传感器等反馈信息,与预定参数值进行对比计算,计算出各个行驶条件下的最佳气门正时,得出修正参数,并发出指令到控制凸轮轴正时的液压控制阀。控制阀根据 ECU 指令,改变液压流向及流量,把提前、延迟、保持不变等信号指令选择输送至 VVT-i 控制器的不同油道上,使进气凸轮轴在 60°范围内保持最佳气门正时,从而能有效地提高汽车的功率与性能,尽量减少耗油量和废气排放,以提高发动机性能。

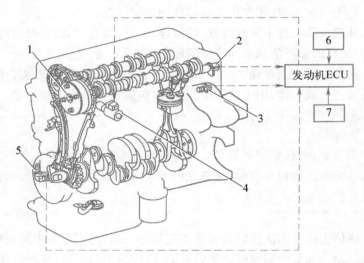

图 3-53　VVT-i 系统组成

1—VVT-i 控制器;2—凸轮轴位置传感器;3—冷却液温度传感器;4—凸轮轴正时液压控制阀;
5—曲轴位置传感器;6—节气门位置传感器;7—空气流量计。

### 1. VVT-i 控制器

如图 3-54 所示,为叶片式 VVT-i 控制器。它主要由正时链条驱动的壳体 1 和与进气凸轮轴相连的叶片 4 组成。机油压力到达进气凸轮轴的提前侧(提前室)通路或延迟侧(延迟室)通路,使位于 VVT-i 控制器中的叶片转动,从而带动进气凸轮轴运

VVT-i 本田可变配气

102

动,使进气门的正时连续变化。

当油压施加在提前侧油腔时,沿提前方向转动进气凸轮轴;当油压施加在延迟侧油腔时,沿延迟方向转动进气凸轮轴;当发动机停机时,进气凸轮轴将位于最大延迟状态,以保证起动性能。在发动机刚起动时,机油压力不能立即作用于VVT-i控制器,这时,锁止锁锁止VVT-i控制器,以防止撞击噪声。

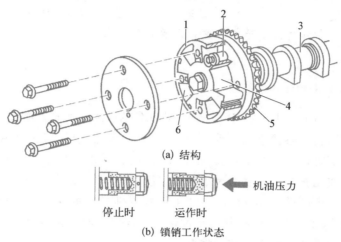

(a) 结构

(b) 锁销工作状态

图3-54　叶片式VVT-i控制器

1—壳体;2—锁销;3—进气凸轮轴;4—叶片(固定在进气凸轮轴上);
5—链轮;6—液压室。

### 2. 凸轮轴正时液压控制阀

如图3-55所示,它根据发动机ECU发出的占空比信号控制滑阀位置。这样可使机油压力作用于VVT-i控制器的提前侧或延迟侧。发动机停机时,凸轮轴正时液压控制阀位于最大延迟位置。

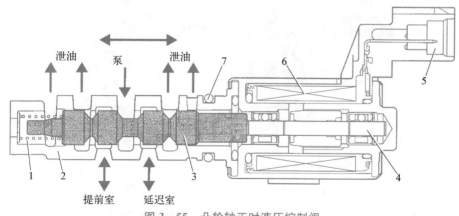

图3-55　凸轮轴正时液压控制阀

1—弹簧;2—套筒;3—滑芯;4—控制杆;5—线束接头;6—线圈;7—O形密封圈。

### 3. 工作过程

凸轮轴正时液压控制阀根据来自发动机ECU的提前、延迟或保持信号,选择接通

VVT-i控制器的通路。

① 提前　发动机 ECU 发出一个正时提前信号,凸轮轴正时液压控制阀接通提前室油路,机油压力使叶片室带着凸轮轴向正时提前方向转动。

② 延迟　发动机 ECU 发出一个正时延迟信号,凸轮轴正时液压控制阀接通延迟室油路,机油压力使叶片室带着凸轮轴向正时延迟方向旋转。

③ 维持不变　达到目标正时后,凸轮轴正时液压控制阀处于中间位置,配气正时维持不变,直到行驶状态改变为止。这种调整可使配气正时位于目标位置并防止不必要的机油外泄。

## 二、宝马 Valvetronic 系统

宝马的 Valvetronic 比 VVTL-i 或 i-VTEC 的技术更先进。首先,Valvetronic 少了节气门的设计,而省略掉节气门后,发动机在进新鲜空气时,将更顺畅。为了感知驾驶员的意愿,控制发动机的功率,也就是控制进气量,采用了电子加速踏板和可控气门技术,进气量直接由进气门升程的大小控制(气门升程可以连续变化,自动微调),使得控制更为精确。就这样,Valvetronic 配合着发动机原有的双 VANOS 技术(类似于VVT-i技术,进、排气都加以控制的连续性可变气门正时机构),做到了配气正时与相位重叠时间,还有升程都可以连续性地变化。

如图 3-56 所示,与传统的顶置双凸轮轴发动机相比,Valvetronic 发动机增加了一根辅助偏心轴3、一个步进电机1、一个摆臂推杆5及其回位弹簧9等部件。其工作原理如下:发动机 ECU 根据车辆的动力及扭矩需求(通过各种传感器获得),驱动步进电机;步进电机通过蜗杆将动作(指令)传递给偏心轴;偏心轴发生转动,导致摆臂推杆的支点发生变化,使摆臂推杆转动,于是凸轮与气门之间传递动力的摆臂推杆杠杆比发生

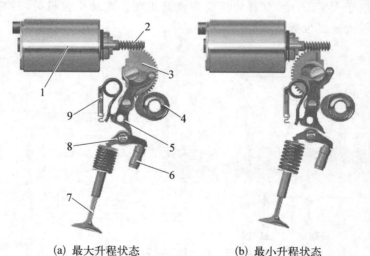

(a) 最大升程状态　　　　(b) 最小升程状态

图 3-56　Valvetronic 工作原理

1—步进电机;2—蜗杆;3—偏心轴;4—凸轮;5—摆臂推杆;
6—液压支座;7—进气门;8—摆臂;9—摆臂推杆回位弹簧。

☞博格华纳
可变凸轮轴
正时系统

改变,进而将凸轮轴轮廓线的变化以放大或缩小的方式传递给进气门,使得气门升程根据需要产生相应的变化。也就是说,油门踏板行程大时,进气门升程变大;反之,油门踏板行程变小时,进气门升程相应变小。

Valvetronic 发动机进气门开启升程最小有 0.25 mm,最大达 9.7 mm,相差 38.8 倍,而从最小变到最大所需要的反应时间只要 0.3 秒。

## 课后练习

### 一、选择题

1. 液力挺柱在发动机温度升高后,挺柱有效长度(　　　)。

A. 变长　　　　　　　　　　　B. 变短

C. 保持不变　　　　　　　　　D. 依机型而定,可能变长也可能变短

2. 在排气冲程上止点(　　　)。

A. 进气门开启、排气门关闭　　　B. 排气门开启、进气门关闭

C. 进、排气门均关闭　　　　　　D. 进、排气门叠开

3. 气门座圈的磨损,将使气门间隙(　　　)。

A. 增大　　　　　　B. 减小　　　　　　C. 不变

4. 气门传动组零件的磨损,配气相位的变化规律是(　　　)。

A. 早开早闭　　　B. 早开晚闭　　　C. 晚开早闭　　　D. 晚开晚闭

5. 四冲程六缸发动机,各同名凸轮之间的相对位置夹角应当是(　　　)。

A. 120°　　　　　B. 90°　　　　　C. 60°　　　　　D. 30°

### 二、判断题

1. 某汽油机其进气门在上止点前 6°开启,下止点后 48°关闭,其排气门在下止点前 52°开启,上止点后 15°关闭时,该汽油机进排气门重叠角为 9°。　　　　　(　　　)

2. 气门油封损坏,会造成排气冒黑烟。　　　　　　　　　　　　　　　(　　　)

3. 进气门为了获得大的进气量而往往采用较小的气门锥角,排气门因温度高而用较大的气门锥角。　　　　　　　　　　　　　　　　　　　　　　　　　(　　　)

4. 发动机运转时,进、排气凸轮轴转速是曲轴转速的 1 倍。　　　　　　(　　　)

5. 高速发动机通常采用中置式凸轮布置形式。　　　　　　　　　　　　(　　　)

### 三、问答题

1. 何为充气效率?如何提高充气效率?

2. 分析发动机留有气门间隙的原因,其大小对发动机的工作有何影响?

3. 分析配气机构哪些零部件损坏会导致发动机机油损耗加大。

4. 工作顺序为 1—3—4—2 的发动机,当 2 缸发动机位于压缩上止点时,4 缸可以进行哪个气门的间隙调整?为什么?

5. 查阅资料,分析可变配气机构如何提升发动机性能。

# 燃油供油系统检修

### 项目导入

发动机燃油供给系统的基本功用是定时定量地向各气缸供给燃油,保持发动机正常运转。由于汽油和柴油性质不同,汽油供油系统和柴油供油系统有很大差别,形成汽油机和柴油机各自的工作特性和应用范围。汽油供油方式分为歧管喷射电控燃油系统(EFI)和缸内直接喷射燃油系统(GDI),柴油供油方式分为传统机械式喷射系统和电控柴油喷射系统。燃油供油系统对发动机动力性、燃油经济性及排放性能影响巨大,因此,定期保养、检测和维修非常重要。本项目内容对接"1+X"汽车运用与维修职业技能领域职业技能等级标准,符合"1-1汽车动力与驱动系统综合分析技术模块(中级):汽车动力系统检测维修"中"1.5 燃油供油系统检测维修"职业技能要求。

## 任务1 汽油供油系统检修

**学习目标**

1. 能够对汽油供油系统零部件进行拆装与检修
2. 能够对汽油供油系统进行维护保养
3. 掌握汽油机的燃烧过程及影响因素
4. 了解汽油缸内直喷技术
5. 培养劳动意识

**知识准备**

### 一、汽油机基本认知

1. 汽油及其使用性能

汽油是石油制品,它是多种烃的混合物,其主要化学成分是碳(C)和氢(H)。若完全燃烧,其产物为二氧化碳($CO_2$)和水($H_2O$);若不完全燃烧,则产物中还包含有害物质一氧化碳(CO)和碳氢化合物(HC),对环境造成污染。

汽油的使用性能的好坏对发动机的动力性、经济性、可靠性和使用寿命都有很大的影响。它主要包括蒸发性、抗爆性和热值。

(1)蒸发性　蒸发性是指液态汽油汽化的难易程度。蒸发性越好,越易在极短的时间内完全蒸发汽化,并与空气均匀混合形成可燃混合气,保证发动机在各种条件下都能迅速发动、加速和正常运转。若蒸发性不好,则汽油不能完全汽化,不能形成均匀的混合气,致使燃烧不完全,从而造成燃油消耗量增加,有害排放物增多。但是汽油的蒸发性太好,在使用中容易发生"气阻",即汽油在管路中蒸发形成气泡,阻碍汽油流通,使供油不畅。汽油蒸发性能通常用汽油的10%、50%、90%、100%馏出温度来评价,相应的馏出温度越低,则蒸发性越好。

(2)抗爆性　抗爆性是指汽油在发动机气缸内燃烧时不发生爆燃的能力。汽油的抗爆性用辛烷值评定,辛烷值越高,抗爆性越好。在我国,汽油的牌号就是以辛烷值划分的,通常有两种辛烷值,一种是研究法辛烷值(RON),一种是马达法辛烷值(MON),它们的试验条件和方法略有区别,同一汽油的研究法辛烷值大于马达法辛烷值。如90号、92号、95号汽油使用的是研究法辛烷值,其数值越大,汽油抗爆性越好。

(3)热值　汽油热值是指1 kg的汽油完全燃烧后所产生的热量,其值越大越好。汽油的热值约为46 000 kJ/kg。

汽油的选用应根据具体的发动机而定,主要依据发动机的压缩比。压缩比高的汽油机应采用辛烷值高的汽油。

2. 汽油机运转工况对可燃混合气成分的要求

(1)可燃混合气成分

可燃混合气成分是指可燃混合气中空气与燃油的比例,又称可燃混合气浓度,通常用空燃比 $\alpha$ 和过量空气系数 $\varphi_a$ 表示。

① 空燃比　可燃混合气中空气质量与燃油质量之比为空燃比,即 $\alpha = A$(空气质量)$/F$(燃油质量)。

根据化学反应关系,1 kg汽油完全燃烧所需空气质量约为14.7 kg,因此,把 $\alpha = 14.7$ 称为理论空燃比,其可燃混合气称为理论混合气,则 $\alpha < 14.7$ 为浓混合气,$\alpha > 14.7$ 为稀混合气。

② 过量空气系数　燃烧1 kg燃油实际供给的空气质量与完全燃烧1 kg燃油所需空气质量之比为过量空气系数,记作 $\varphi_a$,亦即气缸内的实际空气质量与气缸内燃油完全燃烧所需的理论空气质量之比。

$\varphi_a = 1$ 为理论混合气,$\varphi_a < 1$ 为浓混合气,$\varphi_a > 1$ 为稀混合气。

(2)汽油机运转工况对可燃混合气成分的要求

汽车发动机在实际工作中,其运转工况经常发生变化。为适应这种变化,可燃混合气成分应随之做相应的调整。

① 稳定工况　稳定工况是指发动机已经预热,转入正常运转,且在一定时间内没有突变。它一般分为怠速、小负荷、中等负荷、大负荷和全负荷。

Ⅰ.怠速　怠速是指发动机空载时以最低稳定转速运转的工况,这时发动机的动力全部用来克服自身的内部阻力。在怠速工况,进入气缸内的混合气数量很少,混合气被相对增多的残余废气严重稀释,加之此时因转速低、空气流速小而使汽油蒸发和雾化不良,导致混合气不均匀,使燃烧速度减慢甚至熄火,所以要供给 $\varphi_a=0.6\sim0.8$ 的浓混合气。

Ⅱ.小负荷　小负荷工况时,节气门(控制进气量大小的装置,汽油机由进气量决定供油量)开度在25%以内。随着进入气缸内的混合气数量的增多,汽油雾化和蒸发的条件有所改善,残余废气对混合气的稀释作用相对减弱。因此,为了保证此时工况的稳定性,应供给 $\varphi_a=0.7\sim0.9$ 的较浓混合气。

Ⅲ.中等负荷　中等负荷工况节气门的开度在25%～85%范围内。由于此时燃烧条件较好,且汽车发动机大部分时间在中等负荷下工作,因此,应供给 $\varphi_a=1.05\sim1.15$,即在理论空燃比附近的经济混合气,以保证发动机有较好的燃油经济性。

Ⅳ.大负荷和全负荷　发动机在大负荷或全负荷工作时,节气门接近或达到全开位置。这时需要发动机发出最大功率以克服较大的外界阻力或加速行驶,为此应供给 $\varphi_a=0.85\sim0.95$ 的稍浓混合气。

② 过渡工况　过渡工况是指发动机在工作中所必须经历的短暂特殊阶段,该阶段发生的次数较频繁,但每次时间很短。

Ⅰ.冷起动

冷起动是指发动机熄火,机体温度降至与外界温度相等或接近后的再次起动过程。此时因温度低,尤其是在冬天,汽油不容易蒸发汽化,再加上起动时转速低,进气流速小,汽油雾化不良,致使进入气缸的混合气中汽油蒸气太少,混合气过稀,不能着火燃烧。为使发动机能够顺利起动,要供给 $\varphi_a\approx0.2\sim0.6$ 浓度很高的混合气。

Ⅱ.暖机　暖机一般是指冷起动后,发动机的温度逐渐升高到正常工作温度的过程。在此过程中,由于燃烧条件的逐步改善,混合气的浓度应随发动机的温度升高而减小。

Ⅲ.加速　汽车在行驶过程中,驾驶员猛踩加速踏板,使节气门突然开大,迅速增加发动机功率。这时由于汽油的惯性比空气大,汽油流量的增加比空气流量的增加慢得多,所以会出现混合气瞬时变稀的现象。这不仅不能使发动机功率增加、汽车加速,反而有可能造成发动机熄火。因此,在加速时,燃油供给系统必须能保证额外增加供油量。

3. 汽油在气缸内的燃烧过程

(1) 汽油机的正常燃烧

汽油在气缸内燃烧时间很短,要求在上止点附近迅速完成燃烧(若以转速5 000 r/min为例,不到6 ms),燃烧过程分为着火延迟期、速燃期和后燃期三个阶段(如图 4 - 1)。

① 着火延迟期　从火花塞开始点火(1点)到形成完整的燃烧火焰中心(2点)的这段时期,称为着火延迟期。这一时期汽油主要进行燃烧前的物理、化学准备。由于着火延迟期的存在,为使活塞在上止点时混合气能迅速燃烧而使气缸压力达到最大,必须使点火在活塞到达上止点之前开始。火花塞开始点火到活塞行至上止点时所转过的曲轴转角称为点火提前角,它对发动机的动力性、燃油经济性和排放性能影响极大。

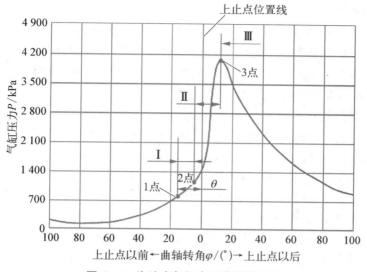

图 4-1　汽油在气缸内正常燃烧过程

Ⅰ—着火延迟期　Ⅱ—速燃期　Ⅲ—后燃期

1—开始点火；2—形成火焰中心；3—最高压力点。

② 速燃期　从火焰中心形成（2 点）开始，到气缸内出现最高压力点（3 点）为止，这段时间称为速燃期。它是整个燃烧过程的主要阶段，火焰由中心向外迅速扩散燃烧，直至整个燃烧室。混合气绝大部分在此时期内燃烧，气缸中压力和温度迅速上升。最高压力点产生的时刻（用曲轴转角表示的活塞行程位置）对发动机的性能有重大影响。最高压力点可以用点火提前角 θ 调整。

③ 后燃期　从气缸内最高压力点到汽油基本燃烧完的这一段时期称为后燃期。部分未燃烧的混合气和可燃烧的中间产物（如 CO 和 HC）继续燃烧，因活塞下行，气缸容积增大，故气缸压力不再增加。这个时期如果过长，有可能造成排气管放炮（部分可燃混合气从排气门排出而在排气管中燃烧）。

（2）汽油机的非正常燃烧

汽油在气缸内的非正常燃烧主要有爆燃和表面点火。

① 爆燃　当火花塞点火后，正常火焰传来之前，处在末端还未燃烧的混合气由于受到压缩和热辐射的作用，温度不断升高，加速了反应过程，最终导致自燃并急速燃烧的现象称为爆燃。

轻微的爆燃可以使发动机功率上升，油耗下降，但爆燃严重时，产生的压力冲击波反复撞击缸壁，气缸内会发出特别尖锐的金属敲击声，破坏了气缸壁表面的层流边界层和附着油膜，传热大大增加，导致发动机过热、功率下降、油耗增加，成为汽油发动机最有害的一种故障现象。

② 表面点火　由于燃烧室内温度易积聚过高的炽热部分（排气门头端面、火花塞电极、金属突出点或积碳等）点燃混合气的现象称为表面点火。

表面点火发生在火花塞点火之前称为早火。由于它提前点火而且热点表面比火花大，使燃烧速率加快，气缸压力、温度增高，发动机工作粗暴，并且压缩功大，向缸壁传热增加,致使功率下降,火花塞、活塞等零件过热。

表面点火发生在火花塞点火之后称为后火。在炽热点的温度比较低时,电火花点燃混合气后,在火焰传播的过程中,炽热点点燃其余混合气,但此时形成的火焰前锋仍以正常的速度传播。这种现象可在发动机断火以后发现,这时发动机仍像有火花塞点火一样继续运转,直到炽热点温度下降以后才停止。

(3)影响燃烧过程的因素

① 汽油品质　汽油品质对燃烧过程的影响见前述内容。

② 混合气浓度　当 $\varphi_a = 0.85 \sim 0.95$ 时,火焰传播速度最快,燃烧速度最高,发动机发出最大功率,因而称这种混合气为功率混合气。

当 $\varphi_a = 1.05 \sim 1.15$ 时,火焰传播速度仍较高,且此时空气相对充足,燃油能完全燃烧,热效率最高,燃油消耗率最低,因而称这种混合气为经济混合气。

当 $\varphi_a = 1.3 \sim 1.4$ 时,混合气过稀,火焰不能传播,造成发动机无法稳定运转,此 $\varphi_a$ 称为火焰传播下限;当 $\varphi_a = 0.4 \sim 0.5$ 时,由于缺氧严重,火焰也无法传播,此 $\varphi_a$ 称为火焰传播上限。

③ 压缩比　提高压缩比,可提高压缩行程终了混合气的温度、压力,加快火焰传播速度,但会增加未燃混合气自燃的倾向,容易产生爆燃,所以汽油机不可能像柴油机那样采用高压缩比。随着汽油品质的提高、燃烧室的设计、汽油机电控喷射等技术的发展,允许汽油机压缩比有所提高,目前可达 10~11。

④ 点火提前角　点火提前角过大(点火过早):压缩功增加,有效功率下降,工作粗暴程度增加,敲缸、爆燃倾向增加。在这种情况下,只要适当减小点火提前角,就可以消除爆燃。点火提前角过小(点火过迟):散热损失增多,最高压力降低,且膨胀不充分,使排气温度过高,发动机过热,功率下降,耗油量增多,有时还会造成排气管"放炮"现象。

⑤ 发动机转速　发动机转速增加,火焰传播速度加快,爆燃的倾向下降。这是因为发动机转速升高,导致气缸内可燃混合气涡、紊流增强且漏气及传热损失减少。

⑥ 发动机负荷　转速一定而负荷减小时,进入气缸的新鲜混合气量减少,导致燃烧速度减慢,应该随着负荷的减少增大点火提前角。负荷减少时,爆燃倾向减小,所以发生爆燃时,可以采用放松油门踏板的方法,以临时消除爆燃。

⑦ 冷却液温度　发动机冷却液温度应控制在合适的范围内,过高、过低均影响混合气的燃烧和发动机的正常使用。

⑧ 燃烧室积碳　燃烧室表面形成的积碳本身有体积,减小了燃烧室的容积,因而提高了压缩比,这些都促使爆燃倾向增加。积碳表面温度很高,形成炽热表面或炽热点,易引起表面点火。

## 二、电控汽油喷射系统

### 1. 电控汽油喷射系统功用

电控汽油喷射系统利用各种传感器准确感知发动机所处工况及其相关信息(节气门开度、进气量、发动机转速、进气温度、进气压力、冷却液温度、排气中氧的含量等),并将信息转换成电信号送给电子控制单元(ECU),经分析运算后,精确控制喷油器,将所需数量的汽油直接喷入气缸或进气管道内,使得汽车在低排气污染的条件下也能提高发动机的动力性和燃油经济性。

2.电控汽油喷射系统分类

电控汽油喷射系统有多种类型,可按不同方法进行分类。

(1)按喷射部位分类

按喷射部位的不同分有缸内喷射和歧管喷射两种。缸内喷射是通过安装在气缸盖上的喷油器,将汽油直接喷入气缸内。这种喷射系统需要较高的喷射压力,约5~10 MPa,因而喷油器的结构和布置都比较复杂,是今后的发展趋势。歧管喷射是将喷油器安装在进气道上,在每一缸进气门附近各安装一个喷油器,以0.20~0.35 MPa的喷射压力将汽油喷入,故又称为多点喷射(MPI),它既能精确地控制空燃比,又能保证各缸混合气的均匀性,是目前应用较多的形式。

(2)按喷射时序分类

① 同时喷射　在发动机运转期间,各缸喷油器同时开启且同时关闭,由电控单元(ECU)同时下达喷油指令控制所有的喷油器同时动作(如图4-2(a)),其喷油正时与进气、压缩、做功、排气的工作循环没有关系。其缺点是由于各缸对应的喷射时间不可能最佳,有可能造成各缸混合气形成不一样。但这种喷射方式不需要气缸判别信号,而且喷射驱动回路通用性好,其电路结构与软件都较简单,早期的电喷系统几乎均采用这种喷射方式。

② 分组喷射　分组喷射是将喷油器分成2~3组(一般分成2组)交替喷射,电控单元(ECU)发出两路喷油指令,每路指令控制一组喷油器(如图4-2(b)),这种结构形式较同时喷射系统要精细、先进一些。

③ 顺序喷射　顺序喷射也叫独立喷射,其喷油器按发动机各缸进气行程的顺序轮流喷射(如图4-2(c)),由电控单元(ECU)根据曲轴位置传感器提供的信号判别各缸的进气行程,适时发出各缸的喷油脉冲信号,以实现顺序喷射的功能。顺序喷射是目前电喷系统中最先进最精细的喷射型式,是目前广泛使用的喷射形式。

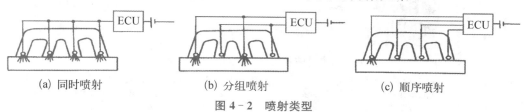

(a) 同时喷射　　　　　(b) 分组喷射　　　　　(c) 顺序喷射

图4-2　喷射类型

(3)按对空气量的计量方式分类

① D型电控燃油喷射系统　它是利用压力传感器检测进气管内的绝对压力,电脑根据进气管内的绝对压力和发动机转速推算出发动机的进气量,再根据进气量和发动机转速确定基本喷油量。

② L型电控燃油喷射系统　它是利用空气流量计直接测量发动机的进气量,电脑不必进行推算,可根据空气流量计信号计算与该空气量相应的喷油量。其测量的准确度高于D型。

（4）按有无反馈信号分类

① 开环控制系统（无氧传感器或氧传感器不参与工作）　发动机工作时，电脑根据系统中各传感器的输入信号，判断自身所处的运行工况，并计算出最佳喷油量。其精度直接依赖于所设定的基准数据和喷油器调整标定的精度。当使用工况超出预定范围时，不能实现最佳控制。

② 闭环控制系统（氧传感器参与工作）　在该系统中，发动机排气管上加装了氧传感器，根据排气中含氧量的变化，判断实际进入气缸的混合气空燃比，再通过电脑与设定的目标空燃比进行比较，并根据误差修正喷油量，空燃比控制精度较高。

3. 电控歧管喷射系统组成与工作原理

现代电控歧管喷射系统尽管类型多，但都是由空气供给系统、燃油供给系统和电子控制系统三大部分组成（如图 4 - 3）。它们的核心是发动机的电子集中控制系统，亦称电控单元，即 ECU（Electronic Control Unit）。

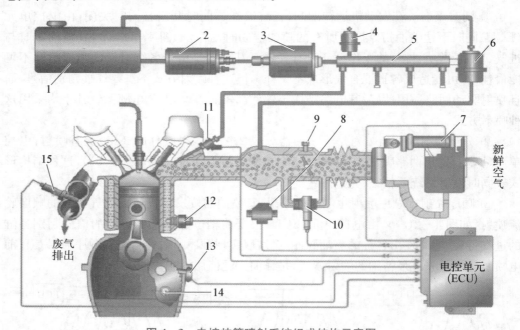

图 4 - 3　电控歧管喷射系统组成结构示意图

1—燃油箱；2—电动汽油泵；3—燃油滤清器；4—燃油压力脉动阻尼器；5—燃油分配总管；6—燃油压力调节器；
7—空气流量计；8—节气门位置传感器；9—怠速调整螺钉；10—怠速控制阀；11—喷油器；
12—冷却液温度传感器；13—曲轴位置传感器；14—凸轮轴位置传感器；15—氧传感器。

（1）空气供给系统组成与工作原理

空气供给系统由节气门体和空气流量计等组成，任务是按发动机各工况的需要，适时提供清洁、适量且足够的空气。节气门、怠速控制装置和其他相关元件（如节气门位置传感器等）装在一个壳体上，称为节气门体。节气门是发动机正常工作时空气进入气缸的主要可控通道，由驾驶员通过加速踏板控制。怠速时的进气量由怠速控制装置自动控制。在有些发动机上还装有一个可控旁通空气通道（辅助空气阀），用于特殊工况（依机型而定）的额外供气。

系统工作时,空气经空气滤清器过滤,通过空气流量计经节气门(或怠速控制装置、旁通空气阀)控制后进入进气总管,然后再通过进气歧管进入各缸(如图4-3)。

　　(2)燃油供给系统组成与工作原理

　　燃油供给系统的作用是向气缸内供给清洁燃油并调节燃烧过程中所需要的燃油量,主要由汽油箱、电动汽油泵、燃油压力调节器、汽油滤清器、喷油器等组成,如图4-3所示。有些发动机还利用冷起动喷油器改善低温起动性能,它安装在进气总管上,仅在发动机低温起动时喷油。

　　系统工作时,电动燃油泵将燃油从燃油箱中吸出,经燃油滤清器过滤后输送到燃油分配总管,再经燃油压力调节器的调节,使油路中的油压与进气管内气压的压差保持恒定(可在小范围内波动),由燃油压力脉动阻尼器减缓喷油脉动,然后各缸喷油器根据ECU的指令将燃油适时适量地喷入进气道。

　　① 燃油箱　燃油箱功用是储存汽油,其数目、容量、形状及安装位置均随车型而异。燃油箱的容量应使汽车的续驶里程达300~600 km。

　　② 电动燃油泵　电动燃油泵的功用是将汽油从燃油箱吸出,经油管和汽油滤清器输送到燃油分配总管。常用的电动燃油泵有如下两种类型。

　　Ⅰ.涡轮式电动燃油泵。如图4-4所示,工作时,燃油泵电动机3驱动涡轮泵叶轮6旋转,由于离心力的作用,使叶轮周围小槽内的叶片贴紧泵壳,并将燃油从进油室带往出油室。由于进油室燃油不断被带走,所以形成一定的真空度,将油箱内的燃油经进油口吸入;而出油室燃油不断增多,当油压达到一定值时,则顶开出油单向阀2经出油口输出。出油单向阀还可以在燃油泵不工作时,阻止燃油倒流回油箱,这样可保持油路中有一定的残余压力,便于下次起动。限压阀安装在进油室和出油室之间,当燃油泵输出油压达到0.4 MPa时,限压阀开启,使油泵内的进、出油室连通,燃油泵工作只能使燃油在其内部循环,以防止输油压力过高。

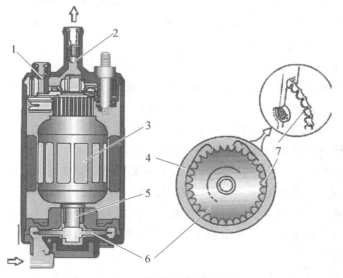

**图4-4　涡轮式电动燃油泵**

1—限压阀;2—出油单向阀;3—电动机;4—泵壳体;5—轴承;6—叶轮;7—叶片沟槽。

Ⅱ. 滚柱式电动燃油泵。如图4-5所示,装有滚柱3的转子4呈偏心状,置于泵壳内,由直流电动机驱动,当转子旋转时,位于转子槽内的滚柱在离心力的作用下,紧压在泵体内表面上,对周围起密封作用,在相邻两个滚柱之间形成了工作腔。在汽油泵运转过程中,工作腔转过出油口后,其容积不断增大,形成一定的真空度,当转到与进油口连通时,将燃油吸入;而吸满油的工作腔转过进油口后,其容积又不断减小,使燃油压力提高,受压燃油流过电动机,从出油口输出。出油单向阀和限压阀的作用与涡轮式电动燃油泵相同。

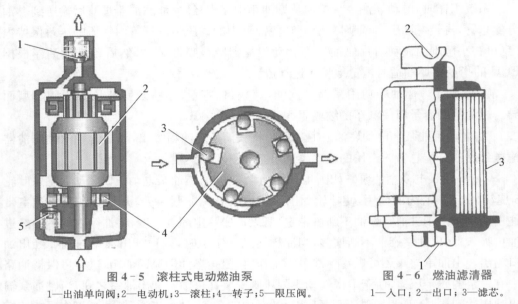

图4-5 滚柱式电动燃油泵
1—出油单向阀;2—电动机;3—滚柱;4—转子;5—限压阀。

图4-6 燃油滤清器
1—入口;2—出口;3—滤芯。

③ 燃油滤清器　由燃油泵从油箱中泵出的燃油在送给喷油器以前,须经燃油滤清器过滤,除去其中的杂质和水分,以减少喷油器或管路故障。现代电控发动机均采用一次性使用、不可拆式纸质滤芯燃油滤清器(如图4-6),一般每行驶7 500～30 000 km整体更换一次,具体依车型和使用环境而定。

④ 燃油压力脉动阻尼器　当燃油泵泵油输出压力周期性变化、喷油器脉冲式喷射及燃油压力调节器的回油阀门开闭时,都将引起燃油管路中油压的脉动和脉动噪声。燃油压力脉动太大会使燃油压力调节器的工作失常。为此,部分电控燃油喷射系统中,在燃油分配总管的一端装有燃油压力脉动阻尼器,其作用就是减小燃油管路中油压的脉动和脉动噪声,使燃油系统压力保持稳定(如图4-7)。

⑤ 燃油压力调节器　燃油压力调节器安装在燃油分配总管的一端,其作用是使燃油供给系统的压力与进气管压力之差即喷油相对压力保持恒定。因为喷油器的喷油量除取决于喷油持续时间外,还与喷油压力有关。所以只有保持喷油压力恒定不变,才能使喷油量在各种负荷下都唯一地取决于喷油持续时间或电脉冲宽度,以实现电控单元对喷油量的精确控制。

燃油压力调节器结构如图4-8所示。膜片2将燃油压力调节器分隔成上腔(燃油腔)和下腔(真空腔)两个腔。上腔有进油口5与燃油分配管相连,回油口4由回油阀门

3控制,通过回油管与燃油箱相连。下腔通过真空接口6与节气门后的进气管通过管路连通。

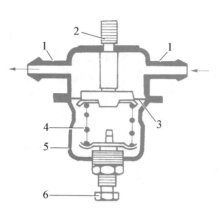

图4-7　燃油压力脉动阻尼器
1—燃油接头;2—固定螺栓;3—膜片;
4—弹簧;5—壳体;6—调节螺钉。

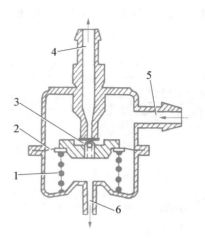

☞燃油压力调节器工作原理

图4-8　燃油压力调节器
1—弹簧;2—膜片;3—回油阀门;4—回油口;
5—进油口;6—真空接口(通进气总管)。

发动机运转过程中,当燃油腔中的油压与真空腔中的弹簧力和进气管压力之和相等时,膜片2处于平衡状态,位置一定,回油阀门3开度和回油量一定,油压也一定。当进气管压力减小时,膜片2克服弹簧1的弹力向下弯曲,回油阀门3将回油管口开启,汽油经回油口4流回燃油箱,使燃油供给系统的压力下降。相反,当进气管压力增大,膜片向上弯曲,回油阀门3将回油管口关闭,回油终止,燃油供给系统的压力增大。这样,喷油压力始终随进气管压力的变化而变化,使燃油压力与进气管压力之差为一恒定值。

燃油供给系统的压力与进气管压力之差由燃油压力调节器中的弹簧1的弹力限定。当发动机停止工作时,膜片2在弹簧力的作用下使回油阀门3关闭,以保持燃油系统管路中有一定的残余油压,便于下次起动。

⑥ 喷油器　喷油器是电磁阀型,其功用是按照电控单元的指令将一定数量的汽油适时地喷入进气道或进气管内,并与其中的空气混合形成可燃混合气。喷油器的通电、断电由电控单元控制。电控单元以电脉冲的形式向喷油器输出控制电流。当电脉冲从零升起时,喷油器因通电而开启;电脉冲回落到零时,喷油器又因断电而关闭。电脉冲从升起到回落所持续的时间称为脉冲宽度。一般喷油器针阀升程约为0.1 mm,而喷油持续时间在2～10 ms范围内。

喷油器分类方法很多,按喷油器结构形式可分为轴针式(如图4-9)、球阀式(如图4-10)和片阀式(如图4-11)三种。其工作原理基本相

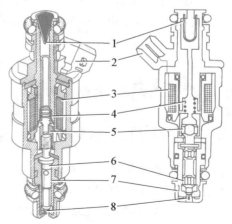

图4-9　轴针式喷油器
1—滤网;2—电控信号插头;3—电磁线圈;
4—弹簧;5—衔铁;6—针阀;7—阀体;
8—轴针。

同,仅仅是阀门触动件不同。当电磁线圈中无电流通过时,喷油器针阀(钢球或阀片)在弹簧力作用下紧压在密封阀座上;当电磁线圈通电时,产生磁场克服弹簧预紧力将衔铁连同针阀(钢球或阀片)向上吸起,喷油口打开,燃油喷出。

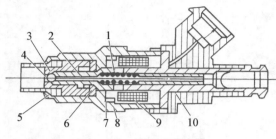
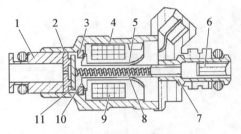

图4-10　球阀式喷油器　　　　　　　图4-11　片阀式喷油器

1—弹簧;2—阀针;3—阀座;4—喷孔;5—护套;6—挡块;　　1—阀套;2—阀座;3—挡块;4—阀体;5—铁心;
7—衔铁;8—阀体;9—电磁线圈;10—阀盖。　　　　　　6—滤网;7—调压滑套;8—弹簧;9—电磁线圈;
　　　　　　　　　　　　　　　　　　　　　　　　　　10—限位圈;11—片阀。

（3）电子控制系统组成与工作原理

发动机电子控制系统(如图4-3)由传感器、电控单元和执行器等组成,其作用是收集发动机的工况信号,经处理后确定最佳喷油量、最佳喷油时间和最佳点火时刻等,同时,它还对怠速、停供油、燃油泵等进行控制。

传感器的作用是将发动机的工况及状态、汽车行驶工况和状态等物理或化学信息转变为电信号,输送给ECU。传感器主要有空气流量计(或进气歧管绝对压力传感器)、冷却液温度传感器、发动机转速传感器、节气门位置传感器、曲轴位置传感器、氧传感器等。

执行器用以执行发动机ECU发出的各种控制指令,以实施对发动机工作的精确控制。执行器主要有电动燃油泵、喷油器、怠速控制阀、电子节气门等。

电控单元是整个电控系统的核心,储存有发动机的工作程序。它接收传感器的信息,并根据运算分析的结果向执行器发出指令,对发动机进行工作控制。

任务实施

☞汽油燃油
压力检测

## 一、燃油压力检测

1. 燃油系统压力释放

① 拔下油泵继电器或电动燃油泵保险丝;

② 起动发动机,直至自行熄火;

③ 关闭点火开关,装上油泵继电器或电动燃油泵保险丝。

2. 燃油系统压力检查

准备一个量程为1 MPa左右的油压表及专用的油管接头,按下列步骤检测燃油

压力：

① 将燃油系统卸压,拆下蓄电池负极电缆线。

② 将油压表和油管一起安装在燃油滤清器油管接头、分配油管进油接头,或用三通接头安装在燃油管道上便于安装和观察的部位(如图4-12)。

③ 重新装上蓄电池负极电缆线。

④ 测量燃油系统的静态油压。

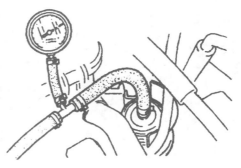

图4-12　燃油压力表的安装

Ⅰ. 起动发动机,使之怠速运转,或用一跨接导线将电动燃油泵的两个检测插孔短接,打开点火开关(不要起动发动机),让燃油泵运转。

Ⅱ. 观察油压表上的油压值,应符合规定值,若油压过高,应检查油压调节器,若油压过低,应检查电动燃油泵、燃油滤清器和油压调节器。

⑤ 测量燃油系统的保持压力。测量静态油压结束后,过5 min再观察油压表指示的油压(此时的压力称为燃油系统保持压力)。其值应不低于规定值(如147 kPa)。若油压过低,应进一步检查电动燃油泵保持压力、油压调节器保持压力及喷油器有无泄漏。

⑥ 测量发动机运转时的燃油压力。起动发动机,让发动机怠速运转,测量此时的燃油压力(如图4-13(a))。缓慢开大节气门,测量在节气门接近全开时的燃油压力;拔下油压调节器上的真空软管,并用手堵住(如图4-13(b)),让发动机怠速运转,测量此时的燃油压力。该压力和节气门全开时的燃油压力基本相等,若测得的油压过高,应检查油压调节器及其真空软管;若测得的油压过低,则应检查电动燃油泵、燃油滤清器及油压调节器。

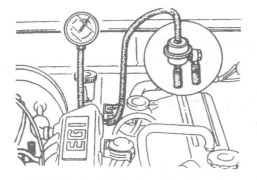 

(a) 测量怠速及节气门全开时的燃油压力　　(b) 测量拔下油压调节器真空软管后的燃油压力

图4-13　燃油压力的测量

⑦ 测量电动燃油泵的最大压力和保持压力。将油压表接在燃油管路上,并将出油口堵住(如图4-14)。用一根跨接线将电动燃油泵的两个检测插孔短接,打开点火开关,持续10 s左右(不要起动发动机),使电动燃油泵工作,同时读出油压表的压力,该

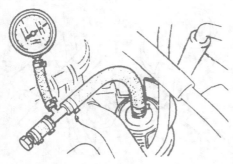

图 4-14 电动燃油泵最大压力的测量

压力称为电动燃油泵的最大压力,它应当比发动机运转时燃油压力高 200~300 kPa,通常可达 490~640 kPa。如不符合标准值,应更换电动燃油泵。

关闭点火开关 5 min 后再观察油压表压力,此时的压力称为电动燃油泵的保持压力,其值应大于 340 kPa,如不符合标准值,应更换电动燃油泵。

⑧ 检查油压调节器的工作状况。如前述方法,测量发动机运转时的燃油压力,然后拔下油压调节器上的真空软管,并检查燃油压力,此时的燃油压力应比发动机怠速运转时的燃油压力高 50 kPa 左右,如果压力变化不符合要求,即说明油压调节器工作不良,应更换。

⑨ 测量油压调节器的保持压力。当燃油系统保持压力不符合标准值时,应做此项检查,以便找出故障原因。将油压表接入燃油管路,用一根短导线将电动燃油泵的两个检测插孔短接,打开点火开关,并保持 10 s,让电动燃油泵运转,然后关闭点火开关,拔去检测插孔上的短接导线,用包上软布的钳子将油压调节器的回油管夹紧,使回路停止回油,5 min 后观察燃油压力,该压力称为油压调节器保持压力。如果该压力仍然低于燃油系统保持压力的标准值,说明燃油系统保持压力过低的故障不在油压调节器;相反若此时压力大于标准值,则说明油压调节器有故障,应更换。

## 二、喷油器检测与清洗

汽油机喷油器检测与清洗

### 1. 喷油器拆卸

① 燃油系统卸压,方法同上;

② 从蓄电池负极断开电缆;

③ 拆气缸盖罩;

④ 拆卸发动机线束,断开喷油器总成连接器,拆卸线束支架;

⑤ 拆卸燃油管总成:拆下燃油管卡夹,旋下燃油管接头,拆卸燃油管固定螺栓,取下螺栓和燃油管总成;

⑥ 拆卸喷油器总成:从燃油管总成中拉出喷油器总成,在喷油器上贴上标签,用塑料袋将喷油器包起来,以防异物进入,拆下喷油器隔振垫。

### 2. 喷油器清洗

① 将喷油器放入汽油或清洗油中,仔细清除外部油污后用软布擦拭干净。检查喷油嘴上的橡胶圈是否损坏,如有损坏,应及时更换。

② 在超声波清洗槽内倒入专用喷油器清洗剂两瓶。

③ 在超声波清洗槽内放入清洗支架,在支架上放好喷油器,清洗剂要浸过支架表面。

④ 打开设备电源开关,设备如图 4-15 所示。

⑤ 按下超声波键。

⑥ 设置清洗时间,默认时间为 10 min。

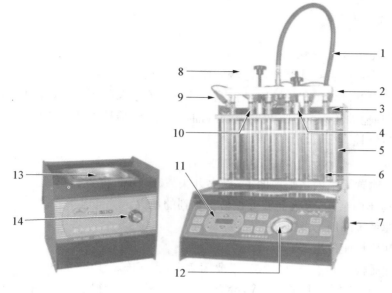

图4-15　喷油器自动检测清洗分析仪

1—主输油管;2—标准油路板;3—检测液加注口;4—滚花螺套;5—测试量筒支架;
6—测试量筒;7—电源开关;8—固定旋钮;9—脉冲信号线;10—喷油嘴连接头;
11—控制面板;12—压力表;13—清洗槽;14—超声波清洗定时器。

3. 喷油器测试

① 把喷油器安装在自动检测清洗分析仪上,将驱动线插头依次插入喷油器插孔中。

② 调整油压、转速、喷油脉宽。

③ 按选择键至全开喷射测试:按选择键依次选择怠速测试、中速测试、高速测试,当液面达到量筒的2/3时,按下停止键或暂停键,观测在不同工况下各喷油器的流量均衡性。一辆汽车上的所有喷油器的喷油量偏差不应超过2%。

④ 喷油器安装位置不动,按选择键选择检漏测试项,按下工作键,同时调整压力,观测各喷油器密封性,每分钟滴漏不超过两滴视为合格。

4. 安装喷油器

① 将新喷油器隔振垫安装到喷油器总成上;

② 在喷油器总成O形圈接触面上涂抹一薄层汽油或锭子油;

③ 安装喷油器后检查确认它们可以平稳转动,如果不能平稳转动,换上新的O形圈;

④ 将喷油器总成安装到输油管总成上;

⑤ 安装燃油管隔垫;

⑥ 安装燃油管总成;

⑦ 固定发动机线束支架;

⑧ 连接发动机线束;

⑨ 将电缆连接到蓄电池负极端子,并检查燃油是否泄漏。

### 三、汽油泵检修

**1. 检查汽油泵工作状况**

检查时,先用一根导线将故障检测插座上汽油泵的两个检测插孔短接,然后打开点火开关,但不要起动发动机。这时从油箱处应能听到油泵的运转声,若用手指捏住输油软管应能感到输油压力,否则,表明电动汽油泵不工作,应检测其电源与控制线路,如果都正常,则应拆检。

**2. 燃油泵更换**

① 将车辆置于室内水平地面上;点火开关置于 OFF 位置;拉好驻车制动,装好车轮挡块,清理车内杂物,灭火器放置在易于拿到的地方。

② 燃油系统卸压,方法同上。

③ 拆卸后排座位坐垫。

④ 拆卸后检修孔盖,轻轻撬起,不要用蛮力,底下连着线束(如图 4-16)。

⑤ 拆除线束插头,并拔下油管,会有一点燃油流出,量很少,把线束和油管用吸油纸包好,并塞在视线以外的地方(如图 4-17)。

⑥ 用泵盖专用工具拆除密封盖环。

⑦ 把燃油泵总成轻轻地从油箱中拿出,放到准备好的油盆内。

⑧ 更换新的燃油泵总成。

⑨ 按相反的顺序安装燃油泵总成,并检查燃油泵是否漏油。

图 4-16　拆卸后检修孔盖　　　　　　图 4-17　拆线束插头并拔下油管

知识拓展

汽油直接喷射技术(Gasoline Direct Injection)简称 GDI,是指汽油发动机采取与柴油机相同的喷射工作方式,直接向气缸内喷射汽油。GDI 能够将汽油机的燃料效率提高 20%。由于其良好的动力、经济和排放特性,应用日益增加,代表了汽油机技术的发展方向。下面以 FSI 系统为例,说明其主要组成和工作原理。

## 一、FSI 汽油直喷技术

FSI 意为燃油分层喷射,FSI 发动机采用分层燃烧模式,它配备了按需控制的燃油供给系统,然后通过一个活塞泵提供所需的压力(可高达 10 MPa),最后通过电脑控制喷油器将燃油在最恰当的时间直接喷入燃烧室。通过对燃烧室内部形状的设计(如活塞顶部一半是球形,另一半是壁面),可使空气从进气门充入气缸后在活塞的压缩下形成一股涡流运动。当压缩行程将结束时,在燃烧室顶部的喷油器开始喷油,汽油与空气在涡流运动的作用下形成混合气。这种急速旋转的混合气是分层次的,越接近火花塞越浓,使火花塞周围会有较浓的混合气,易于点燃,而其他区域则是空气。燃烧时周围的空气层隔绝了热,减少了热量向气缸壁的传递,从而减少了热量损失,提升了发动机的热效率。混合气层的大小、范围精确地反映了瞬时发动机动力的需求。FSI 发动机比同级发动机动力性显著提高,可达 10%,而油耗却可降低 15% 左右。

## 二、FSI 系统组成

图 4-18 是奥迪轿车 FSI 燃油系统的组成。

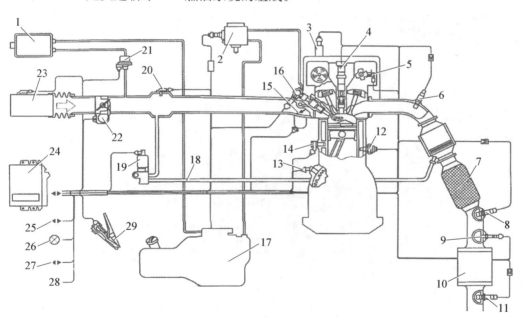

**图 4-18　奥迪轿车 FSI 燃油系统的组成**

1—活性炭罐;2—高压燃油泵;3—凸轮轴相位调节器;4—点火线圈火花塞;5—凸轮轴位置传感器;
6—连续变化式氧传感器(LSU)(2个);7—前置催化转换器;8—跃变式氧传感器(LSF)(2个);
9—尾气温度传感器;10—NO$_x$ 催化转换器;11—NO$_x$ 传感器;12—冷却液温度传感器;13—发动机转速传感器;
14—爆震传感器;15—滚流阀(进气歧管翻板);16—燃油共轨/高压喷油器/燃油压力传感器;
17—燃油箱/按需调节电动燃油泵;18—EGR 管;19—EGR 阀;20—进气管压力/温度传感器;
21—燃油箱通风电磁阀;22—电子节气门/位置传感器;23—进气温度传感器;24—ECU;
25—CAN 总线;26—诊断灯;27—诊断接口;28—电子防盗锁;29—加速踏板模块。

1. 燃油供给系统

（1）低压油路　低压油路主要由电子燃油泵及压力调节装置组成，产生压力0.35 MPa的燃油供给发动机驱动的高压油泵。

（2）高压油路　高压部分主要由高压油泵、油轨、压力控制阀等组成。将油压从0.35 MPa升高到12 MPa，并使油轨的压力波动最小，向各喷油器供油。

2. 控制系统

发动机进行负荷计算时，控制单元所需获取的传感器信号主要如下：

① 通过集成在发动机电控单元中的海拔高度传感器测量环境压力。

② 通过安装在进气管上的传感器测量吸入的空气温度。

③ 节气门位置传感器（在电子节气门上）。

④ 通过进气管上的压力/温度复合传感器测量进气管中的温度和压力。

⑤ EGR阀开度位置传感器。

⑥ 充气阀位置传感器。

⑦ 进气凸轮轴位置传感器。

## 三、FSI发动机燃烧工作模式

理论上，FSI发动机采用三种燃烧工作模式：分层燃烧、均质稀燃和均质燃烧，如图4-19所示。

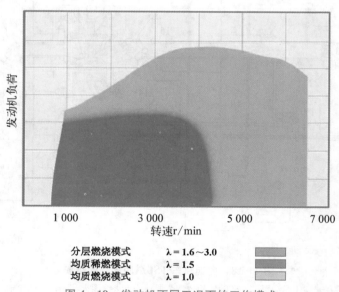

| 分层燃烧模式 | $\lambda = 1.6 \sim 3.0$ | |
| 均质稀燃模式 | $\lambda = 1.5$ | |
| 均质燃烧模式 | $\lambda = 1.0$ | |

图4-19　发动机不同工况下的工作模式

1. 分层燃烧

分层燃烧的特点是热效率高、节流损失少、燃烧热量尽可能多地转化成机械能，在部分负荷时采用。分层燃烧模式下节气门不完全打开，保证进气管内有一定真空度（可以控制废气再循环和碳罐等装置）。这时，发动机的扭矩大小取决于喷油量，与进气量关系不大。

分层燃烧在进气过程中节气门开度相对较大,减少了一部分节流损失。进气过程中的关键是进气歧管中安置一翻板,翻板向上开启(各种机型可能有所不同)封住下进气歧管,让进气加速通过,与ω形活塞顶配合,形成进气涡旋。分层燃烧时喷油时间在上止点前60°至上止点前45°,喷射时刻对混合气的形成有很大影响,燃油被喷射在活塞顶的凹坑内,喷出的燃油与涡旋进气结合形成混合气。由于可燃混合气仅形成于喷油器周围,分层燃烧的空燃比一般可达到1.6～3。

点火时,只有火花塞周围混合状态较好的气体被点燃,这时周围的新鲜空气以及来自废气再循环的气体形成了很好的隔热保护,减少了缸壁散热,提升了热效率。点火时刻的控制较为重要,它只在压缩过程终了的一个很窄的范围内。

### 2. 均质稀燃

均质稀燃与分层燃烧的进气过程相同,油气混合时间加长,形成均质混合气。通过精确控制喷油,可以达到较低的混合气浓度。为促进燃烧,需要较强的缸内空气运动和点火能量,燃烧发生在整个燃烧室内,燃烧均匀。均质稀燃的点火时间选择范围宽泛,空燃比大于1,有很好的燃油经济性。

### 3. 均质燃烧

均质燃烧能充分发挥动态响应好、扭矩和功率高的特点,在大负荷时采用。均质燃烧进气过程中节气门位置由加速踏板决定,进气歧管中的翻板位置视不同情况而定。当中等负荷时,翻板依然是关闭的,有利于形成强烈的进气旋流,利于混合气的形成与雾化。当高速大负荷时,翻板打开,于是吸入的空气就经过上、下进气道而进入气缸,进气量增大,让更多的空气参与燃烧。均质燃烧模式下燃油喷射与进气同步,燃油和空气混合均匀,燃烧充分而又迅速。燃油在缸内的蒸发又使得混合气温度降低,可以有效地消除爆燃的产生,采用相对较高的压缩比。均质燃烧情况下空燃比小于或等于1,确保发动机的动力性。

# 任务2　柴油供油系统检修

1. 能够对柱塞式和分配式喷油泵进行维护
2. 能够对喷油器进行拆装、调整和维修
3. 掌握柴油机混合气的形成和工作特点
4. 掌握柴油供给系统零部件结构和工作原理
5. 培养环保意识

## 一、柴油机基本认知

### 1. 柴油机特点

随着柴油机技术的不断进步,自20世纪80年代以来,柴油机在汽车行业中因其低油耗、低污染而占有越来越重要的地位,与汽油机相比,柴油机具有以下特点:

(1) 压缩比高达15～20,热效率高,热能更多地转化为机械能,汽油机的热效率为20%～30%,而柴油机可以达到30%～40%,因而柴油机经济性好,耗油量比汽油机少20%～30%;

(2) 采用压燃着火方式,没有点火系,仅有油路故障,柴油机油路系统机件精密、可靠、耐用,因而故障少;

(3) 吸入新鲜空气,柴油高压喷射,可燃混合气在气缸内形成,自发点火;

(4) 压缩终了时空气温度高,CO、HC生成量少,但高温下易生成$NO_x$,在高负荷工况下,局部高温缺氧,易产生黑烟;

(5) 柴油机功率的高低通过调节可燃混合气的浓度来实现的,而汽油机则是控制可燃混合气的多少来实现,即柴油机调质,汽油机调量,故柴油机部分负荷时燃烧爆发压力高,噪声大;

(6) 柴油机喷射压力高,对供油系统零部件的要求高,因而成本较高。

目前欧洲生产的轿车中,柴油轿车占45%以上,商用车和中、重型货车都采用了柴油机,为了解决环境污染和能源问题,柴油机是今后发展的方向。

### 2. 柴油机燃油供给系统

(1) 柴油供给系统功用

① 在适当的时刻将一定数量的洁净柴油增压后以适当规律喷入燃烧室,喷油定时和喷油量各缸相同且与柴油机运行工况相适应,喷油压力、喷油雾化质量及其在燃烧室内的分布与燃烧室类型相适应;

② 在每一个工作循环内,各气缸均喷油一次,喷油次序与气缸工作顺序一致;

③ 根据负荷的变化自动调节循环供油量,以保证柴油机稳定运转,尤其要稳定怠速,限制高速;

④ 储存一定数量的柴油,保证汽车的最大续驶里程。

(2) 柴油供给系统组成

如图4-20所示,柴油机燃料供给系由低压油路和高压油路两部分组成。在输油泵6的作用下,柴油从油箱1被吸出,经过油水分离器5分离去除柴油中的水分,再吸向柴油滤清器9过滤,干净的柴油进入柱塞式喷油泵7,提高压力,再经高压油管4,送到喷油器3,以一定的速率、射程和喷雾锥角喷入燃烧室。多余的柴油从回油管2流回柴油滤清器。

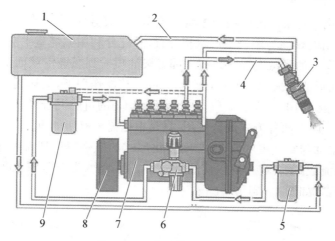

图 4-20　柴油供给系组成

1—柴油箱；2—回油管；3—喷油器；4—高压油管；5—油水分离器；
6—输油泵；7—柱塞式喷油泵；8—喷油泵动力输入；9—柴油滤清器。

### 3. 柴油及使用

柴油是在 533～623 K 的温度范围内，从石油中提炼出的碳氢化合物，含碳 87%，氢 12.6% 和氧 0.4%。分轻柴油和重柴油。

轻柴油按其质量分为优等品、一等品和合格品三个等级，每个等级又按柴油的凝点分为 10、0、-10、-20 和 -35 五个牌号，其凝点分别不高于 10 ℃（15 ℃以上），0 ℃（5 ℃以上），-10 ℃（-5 ℃以上），-20 ℃（-5～-15 ℃以上），-35 ℃（-14～-29 ℃以上），牌号越高凝点越低。其代号分别为 RCZ-10、RC-0、RC-10、RC-20、RC-35，"R" 和 "C" 是 "燃" 和 "柴" 字的汉语拼音字头，凝点在 0 ℃以上的则在 "-" 前加上 "Z" 字，选用时，选用的号数应比实际气温低 5 ℃～10 ℃。

### 4. 可燃混合气形成与燃烧过程

柴油机可燃混合气的形成和燃烧都是直接在燃烧室内进行的。在接近压缩行程终点时，柴油喷入气缸内，柴油油滴在炙热的空气中受热、蒸发、扩散，并与空气混合形成可燃混合气，最终自行发火燃烧。

（1）可燃混合气形成特点

① 燃料的混合和燃烧是在燃烧室内进行的，空间小，混合气形成时间极短，只占 15°～35° 曲轴转角（按发动机转速 3 000 r/min 计，只占 $8.3 \times 10^{-4} \sim 1.9 \times 10^{-3}$ s）；

② 柴油黏度大，不易挥发，分布（浓度）不均，需要较大的过量空气系数；

③ 可燃混合气的形成和燃烧过程是同时、连续重叠进行的，即边喷射，边混合，边燃烧，气缸内各处混合气浓度很不均匀。

（2）可燃混合气形成方式

柴油在压缩行程终了时通过喷油器高压喷入燃烧室，柴油分散成百万计的细小油滴，直径在 0.001～0.05 mm 之间，与空气进行混合，可燃混合气形成的方式对柴油机的性能影响较大，通常分为以下几种。

① 空间雾化 将柴油高压喷向燃烧室空间,形成雾状,与空气进行混合。为使混合均匀,要求喷出的燃油与燃烧室形状相配合,并充分利用燃烧室中空气的运动。

② 油膜蒸发 油膜蒸发混合是将大部分柴油喷射到燃烧室壁面上,95%形成一层油膜,5%在空间形成着火源。油膜在空间火源的热能作用下,受热逐层蒸发,在燃烧室中强烈的旋转气流作用下,燃料蒸气与空气形成均匀的可燃混合气。

③ 复合式 以上两种方式混合使用,只是根据需要有所侧重。

为了促进柴油与空气更好混合,空间雾化形式的燃烧室一般都要组织适当的空气涡流,即进气涡流或压缩涡流,可以使油束充分扩散,增大混合范围,加快燃烧速度。进气涡流形成的方式如图 4 - 21 所示。

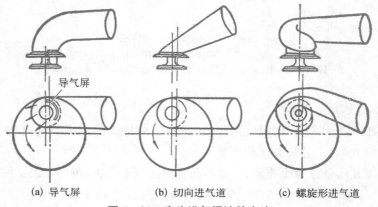

(a) 导气屏　　　　　(b) 切向进气道　　　　　(c) 螺旋形进气道

图 4 - 21　产生进气涡流的方法

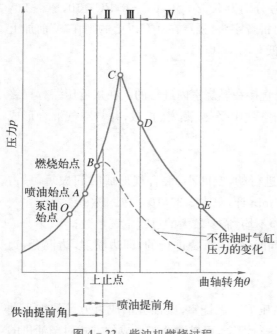

图 4 - 22　柴油机燃烧过程

Ⅰ—备燃期;Ⅱ—速燃期;Ⅲ—缓燃期;Ⅳ—后燃期。

（3）可燃混合气燃烧过程

根据柴油机燃烧过程进展的实际特征,燃烧分为以下四个阶段:

① 备燃期 也称着火延迟期,是指从喷油开始（A 点）到柴油开始着火（B 点）的时期（如图 4 - 22 中的Ⅰ）。

这个时期主要进行柴油着火前的物理、化学准备过程,喷入的雾化柴油从气缸内 600 ℃左右的高温空气中吸收能量,逐渐雾化、吸热、扩散、蒸发、氧化、分解;同时,燃料不断喷入,约占循环喷油量的 40%～50%。

备燃期时间虽短（约 0.000 7～0.003 s）,但对整个燃烧过程影响很大。若备燃期长,则喷出的油量多,导致速燃期压力急剧升高,柴油机工作粗暴;但备燃期过短,又会导致可燃混合气形成困难,柴油机动力、经济性能恶化。

② 速燃期 速燃期指从柴油开始着火(B 点)到气缸内最高压力点(C 点)的时期(如图4-22 中的 Ⅱ)。

速燃期燃料燃烧非常迅速,而且是在活塞靠近上止点、气缸容积较小的情况下燃烧,因此,气缸压力和温度急剧增加,是对外做功的关键时期;在这个时期,针阀仍然开启,燃料继续喷入,燃烧条件变差,所以要控制该时期的喷油量和加强气缸内气体的流动,促进油气混合。

③ 缓燃期 缓燃期指从最高压力点(C 点)到最高温度点(D 点)的时期(如图4-22 中的 Ⅲ)。

缓燃期由于活塞下行,气缸容积变大,氧气变少,废气增多,所以混合气燃烧速度减缓,气缸内压力增加不显著,而温度却继续上升;若此时喷油还在继续,由于燃烧恶化,燃料易裂解成黑烟排出。

④ 后燃期 后燃期指从缓燃期终点(D 点)到燃料基本燃烧完为止(E 点)的时期(如图 4-22 中的 Ⅳ)。

由于柴油机燃烧时间短促,燃料和空气混合又不均匀,因此,气缸内有未燃的油料拖到后燃期里继续燃烧,由于燃烧条件恶化,使燃烧不完全,排气冒黑烟,放出的热无法做功而传给冷却水,使发动机过热,经济性下降,所以应尽量减少后燃,并加强这个时期气缸内气体流动。

### 5. 柴油机燃烧室

燃烧室的作用就是合理地组织气缸内的气流运动,促进燃油与空气更好地混合,以保证燃烧过程更加完善。燃烧室从结构形式上分为直接喷射式燃烧室和分隔式燃烧室两大类。

(1)直接喷射式燃烧室

直喷式燃烧室的特点是由气缸盖、活塞顶面和气缸上部内壁之间组成一个统一的燃烧空间,即燃烧室(如图 4-23),燃料直接喷入该燃烧室中与空气进行混合燃烧。常见的有 ω 型、球形和四角形等。图 4-23 为 ω 型燃烧室,靠喷油器高压喷油到燃烧室空间与空气混合,属于空间雾化混合方式。这种燃烧室结构简单、紧凑,由于空间小,传热少,动力性、经济性与起动性都较好,但对喷油系统要求高,需要较高的喷油压力,喷油嘴的喷孔也要求小而多,须组织较强的进气空气运动,以促进油气混合;备燃期内形成的混合气多,工作起来也比较粗暴,噪声大,分为直口型和缩口型,缩口型利于空气挤流的产生。

(2)分隔式燃烧室

分隔式燃烧室的结构特点是燃烧室被分隔为主、副两个燃烧室,二者用一个或数个通道相通。副燃烧室在气缸盖内,主燃烧室在缸盖底平面与活塞顶面之间。燃料先喷入气缸盖中的副燃烧室进行预燃烧,再经过通道喷到活塞顶上的主燃烧室进一步燃烧。分隔式燃烧室根据结构的不同分为涡流室式和预燃室式两种。

① 涡流燃烧室结构

涡流燃烧室由两部分组成:主燃烧室和副燃烧室(涡流室),副燃烧室有球形(如图

4-24)、吊钟形等形状,主燃烧室的活塞顶也有不同形状凹坑。

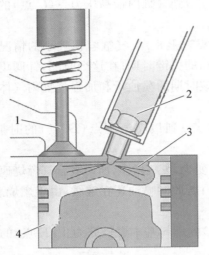

图4-23　直接喷射式ω型燃烧室
1—气门;2—喷油器;3—燃烧室;4—活塞。

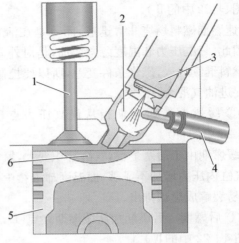

图4-24　涡流室式燃烧室
1—气门;2—涡流室;3—喷油器;
4—预热塞;5—活塞;6—主燃烧室。

Ⅰ.副燃烧室的容积占燃烧室总容积的50%~80%。

Ⅱ.主、副燃烧室之间的通道是切向的,具有导流作用,因而主、副燃烧室之间的气体流动是有规则的压缩或膨胀涡流。

Ⅲ.涡流室在气缸盖上,周围是水套。

② 涡流燃烧室工作过程

在压缩过程中,气缸中的空气被活塞挤压,经过通道流入涡流室形成有组织的强烈涡流。活塞接近压缩上止点时,喷油器开始顺气流喷油,在强涡流气流带动下,燃油被涂布到燃烧室壁面上,形成油膜。同时有少部分油雾分散在燃烧室空间,着火形成火源,并点燃从壁面蒸发出来的可燃混合气,迅速燃烧,高温、高压气体经通道喷入主燃烧室,形成二次涡流,与主燃烧室内的空气进一步混合燃烧。由于采取强烈有组织的气体二次涡流,空气利用率高,对喷雾质量要求不高,可采用单喷孔喷油嘴,喷油压力较低,喷油嘴故障少,调整方便,工作比较柔和。缺点是副燃烧室相对散热面积大,又直接与冷却液接触,加上主、副燃烧室之间的通道节流,使热利用率减低,经济性较差,起动也较困难。特点是:

➤ 涡流室内基本完成油气混合;

➤ 大部分燃油在涡流室内着火燃烧;

➤ 气流运动较强,可以降低对喷油器的要求。

③ 涡流燃烧室与直接喷射式比较

Ⅰ.混合气的形成与燃烧主要是利用有组织的强烈的压缩涡流,喷雾质量要求不高,喷油压力低,可以降低对燃油系统的要求。

Ⅱ.压缩涡流随转速升高而加强,所以在转速较高时仍能保证较好的混合质量,混合质量对转速变化不敏感,有较高的充气效率,适于高转速,最高可达 5 000 r/min。

Ⅲ. 压缩涡流可保证较好的混合质量,空气能较好地利用,过量空气系数小,功率大,燃烧是在涡流室内进行的,不直接作用在活塞上,主燃烧室压力升高率较小,工作较为平稳,压缩比可以达到22～24,动力性和排放性好。

Ⅳ. 涡流室相对散热面积大,又直接与冷却水接触,散热损失较大;气体经过通道流动,节流损失也大,故冷启动困难,比油耗高。

## 二、喷油器

1. 喷油器功用和分类

（1）喷油器功用

喷油器是一种向柴油机燃烧室喷射高压燃油的装置。根据不同柴油机要求,将高压油泵来的柴油雾气,以一定的喷油压力、喷雾细度、喷油规律、射程和喷雾锥角喷入燃烧室特定位置,与空气混合燃烧。

（2）喷油器的分类

现代柴油汽车发动机基本采用闭式喷油器,根据喷油嘴结构形式不同,闭式喷油器又分为孔式喷油嘴和轴针式喷油嘴等,分别用于不同的燃烧室。通常孔式用于空间雾化方式的直喷式燃烧室,轴针式用于分隔式燃烧室。

2. 喷油器喷雾特性

（1）雾化质量

柴油良好的雾化增加了柴油颗粒的表面积,使柴油能迅速气化和氧化,促进了可燃混合气的形成和燃烧的进程。通常柴油雾化的评价指标包括雾化细度和雾化均匀度。

提高雾化细度的方法有:

① 减小喷孔直径,单位体积的燃油表面积增大,与空气产生更多的摩擦,油滴变小。

② 提高喷射压力,则喷出速度提高,燃油与空气摩擦力加大,造成更强的紊流,油滴变小。

③ 提高燃烧室压力,增强与空气的摩擦,雾化更细。

④ 加强空气运动,可提高燃油与空气的相对速度,利于雾化。

⑤ 提高空气温度,则空气黏度增加,油的表面张力小,油滴变小。

（2）贯穿深度（射程）

贯穿深度指燃油油束从喷孔到垂直平面的最短距离,即油束的可见长度。贯穿深度直接影响混合气的形成,过短和过长都不好,必须与燃烧室形状相匹配。

影响贯穿深度因素很多,主要有:

① 喷射压力高,则初速度大,贯穿深度增加,但压力高到一定程度后,由于燃油与空气的

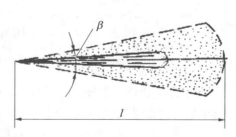

l—贯穿深度；β—喷雾锥角
图 4 - 25　喷油油束

摩擦力的增加,减小了雾化细度,使射程缩短,当喷射压力达到 35 MPa 时,贯穿深度不再增加。

② 气缸内空气温度高,雾化变好,油滴粒度小、动量小,使贯穿深度变小。

③ 喷孔尺寸参数,如喷孔长度和其直径之比为 4 时,贯穿深度为最大。

（3）喷雾锥角

喷雾锥角表示油束在燃烧室中的扩散程度,通常喷雾锥角大,所包围空气的体积增加,油气混合较好。

☞喷油器组成与工作原理

3. 孔式喷油器

（1）孔式喷油器结构

① 孔式喷油器整体结构。孔式喷油器一般适用于直接喷射式柴油机,其特点是喷油嘴偶件中的针阀不直接伸出喷孔,喷油嘴头部的喷孔小且多,一般喷孔 1～7 个,直径 0.2～0.5 mm。其结构如图 4－26 所示。由针阀偶件 13 构成的油嘴通过紧帽 1 与喷油器体 4 紧固在一起。调压弹簧 10 的预紧力通过弹簧下座 11 作用在针阀上,将针阀压紧在针阀体内的密封锥面上,使喷油嘴关闭。调压弹簧的预紧力由调整垫片 9 调整。

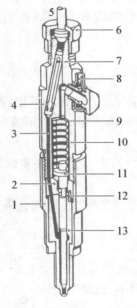

图 4－26　孔式喷油器

1—紧帽;2—垫块;3—油孔;4—喷油器体;5—油管;
6—螺帽;7—滤清针;8—回油接头;9—调整垫片;
10—调压弹簧;11—弹簧下座;12—定位销;
13—针阀偶件。

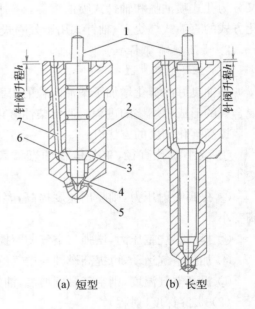

(a) 短型　　　　(b) 长型

图 4－27　针阀结构形式

1—针阀;2—针阀体;3—承压锥面;4—密封锥面;
5—喷孔;6—压力室;7—进油道。

② 针阀偶件。如图 4－27 所示,由针阀 1 和针阀体 2 组成,用优质轴承钢制造,其相互配合的滑动圆柱面间隙仅为 0.001 mm～0.002 5 mm,通过高精密加工或研磨选配而得,不同喷油嘴偶件不可互换。该间隙过大,会使喷油压力下降,喷雾质量变差;间隙过小,针阀容易卡死。针阀中部的环形锥面(承压锥面)位于针阀体的环形油腔中,其作

用是承受由油压产生的轴向推力,使针阀上升。针阀下端的锥面(密封锥面)与针阀体相配合,起密封喷油器内腔的作用。针阀上部有凸肩,当针阀关闭时,凸肩与喷油器体下端面的距离 $h$ 为针阀最大升程,其大小决定了喷油量的多少,一般 $h=0.4\ mm\sim0.5\ mm$。针阀体与喷油器体的结合处有 $1\sim2$ 个定位销防止针阀体转动,以免进油孔错位。孔式喷油嘴又分为短型和长型两种(如图 4-27),长型孔式喷油嘴的针阀导向圆柱面远离燃烧室,避免针阀受热变形卡死在针阀体中,用于热负荷较高的柴油机中。

（2）孔式喷油器工作原理

喷油器工作时,来自喷油泵的高压柴油,经油管接头 5(如图 4-26)进入喷油器体上的进油道,再进入针阀体中部的环形油腔 6(如图 4-27),作用在针阀的承压锥面 3上,对针阀形成一个向上的轴向推力,此推力一旦大于喷油器调压弹簧的预压力时,针阀立即上移,打开喷孔 5,高压柴油随即喷入燃烧室中。喷油泵停止供油时,高压油道内压力迅速下降,针阀在调压弹簧作用下及时回位,将喷孔关闭,停止喷油。

进入针阀体环形油腔 6 的少量柴油,经喷油器偶件配合表面之间的间隙流到调压弹簧端,进入回油管,流回滤清器,用来润滑喷油嘴偶件。

针阀的开启压力(喷油压力)的大小取决于调压弹簧的预紧力。不同的发动机有不同的喷油压力要求,可通过更换调整垫片 9(如图 4-26)调整,垫片厚度增加时喷油压力增大,反之压力减小。通常孔式喷油器的喷射压力在 18 MPa~25 MPa。

### 4. 轴针式喷油器

轴针喷油器主要适用于分隔式燃烧室,喷射压力较低,在 10 MPa~15 MPa,组成和工作原理与孔式喷油器相同,区别主要在于针阀的结构上。

轴针式喷油器的特点是喷油嘴偶件中的针阀伸出喷孔外(如图 4-28),与喷孔形成环状狭缝,喷孔一般只有一个,直径也较大,可达 1~3 mm,针阀头部形状决定喷雾锥角。工作时轴针在喷孔中上下运动,能自动清除喷孔积碳。针阀头部制成各种形状,使柴油以不同油束锥角喷入气缸,适应不同柴油机需要。

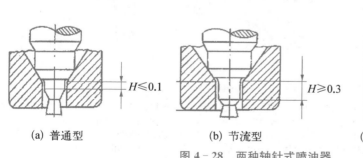
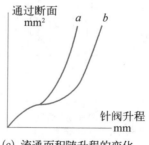

(a) 普通型　　　　　(b) 节流型　　　　　(c) 流通面积随升程的变化

图 4-28　两种轴针式喷油器

## 三、喷油泵

### 1. 喷油泵功用及分类

（1）喷油泵的功用

喷油泵是柴油机燃料供给系中最重要的部件,被称为柴油机的心脏。它的基本作用是定时定量地产生高压柴油。柴油机对喷油泵的要求是：

① 各缸供油量相等,在标定点下各缸供油量相差不超过 3‰～5‰,供油应随柴油机工况的变化而变化,需有油量调节机构。

② 各缸供油提前角相等,误差小于 0.5 曲轴转角。

③ 各缸供油持续角一致。

④ 停油迅速,以防滴漏;超速断油,确保安全。

（2）喷油泵分类

车用柴油机喷油泵按其作用原理可分为三类。

① 柱塞式:性能良好,使用可靠,结构简单、紧凑,便于维修和供油调节,应用最多。

② 转子分配式:利用转子的转动实现燃油的增压及分配。体积和质量小,使用方便。

③ 泵-嘴系统:喷油器与喷油泵合为一体,直接安装在缸盖上,以消除高压油管带来的不利影响,但需发动机更改驱动系统,如康明斯发动机的 PT 燃油系统。

2. 柱塞式喷油泵

图 4-29 为国产 A 型柱塞式喷油泵,由分泵、油量调节机构、驱动机构、泵体等部件组成。

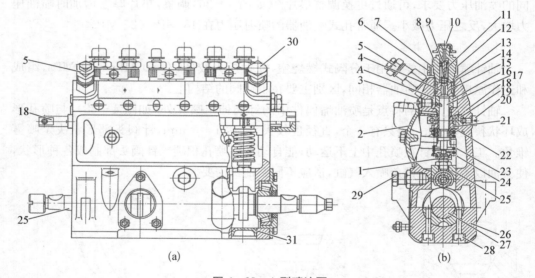

图 4-29 A型喷油泵

1—调整螺钉;2—检查窗盖;3—挡油螺钉;4—出油阀;5—限压阀部件;6—槽形螺钉;7—前夹板;8—出油阀压紧座;9—减容器;10—护帽;11—出油阀弹簧;12—后夹板;13—O 形密封圈;14—垫圈;15—出油阀座;16—柱塞套;17—柱塞;18—可调齿圈;19—调节齿杆;20—齿杆限位螺栓;21—控制套筒;22—弹簧上支座;23—柱塞弹簧;24—弹簧下支座;25—滚轮架部件;26—泵体;27—凸轮轴;28—紧固螺钉;29—润滑油进油空心螺栓;30—柴油进油空心螺栓;31—堵盖。

柱塞式喷油泵组成

（1）分泵

分泵机构（如图 4-30）是供油的主要部件,是喷油泵的核心,每缸有一组泵油机构,它主要由柱塞偶件（柱塞 7 和柱塞套 5）、出油阀偶件（出油阀 3 和出油阀座 4）、出油阀弹簧 2、柱塞弹簧 11 等组成。

① 柱塞偶件　柱塞偶件(如图 4-31)由柱塞 5 和柱塞套 1 组成。柱塞可在柱塞套内做往复运动,两者配合间隙极小,约为 0.001 8～0.003 mm,需经精密磨削加工或选配研磨而成,故称它们为偶件。柱塞套被压紧在泵体上,在其上部开有进回油孔 2,有的柱塞套进回油孔是分开的,进油孔兼作定位孔;有的另外在柱塞外圆上加工有定位孔,柱塞套装入喷油泵体后,定位螺钉即插入此孔内,以保证正确的安装位置,并防止工作中柱塞套发生转动。

柱塞在柱塞套中做往复运动。其上部圆柱面开有斜切槽 4,并通过柱塞中心油道 3 与柱塞顶相通。柱塞切槽还有多种形式(如图 4-32),性能上各有特点。下螺旋槽柱塞的供油开始点一定,供油终点则随柱塞有效行程的大小而变,供油量愈大,供油结束愈晚,多用于中小功率柴油机;上螺旋槽柱塞的供油终点不变,而供油始点则随油量大小而变;上下螺旋槽柱塞兼有上述两特点;起动槽的作用是适当减小起动时的供油提前角,以减小噪声和冒白烟现象。

柱塞的中部圆柱面是密封部,环形油槽 6 (如图 4-31)可储存少量柴油,用于润滑柱塞。柱塞下部加工有榫舌 7,有的是压配调节臂,用于进行供油量调节。

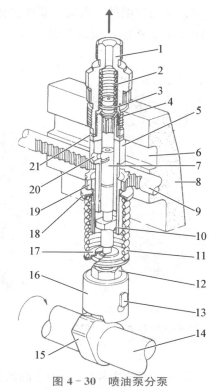

图 4-30　喷油泵分泵

1—出油阀压紧座;2—出油阀弹簧;3—出油阀;
4—出油阀座;5—柱塞套;6—低压油腔;
7—柱塞;8—喷油泵体;9—油量调节螺杆;
10—油量调节套筒;11—柱塞弹簧;
12—供油正时调节螺钉;13—定位滑块;
14—凸轮轴;15—凸轮;16—挺柱体部件;
17—柱塞弹簧下座;18—柱塞弹簧上座;
19—齿圈;20—进回油孔;21—密封垫。

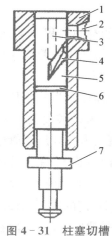

图 4-31　柱塞切槽

1—柱塞套;2—进回油孔;3—中心孔;
4—斜槽;5—柱塞;6—储油槽;7—榫舌。

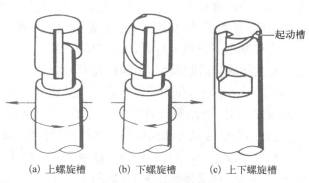

(a) 上螺旋槽　　(b) 下螺旋槽　　(c) 上下螺旋槽

图 4-32　柱塞切槽

② 出油阀偶件　出油阀偶件包括出油阀2和出油阀座1(如图4-33),它实际上是一个单向阀,控制油流的单向流动。

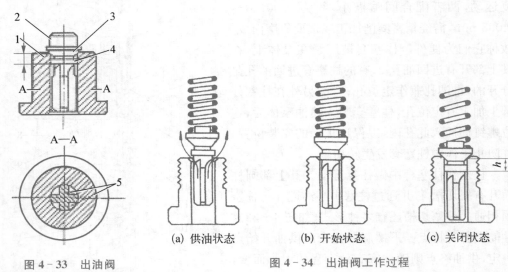

图4-33　出油阀

1—出油阀座;2—出油阀;3—密封
锥面;4—减压环带;5—十字切槽。

图4-34　出油阀工作过程

(a) 供油状态　　(b) 开始状态　　(c) 关闭状态

出油阀下部为导向部,阀芯断面呈"＋"字形,既能导向,又能让柴油通过;出油阀上部有一圆锥面3,与阀座的圆锥面贴合,形成一个密封环带。密封环带下方有一个小圆柱面4称为减压环带,它可使喷油器内压力迅速下降,断油干脆,如图4-34所示。

出油阀偶件也是一对精密偶件,出油阀导向面和减压环带与出油阀座内表面径向间隙约为 0.006～0.016 mm,使用中也不允许互换。

出油阀偶件置于柱塞套上端,由出油阀压紧座1(如图4-30)压紧在喷油泵体上。为了防止高压柴油泄漏,一般在出油阀压紧座与出油阀座之间装有尼龙或铜制密封垫片。

③ 泵油原理　当柱塞下行时(如图4-35(a)),柱塞上方的空间容积变大,形成部分真空。当柱塞顶部下行到露出进油孔时,低压油便从泵体上的低压油腔流入柱塞顶部的空间,开始了进油行程,直至柱塞抵达下止点时,完成进油过程。

当柱塞由下止点上行时,泵腔中的一部分燃油被挤回泵体油道。当柱塞顶平面将进油孔封闭时,这段行程称为预行程 $h_1$(如图4-35(b));随着柱塞的继续上行,燃油受压(如图4-35(c)),压力急剧升高。当其压力大于出油阀弹簧压力与高压油管中的残余油压之和时,出油阀便开始向上运动,直至被顶离阀座,这段行程 $h_2$ 称为减压阀行程;此时高压柴油经出油阀向高压油管开始供油(如图4-35(d)),供油行程为 $h_3$。

柱塞继续上行,至其斜切槽与柱塞套的回油孔相通时,柱塞顶部的高压油便经柱塞的中心油道流回泵体低压油腔(如图4-35(e))。由于柱塞顶部油压急剧下降,在出油阀弹簧作用下,出油阀迅速落座,供油过程结束。此后柱塞虽然继续上行到上止点,但并不能向高压油管供油。可见,在柱塞的总行程 $h$ 中,只有一部分行程 $h_3$ 向高压油管

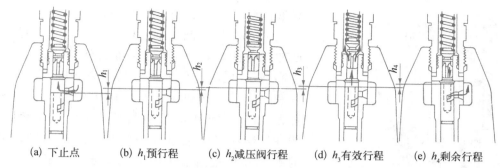

(a) 下止点　　(b) $h_1$预行程　　(c) $h_2$减压阀行程　　(d) $h_3$有效行程　　(e) $h_4$剩余行程

图 4-35　喷油泵工作原理图

☞柱塞式喷油
泵工作原理

供油,称这部分行程为有效行程,$h_4$为剩余行程。

当转动柱塞时,改变了柱塞斜切槽与柱塞套回油孔的相对位置,从而改变了柱塞的有效行程,也就改变了柱塞的供油量。

(2)油量调节机构

油量调节机构作用是执行驾驶员或调速器发出的指令,改变分泵的供油量,同时通过它调整各缸供油均匀性,分为齿杆式和拨叉式。

A 型泵使用的齿杆式油量调节机构如图 4-36 所示,调节齿杆 6 与调节齿圈 11 相啮合,调节齿圈通过紧固螺钉夹紧在控制套筒 10 上,控制套筒底部开有切槽,喷油泵柱塞 2 下部的榫舌就嵌在该切槽中。

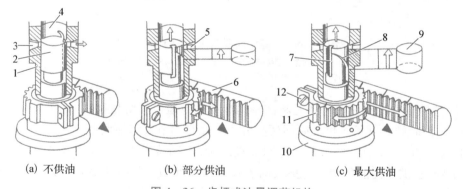

(a) 不供油　　　　　　(b) 部分供油　　　　　　(c) 最大供油

图 4-36　齿杆式油量调节机构

1—柱塞套;2—柱塞;3、5—柱塞套油孔;4—柱塞腔;6—调节齿杆;7—直槽;
8—螺旋槽;9—循环供油量容积;10—控制套筒;11—调节齿圈。

当调节齿杆被拉动时,便带动调节齿圈转动,从而带动喷油泵柱塞转动,改变柱塞的循环供油量。喷油泵的调节齿杆一般不直接由驾驶员控制,而是通过调速器控制。

有的柴油机喷油泵供油量调节机构是拨叉拉杆式(如图 4-37),但基本原理都是通过转动柱塞来改变循环供油量。

油量调节机构中还装有供油拉杆轴向限位器,以限制供油拉杆在一定范围内移动,即限于怠速和全负荷工况范围内移动。

☞齿条油量
调节机构

(3)分泵驱动机构

驱动机构主要由油泵凸轮轴 14 和挺柱体部件 16 组成(如图 4-30),其作用是推动

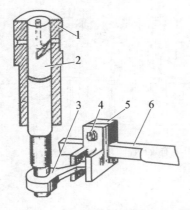

图 4 – 37　拨叉拉杆式油量调节机构

1—柱塞套；2—柱塞；3—柱塞调节臂；
4—拨叉紧固螺钉；5—拨叉；6—供油拉杆。

柱塞往复运动，完成循环供油过程。

① 凸轮轴　凸轮轴的构造如图 4 – 38 所示。凸轮轴由曲轴带动，再传送推力使柱塞运动，产生高油压，同时还保证各分泵按柴油机的工作顺序和一定的规律供油。凸轮轴上的凸轮数目与缸数相同，排列顺序与柴油机的工作顺序相同。四冲程柴油机喷油泵的凸轮转速等于曲轴转速的 1/2，也就是曲轴转两周，喷油泵的凸轮轴转一周，各分泵都供油一次。喷油泵凸轮轴的旋转方向即与曲轴相同。凸轮外形有不同的凸轮型线，不同的型线，供油规律不同，以满足不同燃烧室的要求。

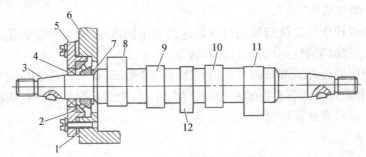

图 4 – 38　凸轮轴的构造(四缸机)示意图

1—密封调整垫；2—锥形滚柱轴承；3—连接锥面；4—油封；5—前端盖；
6—壳体；7—调整垫；8、9、10、11—凸轮；12—输油泵偏心轮。

② 滚轮体传动件　其作用是将凸轮的运动平稳地传递给柱塞，并且可以适量调整柱塞的供油时间。常见的供油时间调整方式有螺钉调节式和垫块调节式。

图 4 – 39 为 A 型泵采用的螺钉调节式滚轮，上端装有工作高度可调的调整螺钉，调整 $h$ 变大，供油提前角增大。垫块调节式滚轮体如图 4 – 40 所示，$h$ 为工作高度，垫块厚度每减小 0.1 mm，凸轮转角相差 0.5°，供油提前角减小 1°。

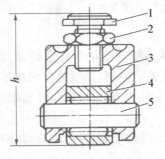

图 4 – 39　螺钉调整式滚轮

1—调整螺钉；2—锁紧螺母；3—挺柱体；4—滚轮；5—滚轮销。

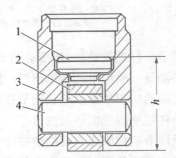

图 4 – 40　垫块调整式滚轮

1—调整垫片；2—滚轮；3—挺柱体；4—滚轮销。

### 3. 转子分配式喷油泵

柱塞式喷油泵是具有与柴油机缸数相同的柱塞偶件和出油口的喷油泵。而分配式喷油泵是具有一个分配转子(或分配柱塞)和多个出油口的喷油泵。它具有零件少、体积小、高速性能好、故障少和容易维修等优点,其主要问题是每循环供油量不大,精密偶件加工精度要求高,所以分配式喷油泵被广泛应用于轻型柴油汽车上。

分配式喷油泵按其结构特点分为转子式(径向压缩式)和单柱塞式(轴向压缩式)两大类。下面以应用较广的单柱塞分配式喷油泵(简称 VE 泵,如图 4-41)为例介绍其结构和工作原理。

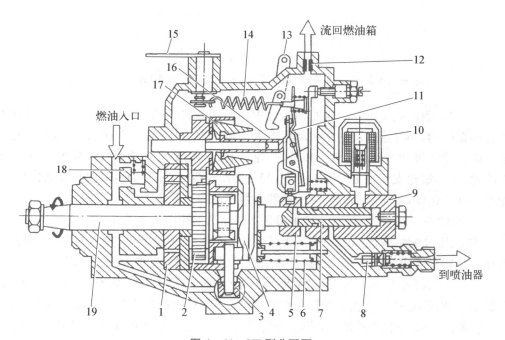

☞VE 喷油泵
组成与工
作原理

图 4-41　VE 型分配泵

1—二级滑片式输油泵;2—调速器驱动齿轮;3—液压式喷油提前器;4—平面凸轮盘;5—油量调节套筒;6—柱塞弹簧;7—分配柱塞;8—出油阀;9—柱塞套;10—断油阀;11—调速器张力杠杆;12—溢流节流孔;13—停车手柄;14—调速弹簧;15—调速手柄;16—调速套筒;17—飞锤;18—调压阀;19—驱动轴。

（1）VE 型分配泵的特点

VE 泵与柱塞式喷油泵相比,具有以下特点:

① VE 泵从 2 缸到 6 缸,仅有一副柱塞,因而零件少,体积小,重量轻;

② VE 泵凸轮升程较小,一般为 1.5～3.2 mm,且一副柱塞在工作时有四个滚轮同时承受泵端高压油对它的作用,可满足 6 000 r/min 柴油机的要求,而柱塞式喷油泵仅能满足 4 000 r/min 以下四冲程柴油机;

③ VE 泵向各缸供油的是同一副柱塞,因而各缸供油均匀性好;

④ VE 泵用柴油润滑运动件,无需专门的润滑油,便于油泵的维护和保养;

⑤ VE 泵能装上各种附加装置,如增压补偿装置、大气补偿装置、扭矩校正装置等,满足柴油机不同用途的需求。

（2）VE 型分配泵结构

VE 型分配泵由驱动机构、二级滑片式输油泵、高压分配泵头和电磁式断油阀等部分组成，此外，机械式调速器和液压式喷油提前器也安装在分配泵体内。

① 驱动机构。驱动机构组成如图 4-42 所示。

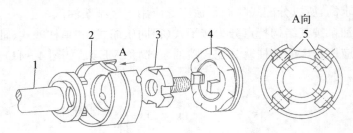

图 4-42　VE 型分配泵驱动机构

1—驱动轴；2—滚轮支架；3—联轴器；4—平面凸轮盘；5—滚轮。

工作时，驱动轴 1 由发动机曲轴通过中间传动装置驱动。驱动轴一方面带动滑片式输油泵转动，同时通过调速器驱动齿轮带动调速器工作；另一方面，驱动轴右端通过十字联轴器 3 带动平面凸轮盘 4 转动，凸轮盘上的凸轮数与发动机气缸数相同，并紧靠在滚轮 5 上，滚轮支承在滚轮支架 2 上，当平面凸轮盘 4 转动同时，受滚轮 5 的作用，还做左右往复运动，用于驱动分配泵的柱塞也做转动和往复运动。

② 输油泵　通常为滑片式，其作用是把柴油从油箱中送入油泵。

③ 高压分配泵头。高压分配泵头是 VE 分配泵的关键部件，用以定时、定量产生高压油。它主要由柱塞、柱塞套、油量调节套筒、柱塞弹簧、出油阀偶件等组成。

柱塞 7 与柱塞套 9、柱塞与油量调节套筒 5 是两对精密偶件（如图 4-41）。在平面凸轮盘的驱动下，柱塞做相应的转动和往复运动；柱塞的右端开有四条相隔 90° 的进油槽 6（如图 4-43）；中部开有一个燃油分配孔 5、一条压力平衡槽 4 和泄油孔 2，柱塞还有中心油道与各进燃油分配孔及泄油孔相通。

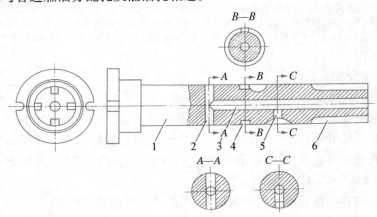

图 4-43　分配柱塞

1—分配柱塞；2—泄油孔；3—中心油孔；4—压力平衡槽；5—燃油分配孔；6—进油槽。

柱塞套 9 被固定在泵体上(如图 4-41),其右端有一个进油孔,位置与柱塞的四个进油槽相对应,柱塞每旋转一周,进油孔与各进油槽各接通一次;中部开有一个出油孔,柱塞每转一周,柱塞套出油孔分别与柱塞出油孔各相通一次。油量调节套筒 5 上的凹坑与调速器相连,可在柱塞上左右移动,当柱塞向右运动到露出泄油孔 2(如图 4-43)时,柱塞中心油道上的高压油泄压。

④ 断油电磁阀。VE 型分配泵装有断油电磁阀(如图 4-44)。发动机起动时,将起动开关 2 闭合(旋至 ST 位置),从蓄电池 1 来的电流直接流过电磁线圈 4,产生的电磁吸力压缩回位弹簧 5 把阀门 6 吸上,使进油孔 7 打开,燃油进入泵油机构。

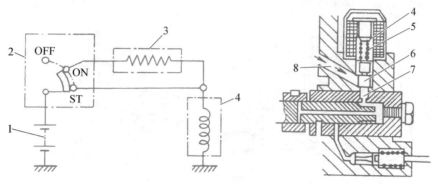

图 4-44　电磁式断油阀

1—蓄电池;2—起动开关;3—电阻;4—电磁线圈;5—回位弹簧;6—阀门;7—进油孔;8—进油道。

发动机起动后,将起动开关旋至 ON 位置,此时由于电路串入了电阻 3,电流减少,但由于有油压作用,阀门仍保持开启。

发动机需要停止运转时,将起动开关旋至 OFF 位置,电路断开,阀门在回位弹簧 5 作用下落座,切断油路,停止供油。

(3) VE 型分配泵的工作原理

现以四缸发动机配用的 VE 型分配泵为例,说明其工作原理:

① 进油过程　当平面凸轮盘 12 的下凹部分转到与滚轮 13 接触时(如图 4-45(a)),在柱塞弹簧的作用下,转动着的柱塞向左移动接近终点时,泄油孔 11 完全被油量调节套筒 15 所封闭。当柱塞的一个进油槽与柱塞套的进油孔相对时,泵腔中的燃油便进入柱塞中心油道,直至柱塞进油槽与柱塞套的进油孔错开,进油结束。

② 泵油过程　当平面凸轮盘由下凹部分向凸起部分转动到与滚轮接触时(如图 4-45(b)),柱塞由左向右运动,此时柱塞中心油道的油压急剧升高,当柱塞的出油槽与柱塞套的一个出油孔相对时,高压燃油便经出油孔、出油阀、高压油管,送到相应缸的喷油器中。

柱塞每转一周,对四缸柴油机分别进油 4 次,出油 4 次,向每个气缸喷油一次。

③ 回油过程　柱塞在平面凸轮盘作用下继续右移,当柱塞的泄油孔露出,油量调节套筒 15 与泵腔相通时(如图 4-45(c)),柱塞中心油道中的高压油便流回泵腔,油压急剧下降,供油结束。

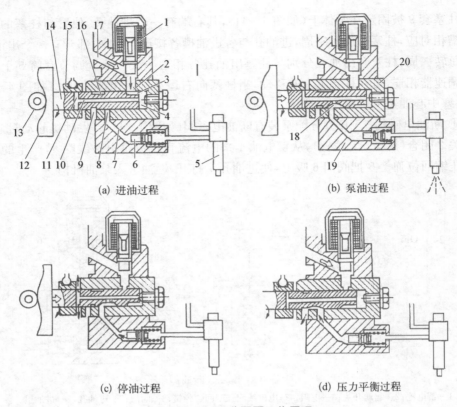

|  |  |
| :---: | :---: |
| (a) 进油过程 | (b) 泵油过程 |

|  |  |
| :---: | :---: |
| (c) 停油过程 | (d) 压力平衡过程 |

图 4-45　VE 分配泵工作原理

1—断油阀;2—进油孔;3—进油槽;4—柱塞腔;5—喷油器;6—出油阀;7—分配油道;8—出油孔;9—压力平衡孔;
10 中心油孔;11—泄油孔;12—平面凸轮盘;13—滚轮;14—分配柱塞;15—油量调节套筒;
16—压力平衡槽;17—进油道;18—燃油分配孔;19—喷油泵体;20—柱塞套。

　　柱塞从出油槽与柱塞套出油孔接通到关闭的行程称为柱塞的有效行程。有效行程越大,向外供油量越多。移动油量调节套筒 15 的位置,即可改变柱塞的有效行程,从而改变 VE 分配泵的供油量。

　　④ 压力平衡过程　柱塞上加工有压力平衡槽,它始终与泵腔相通(如图 4-45(d))。当供油结束,柱塞转过 180°时,柱塞上的压力平衡槽便与该缸柱塞套出油孔相通泄压,使其与泵腔油压平衡,从而使各缸分配油路内的压力在燃油喷射前趋于均衡,保证各缸喷油量均匀。

### 一、喷油器调试与维修

1. 喷油器检查与调试

(1)喷油器喷油压力检查与调试检查时,将喷油器上调压弹簧调整螺钉的锁紧螺母旋松,将喷油器安装到试验台上(如图4-46),并从接头处排除空气。

> **注 意**
>
> 　不要将手指触碰喷油器的喷孔。用手快速按动数次喷油嘴试验器手柄,以排除喷孔的积碳,然后一边慢慢地按动试验器手柄,一边观察压力表的指针。当喷油压力刚要开始下降时,读取压力表的指示值。

　如压力不符合规定值,则需进行调整。对于可用调压螺钉调整压力的喷油器,拧入调整螺钉时,压力增高,反之则压力降低。对用增减垫片的方法调整喷油压力的喷油器,加厚垫片,喷油压力增高,反之则降低,注意调整后每只喷油器只能用一个垫片。

　(2)喷油器密封性检查　可以将压力保持在低于开启压力(用试验台手柄控制)0.98～1.96 MPa的状态下,检查经过10 s后,燃油不能从喷嘴孔或固定螺母的周围滴漏,但可以湿润。如有滴漏或渗漏,说明针阀密封不严,应维修或更换。如喷孔处无渗漏,但压力下降较快,说明针阀导向部分间隙过大,回油过多。

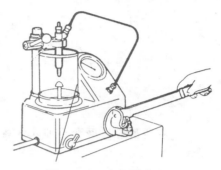

图4-46　喷油器试验台

　(3)喷油器喷雾质量的检查　当喷油速度每分钟为30～60次时,喷油器达到喷油压力后应喷油。喷雾形状如图4-47所示。声音应有清脆的"嚓嚓"声。同时喷射完毕后,断油干脆,无滴漏现象。

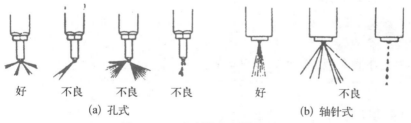

　　好　　　不良　　　不良　　　不良　　　　　好　　　　　不良

　　　　(a) 孔式　　　　　　　　　　　　　(b) 轴针式

图4-47　喷油器喷油质量检查

### 2.喷油器维修

　(1)喷孔堵塞维修　喷孔堵塞的原因有三个,一是柴油不洁净;二是针阀密封锥面密封不严而滴油形成积碳;三是针阀导向面卡滞,不能及时回位,燃油受到高温而烧结。维修时用清洁的柴油清洗喷油器零件,用方木刮掉附在针阀头部的积碳,如图4-48所示;用黄铜刷刷掉针阀体外部的积碳,如图4-49所示。检查针阀体的座面是否烧蚀或锈蚀,检查针阀头部是否损坏或锈蚀,如果出现上述某一种现象,则应更换针阀偶件。

　(2)针阀研磨　喷油器压力调整时,如果有滴漏现象,说明针阀密封性不良,需进行研磨。针阀偶件在汽油中清洗后,在针阀锥面上涂少许氧化铬研磨膏,插入针阀座内

☞柴油机喷油器拆装

用手捻动研磨,直到针阀锥面上可以看到一个完整的等宽的研磨环带。重新清洗后,复装重试,直至无滴漏现象。如果无法研磨出理想的环带,则应更换新件。

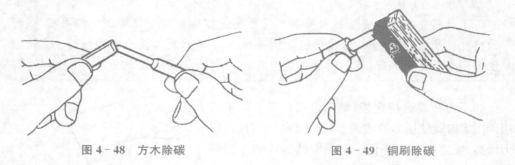

图4-48　方木除碳　　　　　　　图4-49　铜刷除碳

**注　意**

在研磨时研磨膏不可以落到针阀的导向面上,以免研坏导向段。

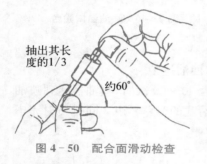

抽出其长度的1/3

约60°

图4-50　配合面滑动检查

(3) 配合面滑动性检查　针阀导向面的配合精度很高,间隙为 0.002～0.003 mm,为选配件,不可以互换。检查时将针阀偶件倾斜60°左右,用手将针阀从阀体中抽出其长度的1/3,如图4-50所示,放开针阀,这时针阀应能依靠自重平稳地滑进针阀体内;转动针阀位置,反复数次进行滑动性能检验。如果针阀不能自如地滑入针阀体内,则应更换针阀偶件。

**注　意**

不要用手指触碰针阀偶件的配合面。

## 二、喷油泵维修

### 1. 柱塞维修

柱塞的磨损部位通常在顶端,如表面有发暗或磨损痕迹,则应更换。在无专用设备的情况下,如图4-51所示,将溢流环(VE 分配泵)稍微倾斜,拉出柱塞,当放开柱塞时,柱塞应能靠自重平稳地滑入溢流环(分配头)内。将柱塞转一个角度,在不同的位置重复上述试验。如果在某一位置上发生柱塞卡住现象,则应成组更换零件。将调速器连杆球销插入溢流环,检查其移动是否平稳而且没有任何窜动,如图4-52所示。

经过试验发现柱塞有轻微卡滞现象,则需抽出柱塞,擦净柴油,在放大镜下仔细观察。找出磕碰、拉毛的痕迹,尤其是配合柱面的边缘棱角处,最容易在装配时碰坏,可用粒度在 800 以上的油石,仔细修掉棱角。如无磕碰,则在工作段涂研磨膏,用偶件互研的方法修复。

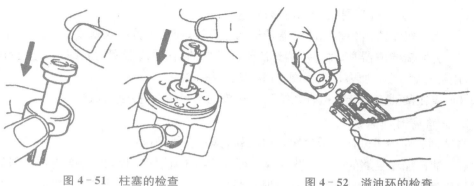

图4-51　柱塞的检查　　　　　　图4-52　溢油环的检查

### 2. 出油阀维修

维修过程中不可用手触摸喷油泵柱塞和出油阀的滑动面。

（1）向上拉起出油阀并用拇指堵住阀座底部的孔，如图4-53（a）所示，当放松出油阀时，它应能快速下沉并停止在减压突缘关闭阀座孔的位置。如果下沉不快或不能下沉，则应成组更换出油阀偶件。

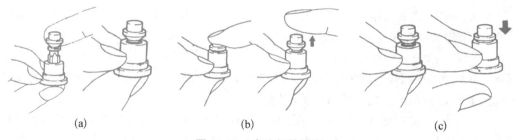

　　(a)　　　　　　　　　　　　(b)　　　　　　　　　　　　(c)

图4-53　出油阀的检查

（2）用拇指堵住阀座底部的孔，将出油阀装入阀座并用手指往下按。当手指一放开，出油阀将弹回到原来的位置，如图4-53（b）所示，如果不符合要求，则应予更换。

（3）放开堵住阀座孔的拇指，出油阀应能靠自重完全关闭阀座孔，如图4-53（c）所示，如不符合要求，则应予更换。

## 注　意

在装上新的出油阀偶件之前，应先用轻质油或汽油洗掉防锈剂，然后再用柴油清洗并进行上述检查。

### 三、柴油供给系统维护

#### 1. 柴油滤清器的维护

（1）柴油纸质滤芯为一次性使用，不允许清洗后再用。更换时应使用原厂规格的滤芯，否则会引起供油系统偶件的磨损；

（2）一般新柴油机和大修后的柴油机，应在最初2 500 km更换新滤清器，正常行

驶 8 000～10 000 km 后更换新滤清器;

（3）第一级滤清器为燃油滤清器带油水分离器,应每天拧松阀塞放水;

（4）更换新滤清器时,将滤清器充满干净的柴油,在滤清器密封胶圈上涂上少许润滑油,用手拧紧,然后加力拧紧半圈,并检查是否有渗漏;

（5）应在柴油机运转中检查系统各个接头的密封情况,并进行放气。

2. 油路密封性维护

当柴油管路中进气而形成气阻后,应进行排除空气操作:

（1）油箱加注足够的柴油。先用柴油滤清器上的放气螺栓,再用喷油泵上部的放气螺栓先后放掉本部位的空气。放气时,通过手动泵连续泵油,当放气螺栓流出的柴油无气泡时,即旋紧放气螺钉。

（2）起动柴油机,旋松喷油器高压油管接头,排放该缸高压油管中的空气,但必须在油管溢流的状态下无气泡冒出时紧固油管接头。

3. 喷油泵维护

喷油泵的维护主要有润滑油的加注、检查供油提前角等。供油提前角检查应按以下程序进行:

（1）按照柴油机工作旋向转动曲轴,使飞轮上的供油正时记号与飞轮壳上的标记对准（或采用前端皮带轮正时标记对准方式）,并确保为压缩上止点。

（2）将一缸分泵的高压油管拆下,装上正时管,反复旋转飞轮,使油面上升至可以观察到正时管的油面,然后缓慢转动曲轴,在正时管液面发生跳动时停止旋转,观察飞轮壳正时标记指示的飞轮刻度,即为供油提前角。

（3）如供油提前角不在规定范围内,可以松开喷油泵连接盘的紧固螺钉,转动油泵,顺着喷油泵凸轮旋转方向转动喷油泵,供油提前角变小,反之则增大。调整后需按上述方法检查供油提前角,直至符合规定要求。

4. 输油泵维护

维护时应清洗输油泵,经清洗后,用手指压下推杆,应能将活塞完全压进;松开手柄,手柄应能完全弹出。密封性检查可以压下油泵活塞后,用食指将油泵口堵住,然后松开油泵手柄,看手柄是否会被吸住,若手柄回位,则油泵密封性不良,应更换。

知识拓展

共轨式电控柴油喷射系统

## 一、共轨喷射系统特点

共轨式喷油系统于二十世纪九十年代中后期才正式进入实用化阶段,其特点是将燃油压力产生和燃油喷射分离开来,它不再采用喷油系统柱塞泵分缸脉动供油原理,而是用一个设置在喷油泵和喷油器之间具有较大容积的共轨管,把高压油泵输出的燃油蓄积起来并稳定压力,再通过高压油管输送到每个喷油器上,由喷油器上的电磁阀控制喷射的开始和终止。电磁阀起作用的时刻决定喷油定时,起作用的持续时间和共轨压力决定喷油量。因此,共轨系统可实现在传统喷油系统中无法实现的功能,其优点有:

(1) 能提供对最小喷油量和喷油量误差有极高要求的预喷射和主喷射。

(2) 能自由选择喷油压力,在低转速和小负荷的状态下也能形成良好的喷束,从而优化柴油机综合性能。

(3) 可独立地柔性控制喷油正时,不受供油凸轮的限制,配合高的喷射压力(120 MPa～250 MPa),可同时控制 $NO_x$ 和微粒(PM)在较小的数值内,以满足排放要求。

(4) 柔性控制喷油速率变化,实现理想喷油规律,容易实现预喷射和多次喷射,既可降低柴油机燃烧噪声,又能保证优良的动力性和经济性。

(5) 由电磁阀控制喷油,其控制精度较高,高压油路中不会出现气泡和残压为零的现象,因此,在柴油机运转范围内,循环喷油量变动小,各缸供油不均匀可得到改善,从而减轻柴油机的振动。

## 二、系统组成及主要部件

高压共轨电控柴油喷射系统基本组成如图 4-54 所示,主要由高压油泵、共轨、喷

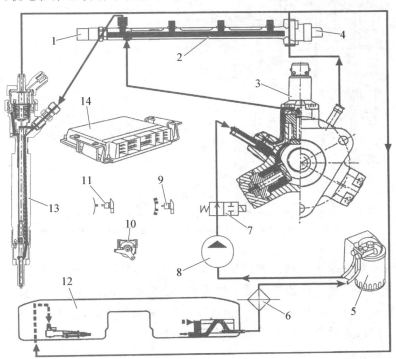

图 4-54　共轨喷射系统

1—压力传感器;2—共轨;3—高压泵;4—压力调节阀;5—燃油滤清器;6—燃油加热器;
7—电子切断阀;8—机械输油泵;9—曲轴转角传感器;10—油门踏板传感器;
11—凸轮转角传感器;12—燃油箱;13—喷油器;14—电控单元。

油器和电控单元等部件组成。由发动机凸轮轴驱动的齿轮泵(初级输油泵)将燃油从油箱经滤清器吸出,以 0.2 MPa 的压力通过应急断油阀输入三联径向柱塞泵,该柱塞泵由配气凸轮轴驱动。然后,油流分流,一部分通过安全阀流向高压泵的凸轮室供作冷却用,再流向压力控制阀,由该处进入油箱回油通道。其余部分燃油被加压至 200 MPa (传统喷油系统的最高压力仅 90 MPa),再输往共轨管腔。锻钢制成的共轨上装有采集实时燃油压力的压力传感器和压力调节器,后者控制回油的容积流量,以达到发动机电控单元规定的共轨压力。高压燃油进入喷油器,一部分由喷油器上部安装的高速电磁阀控制,按设定的要求喷入气缸。另一部分在喷射过程中连同针阀体处和控制活塞处泄漏的油一起通过打开的电磁阀进入通向油箱的回油管。

1. 高压泵

如图 4-55 所示,其作用是产生高压油。它采用三个径向布置的柱塞泵油元件 8,相互错开 120°,由偏心凸轮 7 驱动,出油量大,受载均匀。

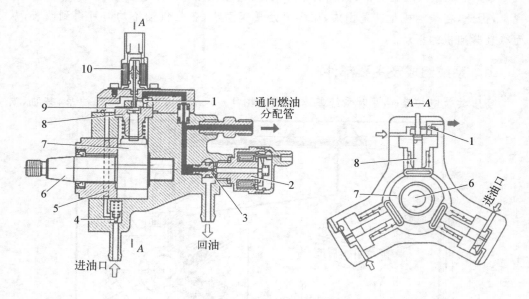

图 4-55  高压泵

1—出油阀;2—压力调节阀;3—球阀;4—安全阀;5—低压油路;
6—驱动轴;7—偏心凸轮;8—柱塞泵油元件;9—进油阀;10—断油电磁阀。

工作时,从输油泵来的柴油流过安全阀 4,一部分经节流小孔流向偏心凸轮室供润滑冷却用,另一部分经低压油路 5 进入柱塞室。当偏心凸轮转动导致柱塞下行时,进油阀 9 打开,柴油被吸入柱塞室;当偏心凸轮顶起时,进油阀关闭,柴油被压缩,压力剧增,达到共轨压力时,顶开出油阀 1,高压油被送去共轨管。

2. 压力调节阀

它被安装在高压泵旁边或共轨管上(如图 4-56)。其作用是根据发动机负荷状况调整和保持共轨管中的压力。当调压阀不工作时,电磁线圈 4 不带电,高压泵出口压力大于弹簧 2 的弹力,阀门 6 被顶开。根据输油量的不同,调节打开的程度。当需要提高共轨管中的压力时，电磁线圈带电，给电枢 3 一个附加作用力，压紧阀门 6，使共轨管中的压力升高到与其平衡为止，然后调节阀门停留在一定开启位置，保持压力不变。

### 3. 共轨管

其作用是存储高压油，保持压力稳定。结构如图 4－57 所示，共轨管上安装有压力传感器 1、限压阀 2、流量限制器 3 等零件。共轨压力传感器用螺纹紧固在共轨管上，通过其内部的压力传感膜片感受共轨压力，通过分析电路，把压力信号转换成电信号传至 ECU 进行控制。限压阀是一个单向阀，其作用是限制共轨管中的压力，当压力超过弹簧预设的弹力时，阀门打开卸压，高压油经回油孔流回油箱。

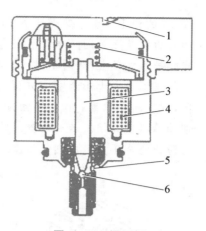

图 4－56　调压阀

1—电气接头；2—弹簧；3—电枢；
4—电磁线圈；5—回油孔；6—阀门。

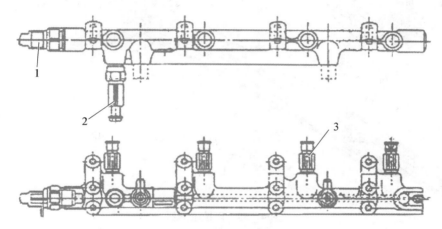

图 4－57　共轨管(蓄压器)

1—压力传感器；2—限压阀；3—流量限制器。

流量限制器(如图 4－58)的作用是防止喷油器出现持续喷油。活塞 2 在静止时，由于受弹簧 3 的作用力，总是靠在堵头 1 端面。在一次喷油后，喷油器端压力下降，活塞在共轨压力作用下向喷油器端移动，但并不关闭密封座面 5。只有喷油器在某种原因下流量突然加大时，导致活塞下移量大，才封闭通往喷油器的通道，切断供油。

### 4. 电控喷油器

电控喷油器是共轨柴油喷射系统的核心部件，其作用是准确控制气缸的喷油时间、喷油量和喷油规律。

如图 4－59 所示的喷油器结构，轨道压力直接作用在针阀 16 的锥面和球阀活塞 15 的受力面上，而球阀活塞影响油嘴针

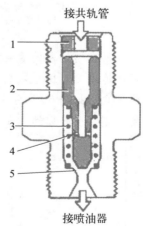

接共轨管

接喷油器

图 4－58　流量限制器

1—堵头；2—活塞；3—弹簧；
4—节流孔；5—密封座面。

阀 16 的背压。由于球阀活塞 15 具有比针阀锥面更大的受力面,作用在油嘴针阀 16 上的合力将使之关闭。球阀活塞是通过 Z 孔 19 与轨道压力相连的,当电磁阀通电时,锚定螺栓 4 被吸上,球阀 21 打开,燃油经 A 孔 20 泄漏,就导致球阀活塞上方的压力下降,针阀锥面受力大于活塞上方压力,针阀上升,这样保证了油嘴的开启。如果电磁阀关闭,则球阀在弹簧的作用下回位,A 孔关闭,则全部轨道压力重新又作用在球阀活塞上,使油嘴再次关闭。就喷油器的功能来说,并不需要喷油嘴弹簧,它只是在轨道压力为零时防止燃烧压力造成燃气回流。

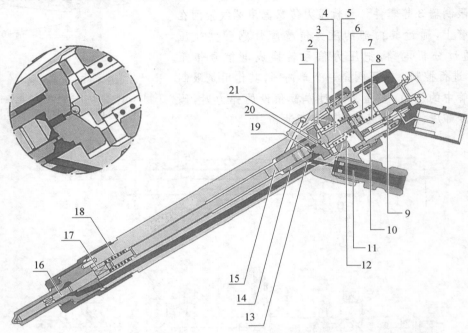

图 4-59 电控喷油器

1—定位垫圈;2—锚定导向圈;3—定位垫圈;4—锚定螺栓;5—锚定板;6—线圈;7—球阀弹簧;8—磁芯;9—回流管;10—磁性螺母;11—缝隙式滤清器;12—锚定弹簧;13—密封圈;14—球阀体;15—球阀活塞;16—喷油嘴针阀;17—螺栓;18—喷油嘴弹簧;19—Z 孔;20—A 孔;21—球阀。

电控喷油器的喷油量大小取决于喷油嘴开启的持续时间(取决于 ECU 输出脉宽,可以达到 200 微秒)、喷油压力及针阀升程等。喷油器可以实现每循环最多达 5 次的喷射方式,图 4-60 所示为在中低转速采取的 2 次喷射方式,目的是降低燃烧噪声,预喷射控制精度可以达到 1 mm³/循环。由于高压喷射压力非常高,喷油嘴喷孔非常小(如 BOSCH 公司的 6 孔、直径 0.12 mm 的喷孔),使用中应特别注意柴油的高度清洁。

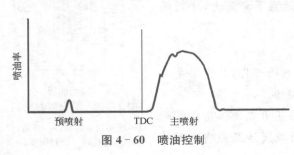

图 4-60 喷油控制

### 三、共轨系统控制原理与功能

共轨喷射系统控制系统包括传感器、控制单元(ECU)和执行机构,其控

制原理和流程如图 4-61 所示,其控制原理与汽油机电控燃油喷射相似。共轨电控系统可以实现如下控制功能:

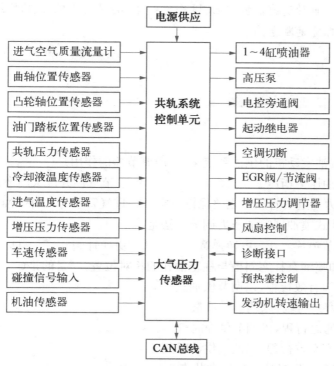

图 4-61　共轨喷射系统控制系统示意图

（1）燃油喷射控制　主要包括:供（喷）油量控制、供（喷）油正时控制、供（喷）油速率控制和喷油压力控制等。

（2）怠速控制　柴油机的怠速控制主要包括怠速转速控制和怠速时各缸均匀性的控制。

共轨系统
工作原理

（3）进气控制　柴油机的进气控制主要包括进气节流控制、可变进气涡流控制和可变配气正时控制。

（4）增压控制　柴油机的增压控制主要是由 ECU 根据柴油机转速信号、负荷信号、增压压力信号等,通过控制废气旁通阀的开度或废气喷射器的喷射角度、增压器涡轮废气进口截面大小等措施,实现对废气涡轮增压器工作状态和增压压力的控制,以改善柴油机的扭矩特性,提高加速性能,降低排放和噪声。

（5）排放控制　柴油机的排放控制主要是废气再循环（EGR）控制。ECU 主要根据柴油机转速和负荷信号,按内存程序控制 EGR 阀开度,以调节 EGR 率。

（6）起动控制　柴油机起动控制主要包括供（喷）油量控制、供（喷）油正时控制和预热装置控制,其中供（喷）油量控制和供（喷）油正时控制与其他工况相同。

（7）故障自诊断和失效保护　柴油机电控系统中也包含故障自诊断和失效保护 2 个子系统。柴油机电控系统出现故障时,自诊断系统将点亮仪表盘上的"故障指示灯",提醒驾驶员注意,并储存故障码,检修时可通过一定的操作程序调取故障码等信息;同时失效保护系统启动相应保护程序,使柴油能够继续保持运转或强制熄火。

(8)柴油机与自动变速器的综合控制　在装用电控自动变速器的柴油车上,将柴油机控制 ECU 和自动变速器控制 ECU 合为一体,实现柴油机与自动变速器的综合控制,以改善汽车的变速性能。

课后练习

**一、选择题**

1. 在电控汽油发动机的供油系统中,油压调节器的作用是(　　)。

A. 控制燃油压力衡压　　　　　　　　B. 在节气门开度大时燃油压力变小

C. 燃油压力与进气管压力之差保持恒定　D. 进气管压力大时燃油压力小

2. 柴油机孔式喷油器喷油压力调节方法是(　　)。

A. 更换调节垫片　　B. 更换弹簧　　　C. 更换针阀　　　　D. 更换弹簧座

3. 改变柴油喷油泵柱塞斜槽与柱塞油孔的相对位置,其目的是(　　)。

A. 改变柱塞有效行程,以调节供油量

B. 改变柱塞总行程,以调节供油量

C. 改变柱塞总行程,以调节供油时刻

D. 改变柱塞有效行程,以调整供油时刻

4. VE 分配泵工作时柱塞的运动状态为(　　)。

A. 旋转运动　　　　B. 往复运动　　　C. 既往复又旋转　　D. 静止不动

5. 直列柱塞泵内部可以改变各缸供油间隔角的部件是(　　)。

A. 滚轮体部件　　　B. 柱塞偶件　　　C. 出油阀　　　　　D. 凸轮轴

**二、判断题**

1. 直喷式燃烧室比涡流室经济性更好。　　　　　　　　　　　　　　　　(　　)

2. 柴油机喷油器针阀与针阀体配合精度虽高,同一发动机上的零件也可以相互更换。　　　　　　　　　　　　　　　　　　　　　　　　　　　　　　　(　　)

3. 孔式喷油器主要用于直喷式燃烧室的柴油机上,而轴针式喷油器适用于涡流燃烧室。　　　　　　　　　　　　　　　　　　　　　　　　　　　　　　(　　)

4. VE 分配泵比柱塞泵更适合于高速柴油机。　　　　　　　　　　　　　(　　)

5. 四缸柴油发动机的 VE 泵有四套柱塞偶件。　　　　　　　　　　　　　(　　)

**三、问答题**

1. 汽油机可燃混合气在什么浓度下不会被点燃?

2. 分析汽油机爆燃原因及解决方法。

3. 比较柴油机与汽油机混合气形成有什么不同?

4. 出油阀减压环带的作用是什么?

5. 简述柴油机供油提前角对柴油机性能的影响。

# 项目 五

# 进排气系统检修

## 项目导入

发动机进、排气系统的作用是供给发动机新鲜空气,并将燃烧后的废气排出。发动机进排气系统直接影响发动机的动力性、经济性及排放性能,因此,需要定期进行维护和检查。本项目内容对接"1+X"汽车运用与维修职业技能领域职业技能等级标准,符合"1-1汽车动力与驱动系统综合分析技术模块(中级)"中"1.6 进气系统检测维修"和"1.7 排气系统检测维修"职业技能要求。

## 任务1 进气系统检修

**学习目标**

1. 能够对进气系统进行保养和检查
2. 能够排除进气系统故障
3. 掌握增压系统结构与原理
4. 培养集体主义精神

**相关知识**

进气系统的功用是尽可能多、尽可能均匀地向各缸供给可燃混合气或纯空气,保证发动机的连续运转,通常由空气滤清器和进气歧管组成。增压发动机还包括一套增压系统。图5-1为典型自然吸气电控喷射汽油机进气系统组成,空气

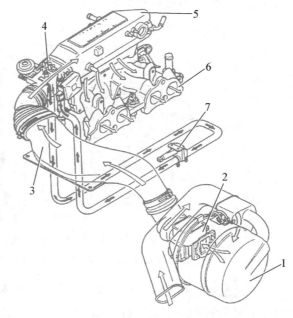

图 5-1 空气供给系统零件图

1—空气滤清器;2—空气流量计;3—进气总管;4—节气门;
5—动力腔;6—进气歧管;7—附加空气滑阀。

经空气滤清器过滤后,由节气门控制流量后进入动力腔,并分配给各缸进气管,空气与喷油器喷出的汽油混合后形成可燃混合气后进入气缸。节气门与汽车加速踏板联动,控制空气流量的大小。

## 一、空气滤清器

### 1. 空气滤清器功用

燃油燃烧需要大量的空气。以普通轿车为例,每消耗 1 L 汽油需要消耗 5 000～10 000 L 空气。大量的空气进入气缸,空气中灰尘的 75％ 以上是高硬度的 $SiO_2$,若不将其中的杂质或灰尘滤除,必然加速气缸的磨损,缩短发动机使用寿命。实践证明,发动机不安装空气滤清器,将使活塞磨损量增加 3 倍,活塞环磨损量增加 9 倍,其寿命将缩短 2/3。空气滤清器的功用主要是滤除空气中的杂质或灰尘,让洁净的空气进入气缸,以减少磨损。另外,空气滤清器也有降低进气噪声的作用。对空气滤清器的要求是具有高度不变的滤清能力;对通过的气流的流动阻力小;能连续长期工作;维护方便。

### 2. 空气滤清器结构

空气滤清器结构形式多种多样,基本上分为惯性式和过滤式两大类。

(1) 惯性油浴式　如图 5-2 所示,发动机工作时,空气以很高的速度从滤清器盖 4 与滤清器外壳 1 之间的夹缝中流入并下行,较大颗粒的尘土具有较大的惯性,冲向机油表面,被机油所黏附,较轻的尘土随空气转向上方的滤芯,被滤芯所黏附,这样经过两级过滤,空气中的尘土将滤去 95％～97％。已滤清的空气从上方进入进气管,黏附在滤芯上的尘土由于受到被气流带起的油粒的清洗,渐渐流回机油盘。油浴式空气滤清器的优点是滤芯清洗后可以重复使用。

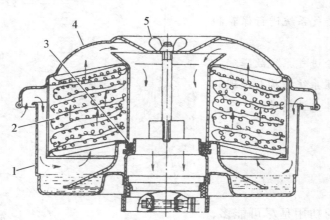

图 5-2　油浴式空气滤清器

1—滤清器外壳;2—滤芯;3—密封圈;4—滤清器盖;5—蝶形螺母。

(2) 过滤式　利用滤芯材料滤除空气的尘埃和杂质。

滤芯材料有纸滤芯、铁丝网滤芯等。纸滤芯具有重量轻、成本低、滤清效果好等优点。纸质滤芯有干式和湿式两种。湿式纸质滤芯经油浸处理,使用寿命更长,滤清效果更好,但不能反复使用,需定期更换。干式纸质滤芯可以反复使用,如图 5-3 所示,其滤芯是用树脂处理的微孔滤纸经折叠、模压、黏结而成，滤清效率达99.5％，且使用方便，广泛应用于汽车发动机上。

一般情况下汽车行驶5 000～10 000 km后纸质滤芯需进行一次清洁与维护，即将滤芯取出用手拍打或用压缩空气由内向外将表面尘土吹掉，滤芯破损时，应及时更换新滤芯。

## 二、进气管

进气管（也称为进气歧管）是连接进气总管与气缸盖进气道之间的管路（对汽油发动机，是指节气门与气缸盖进气道之间的管路），其作用是将可燃混合气（或空气）分配

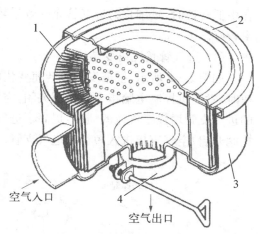

空气入口　　空气出口

图5-3　干式纸滤芯空气滤清器

1—滤芯；2—滤清器盖；3—滤清器外壳；4—夹紧装置。

到各缸进气道。对进气管的要求一是各缸气体流道的长度尽可能相等，以保证气体尽可能均匀地分配到各个气缸；二是为了减少流动阻力，提高进气能力，歧管的内壁应尽可能光滑。

进气管的材料通常采用铝合金，铝合金进气管具有质量轻、散热好、内壁光滑等特点。为了降低成本，近年使用复合材料的进气管逐渐增多。

进气管按照功能分为简单进气管、可变式进气管路。

### 1. 简单进气管

多使用于柴油机上或普通汽油机上，结构简单，但由于进入各气缸的气流阻力、路程长短和气流方向、速度的差异，致使各气缸进气不均。

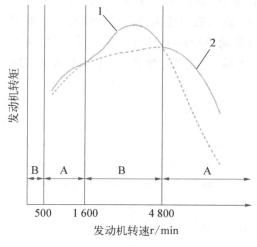

图5-4　两种进气管的充气效率曲线图

1—进气管1（细长型）的充气效率曲线；
2—进气管2（短粗型）的充气效率曲线。

### 2. 可变式进气管路

该类型进气管是利用气流的惯性和压力波动效应以增强进气效果，效果的强弱取决于进气管的长度、直径、容积和发动机转速。

气流压力波动效应是指由于各缸进气过程具有间歇性和周期性，导致进气管内产生一定幅度的气流压力波动。这个压力波会沿着进气管以高速传播，并在管内往复反射。如果进气管的形状有利于这一压力波的反射并产生一定的共振，就能利用共振后的压力波提高进气量。因此，利用改变进气管长度、直径等进气系统参数来改变进气压力波，提高充气效率。图5-4的试验证明：

在中低转速时,较细长的进气管充气效果较好;而在高转速时,短粗型的进气管充气效果较好。

（1）进气管长度可变结构

如图5-5所示,根据发动机转速变化而自动改变进气管有效长度。当发动机中低速时,发动机控制电脑指令转换阀关闭,空气沿弯曲而细长的进气支管进入气缸。细长的进气支管增强了气流的惯性,提高了进气速度,进气量增多;当发动机高速运转时,转换阀开启,空气直接进入短粗的进气支管。短粗的进气支管阻力小,使进气增多。

☞进气管长
度可变

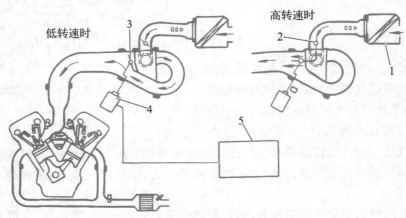

图5-5 进气管长度可变结构

1—空气滤清器;2—节气门;3—转换阀;4—转换阀控制机构;5—发动机控制电脑。

（2）进气管截面可变结构

如图5-6所示,能根据发动机转速变化而自动改变进气管有效截面。图中显示每个气缸有4个气门(两个进气门和两个排气门),2个进气门各配有一个进气管道,其中一个进气通道中装有进气转换阀。在发动机低速中、小负荷时,转换阀关闭,只利用一个进气通道,即发动机进气通道的有效截面变小,此时进气流速提高,进气惯性大,可提高发动机扭矩;当发动机高转速大负荷工作时,发动机控制电脑指令转换阀开启,两条进气通道同时工作,此时进气截面增加,进气阻力减小,充气量增加,可提高发动机高速时的动力性。

图5-6 进气管截面可变结构

（3）谐振式进气管

如图5-7所示为带有谐振箱的进气系统。在进气管路上附加谐振箱,容积较大的谐振腔减小了管路的长度,可以改变进气共振的转速点。谐振产生的效果一是通过改变谐振腔的容积,可以调节发动机的最大扭矩和相对应的转速点,但不能在发动机整个转速范围内增加扭矩;二是可以有效降低进气噪声。

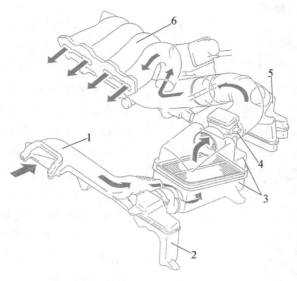

图 5-7 带谐振腔的进气管路
1—进气道;2—副谐振腔;3—空气滤清器;4—空气流量计;
5—主谐振腔;6—进气歧管。

### 三、增压系统

如果气缸完全依靠活塞向下运动时产生的真空度而吸入空气和燃油混合气,这种发动机称为自然吸气式发动机。而发动机进气系统的空气预先由压气机压缩,提高压力后才进入气缸,该类发动机称为增压发动机。

增压发动机由于进气量增加,可相应地增加循环供油量,功率提高 $10\% \sim 60\%$,有的甚至成倍增长;同时,增压还可以改善燃油经济性。采用增压系统的车辆,以正常的车速行驶时,不仅可以获得相当好的燃油经济性,而且改善了加速性能,同时降低了有害气体排放,其 CO 和 HC 排放仅为非增压发动机的 $1/3 \sim 1/2$。

通常衡量发动机增压程度的参数是增压比,即增压后空气压力 $p_b$ 与增压前空气压力 $p_0$ 之比。

$$\pi_b = \frac{p_b}{p_0}$$

增压发动机按增压比的大小可分为:低增压($\pi_b < 1.5$)、中增压($1.5 < \pi_b \leqslant 2.5$)、高增压($2.5 < \pi_b \leqslant 3.5$)和超高增压($\pi_b > 3.5$)。

1. 机械增压

机械增压与涡轮增压相比,其低速增压效果更好。机械增压器由发动机曲轴驱动,由于机械增压器与发动机有直接的机械联系,因此,其变工况的瞬态响应性好,加速性好,尤其是低速时加速性好,与发动机容易匹配,结构也比较紧凑。但发动机驱动机械增压器要消耗发动机输出功率,因此,发动机的燃油经济性较差。一般适合小型汽油机或与涡轮增压器复合使用。

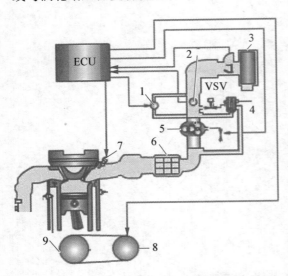

图5-8 电控汽油机械增压示意图

1—怠速空气控制阀;2—节气门及节气门位置传感器/空气流量计;3—空气滤清器;4—进气旁通阀;5—机械增压器;6—中冷器;7—喷油器;8—电磁离合器带轮;9—曲轴带轮。

（1）系统组成

图5-8为电控汽油喷射式发动机上所采用的一种机械增压系统示意图。图中机械增压器5为罗茨式压气机,由曲轴带轮9经传动带和电磁离合器带轮8驱动。空气经增压器增压后再经中冷器6降温,然后进入气缸。当发动机在小负荷下运转时不需要增压,这时电控单元ECU根据节气门位置传感器2的信号,使电磁离合器断电,增压器停止工作。与此同时,电控单元向进气旁通阀4通电使其开启,空气经旁通阀及旁通管道进入气缸。

（2）罗茨式压气机

① 结构

机械增压器为罗茨式压气机,它由转子、转子轴、传动齿轮、壳体、后盖和齿轮室罩等构成。压气机中有两个转子,发动机曲轴带轮经传动带、电磁离合器带轮和电磁离合器驱动其中的一个转子,而另一个转子则由传动齿轮带动与第一个转子同步旋转。

罗茨式压气机有两叶(直线型)和三叶(直线型和扭叶型)之分。三叶转子与两叶转子相比,有较低的工作噪声及较好的排量特性,转动相对平稳。通常两叶转子为直线型,而三叶转子为螺旋型。三叶螺旋型转子有较低的工作噪声和较好的增压器特性,在相互啮合的转子之间以及转子与壳体之间都有很小的间隙,并在转子表面涂敷树脂,以保持转子之间以及转子与壳体间较好的气密性,转子用铝合金制造,故三叶转子应用广泛,如图5-9所示。

② 工作原理

罗茨式压气机工作原理如图5-10所示。当转子旋转时,空气从压气机入口吸入,在转子叶片的推动下空气被加速,然后从压气机出口压出。出口与进口的压力比适合增压比小于1.8的发动机,而当发动机转速越高,进气压力越大。

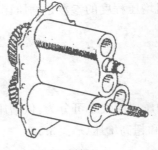 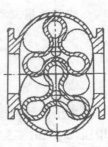

(a) 两叶转子  (b) 三叶转子

图5-9 转子叶形

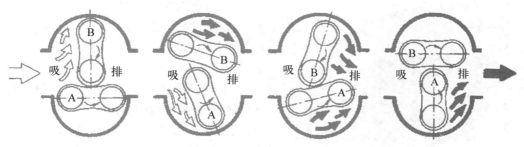

图 5-10　罗茨式压气机工作原理

### 2. 涡轮增压

涡轮增压器轴的一端是废气涡轮，另一端是压气机，吸入的空气在废气涡轮压缩之后，进入发动机气缸(有些加装中间冷却器)。一般增压压力可达 180～200 kPa，最高甚至可达 300 kPa。现代的涡轮增压器已经变得部件更少、体积更小、转速更高(高达 280 000 r/min)，空气压缩比已经达到 2～2.5∶1(汽油机)和 4～6∶1(柴油机)。

废气涡轮增压是利用发动机排气时的能量，冲击涡轮机 1(如图 5-11)，使它高速旋转。通过传动轴，带动压气机 2 也高速旋转，将空气增压，再经进气管进入气缸。

(1) 涡轮增压器

涡轮机与压气机通过中间体组装在一起，称为增压器。按废气在涡轮机中的不同流动方向可分为径流式和轴流式两大类，车用发动机多用径流式涡轮增压器。下面介绍径流式涡轮增压器的结构。

增压器由离心式压气机(动力涡轮)、径流式涡轮机(增压涡轮)和中间体三部分组成，如图 5-12 所示，增压器轴 1 通过两个浮动轴承支承在中间体内。

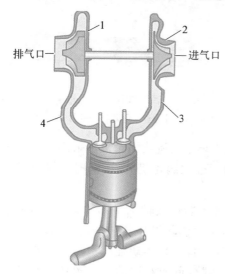

图 5-11　废气涡轮增压示意图

1—涡轮机；2—压气机；3—进气管；4—排气管。

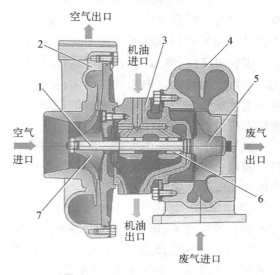

图 5-12　径流式涡轮增压器

1—增压器轴；2—压气机蜗壳；3—中间体；4—涡轮机蜗壳；
5—涡轮机叶轮；6—浮动轴承；7—压气机叶轮。

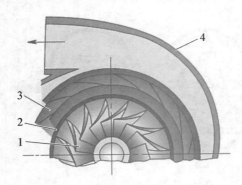

图 5-13　离心式压气机示意图

1—压气机叶片；2—叶轮；3—叶片式扩压管；4—蜗壳。

① 离心式压气机　如图 5-13 所示，它由进气道、叶轮 2、扩压管 3 及蜗壳 4 组成。叶轮包括叶片 1 和轮毂，由增压器轴带动旋转。

当压气机旋转时，空气经进气道轴向进入叶轮 2，在离心力的作用下被压缩并被甩到叶轮外缘。空气从旋转的叶轮获得能量，使其流速、压力和温度均有较大的提高，然后进入扩压管 3。扩压管是一个断面渐扩的通道，空气流过扩压管时流速降低，压力和温度均升高，气流将在叶轮中得到的动能大部分转变为压力能。

扩压管分为叶片式和无叶式两种。无叶式扩压管实际上是由蜗壳和中间体侧壁所形成的环形空间。无叶式扩压管构造简单，工况变化时对压气机效率影响较小，适于车用增压器。叶片式扩压管是由相邻叶片构成的流道，其扩压比大，效率高，但结构复杂，工况变化对压气机效率影响较大。

蜗壳 4 收集从扩压器流出的空气，并继续将动能转变为压力能，引向压气机的出口。

② 径流式涡轮机　如图 5-14 所示，它是将发动机排气能量转变为机械功的装置，由蜗壳、喷管、叶轮和出气道等组成。

蜗壳 1 的进口与发动机的排气管相连，发动机排气经蜗壳引导进入叶片式喷管 4。喷管是相邻叶片构成的渐缩形流道。排气流过喷管时降压、降温、增速、膨胀，使排气的压力转变为动能。由喷管喷出的高速气流冲击叶轮 2，并在叶片 3 所形成的流道中继续膨胀做功，推动叶轮旋转。

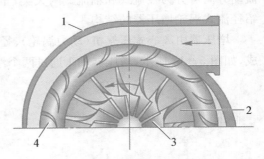

图 5-14　径流式涡轮机示意图

1—蜗壳；2—叶轮；3—叶片；4—叶片式喷管。

涡轮机的喷管也有叶片式和无叶式两种。现代车用径流式涡轮机多采用无叶式喷管。涡轮机的蜗壳引导发动机的排气以一定的角度进入涡轮机叶轮，同时将排气的压力能和热能部分地转变为动能。

③ 中间体　如图 5-15 所示，中间体内装有增压器轴及轴承 1 和 4。增压器轴上安装有涡轮机叶轮、压气机叶轮和密封套等零件，组成涡轮增压器转子，转子以 $(10^5 \sim 2 \times 10^5)$ r/min 速度高速旋转。增压器轴承常采用浮动轴承，浮动轴承实际上是套在轴上的圆环。圆环与轴以及圆环与轴承座之间都有间隙，形成双层油膜。圆环浮在轴与轴承座之间。一般内层间隙为 0.05 mm 左右，外层间隙大约为 0.1 mm。轴承壁厚约 3～4.5 mm，用锡铅青铜合金制造，轴承表面镀一层厚度约为 0.005～0.008 mm 的铅锡合金或金属铟。在增压器工作时，轴承在轴与轴承座中间转动。

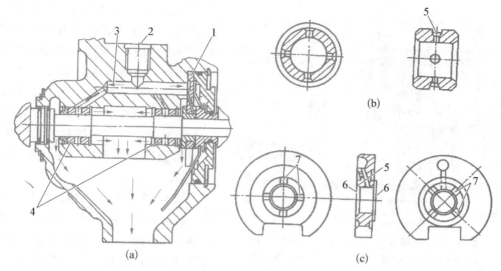

图 5－15　中间体及其润滑

1—推力轴承；2—润滑油入口；3—润滑油道；4—浮动轴承；5—进油孔；6—止推面；7—布油槽。

增压器轴与增压器轴承是保证车用涡轮增压器可靠性的关键部位，要保证良好的润滑与冷却。

来自发动机润滑系统主油道的机油，经增压器中间体上的机油入口 2 进入增压器，润滑和冷却增压器轴和轴承，然后经中间体上的机油出口返回发动机油底壳。在增压器轴上装有油封，用来防止机油窜入压气机或涡轮机蜗壳内。如油封损坏，将导致机油消耗量增加和排气冒蓝烟。

由于汽油机增压器的热负荷大，因此，在增压器中间体的涡轮机侧设置冷却水套，利用发动机冷却液对增压器轴及增压器轴承进行冷却。

（2）增压系统控制

① 机械式控制机构。采用涡轮增压技术后，由于平均有效压力的增加，汽油机爆震倾向增大，热负荷偏高；同时，为了保证发动机在不同转速及负荷等工况下都能得到最佳增压度，对涡轮增压系统增压压力必须进行控制。

通常在增压系统中设有排气旁通阀或进气旁通阀。排气旁通阀及其控制装置在增压器上的安装位置如图 5－16 所示。其工作原理是当压气机出口压

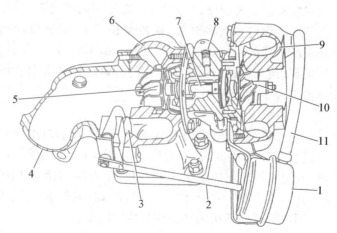

图 5－16　排气旁通阀

1—膜片式控制阀；2—连动杆；3—排气旁通阀；4—排气管；
5—涡轮机叶轮；6—涡轮机蜗壳；7—增压器轴；8—中间体；
9—压气机蜗壳；10—压气机叶轮；11—连通管。

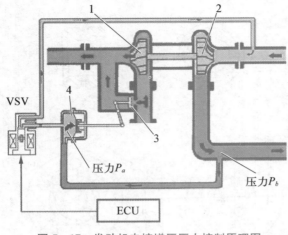
VSV

ECU

图 5-17　发动机电控增压压力控制原理图
1—涡轮机；2—压气机；3—排气旁通阀；4—执行器。

力（增压压力）低于限定值时，膜片式控制阀1的膜片在膜片弹簧的作用下，带动连动杆2使排气旁通阀保持关闭状态。当增压压力超过限定，增压压力克服膜片弹簧力，推动膜片并带动连动杆将旁通阀打开，使部分排气不经过涡轮机直接排放到大气中，从而达到控制增压压力及涡轮转速的目的。

②电子式控制机构。现代电控汽油机中，排气旁通阀通常由发动机电脑控制。图5-17所示为带有废气涡轮增压的发动机电子控制系统。当电脑控制VSV开启，执行器内的受压空气经VSV溢出到压气机侧的进气管内，此时执行器内的受压气体压力 $P_a$ 小于 $P_b$，执行器内的膜片受压变形减小，废气阀开度也相应减小，废气绕过涡轮的旁通量减小，增压压力上升。反之，当VSV关闭，受压气机压缩的气体直接作用在执行器的膜片上，膜片变形变大，旁通阀开度增加，废气绕过涡轮机的旁通量增加，增压压力下降。

③可变几何截面控制。为了达到根据发动机的转速和负荷来控制增压压力的目的，涡轮机喷嘴流通截面可变。如图5-18所示，在涡轮转子周围增加了能调整角度的导流叶片，导流叶片的角度通过液压或者电磁来控制调整，集成于发动机电脑中的电子控制元件以及电动调节机构控制叶片的开启角度。发动机低转时，叶片开度减小，通流面积减小，气流流速较快，能充分利用废气的能量，气流以较高的能量冲击涡轮，快速推动涡轮高速旋转起来；在大负荷、高转速的情况下，叶片全开或者保持较大的开度，通流面积增大，保证发动机获得所需要的空气和动力，满足发动机不同转速下的增压需要，使其兼备小涡轮增压器的低延迟性和大涡轮增压器高效率的特性。

（3）增压中冷

由于进气增压，空气温度必然升高，若不对增压空气进行冷却，则实际进气充量减少，影响增压效果。因此，在废气涡轮增压系统中，一般都带有冷却器1（如图5-19），也称中冷器，对进气进行冷却，以提高充气效率，同时降低发动机的热负荷和排气温度。

试验证明，增压空气温度每降低10℃，它的密度就增大3%，当空气燃油消耗率都保持不变时，发动机的功率一般能够提高3%。而发动机工作效率也会随着增压空气温度的下降而上升，进气温度下降10℃，发动机工

可变截面增压控制

图 5-18　可变几何截面增压器

作效率会相应提高约 0.5% 左右。柴油机增压
采用中间冷却器后，空气温度可以下降 40 ℃～
50 ℃，功率提高 10%～18%，发动机经济性也
会得到改善。

3. 两级涡轮增压

图 5-19 是 BMW3.0 柴油机上采用的两
级式废气涡轮增压方案的原理示意图。

在增压系统的进气侧，空气进入大增压器
5 的压气机入口处，其出口有一节增压器连接
管接至小增压器 6 的压气机。增压空气再经过
增压空气管和中冷器进入发动机进气总管。
通过增压器连接管和增压空气管之间的旁通
阀 7 可以绕过小增压器的压气机，该旁通阀由
一个 2 位（开/关）阀门控制通断。

在排气侧，发动机的废气经过排气歧管，
首先流入小增压器 6 的涡轮，然后再经过涡轮

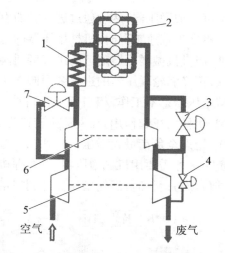

图 5-19　两级涡轮增压原理示意图

1—中冷器；2—柴油机；3—涡轮机旁通阀（无级）；
4—废气放气阀（无级）；5—大涡轮增压器；
6—小涡轮增压器；7—压气机旁通阀。

连接管进入大增压器 5 的涡轮。借助于一个无级可调的旁通阀 3，可以根据需要，使一
部分或大部分废气绕过小增压器的涡轮而进入大增压器的涡轮。大涡轮上也装备一个
放气阀 4，它为增压器最大质量流量范围进一步提供调节的自由空间。

吸入的新鲜空气流经大压气机，再根据转速和负荷的不同决定是否经过小压气机。
然后，增压空气经过中冷器冷却后再进入发动机燃烧室。在废气侧，在发动机低转速工
况时，废气为了尽快建立起瞬时急需的增压压力和获得良好的动态响应特性，直接进入
小增压器的涡轮；在发动机高转速工况时，
为了获得最大功率，废气直接进入大增压
器的涡轮。为了调节大增压器的增压压力，
使用大涡轮壳中的放气阀。在发动机低转
速情况下，大增压器作为小增压器的前置压
气机使用，两个压气机串联有助于增压压力
的建立。在中等转速和负荷范围内，废气质
量流量根据工作点的不同分配给两个涡轮。
两级增压达到了增加发动机最大功率和低
速加速瞬时响应的双重效果。

4. 复合增压系统

图 5-20 为大众 1.4TSI 发动机增压
系统示意图，机械增压器 3 和涡轮增压器
10 在进气道中是被串联在一起的。空气
从空气过滤器进入到进气管以后，首先要

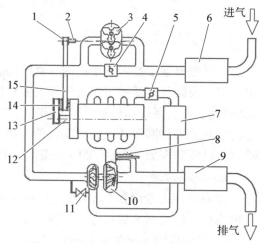

图 5-20　复合增压系统原理示意图

1—电磁离合器；2—机械增压器传动轴；3—机械增压器；
4—进气旁通阀；5—节气门；6—空气滤清器；
7—中冷器；8—排气旁通阀；9—消声器；
10—涡轮增压器；11—进气旁通阀；12—曲轴；
13—V 型皮带；14—从动轮；15—增压器传动带。

经过机械增压器,然后通过进气管的引导再经过涡轮增压器,最后进入进气歧管。当发动机处于怠速工况时,机械增压器的电磁离合器分离,发动机与机械增压器之间动力断开,而且机械增压器附近的进气旁通阀4打开,空气不经机械增压器而从旁通阀直接吸入,再经涡轮增压器的进气旁通阀直接被吸入气缸。即在怠速工况时,涡轮增压器和机械增压器都不工作,相当于一台自然吸气发动机。在小于1 500 r/min时的高负荷区域,机械增压起作用,在发动机转速为1 500 r/min时,涡轮增压器和机械增压器同时工作,稳态全负荷最大增压比达到2.5左右。只有在发动机转速不超过2 400 r/min的高负荷区才需要用机械增压器,以发挥机械增压高扭矩的特点。由于按照所选择的变速挡位动态运行时,涡轮增压器达到规定增压压力的时间会滞后,所以机械增压器要动态

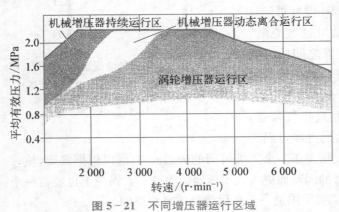

地保持一段较长的工作时间,最迟至发动机转速达到3 500 r/min时机械增压器就要退出工作。这时,涡轮增压器在任何情况下,包括从拖动到全负荷动态的过渡过程,能单独提供所要求的增压压力。通过合理的组合,提高了发动机的动力性和经济性,图5-21为增压器工作区域。

图5-21 不同增压器运行区域

## 一、进气管真空度检测

进气管真空度是指发动机进气管内的进气压力与外界大气压力之差。进气管真空度不仅可反映气缸活塞组和进气管的密封性,还与进气管垫密封不良、配气机构磨损或间隙增大、点火系统和供油系统的调整等发动机技术状况有关。因此,通过对进气管真空度的检测可诊断发动机这些部位的故障。进气管真空度检测是一种综合性检测,能检测多种故障现象,而且检测时不需要拆下火花塞,是一种较实用、快速的检测方法。

*1. 检测方法*

检测时使用专用真空表,将真空表一端软管接在进气管节气门后方的检测孔上(真空助力或真空控制装置从进气管取真空的孔,即可作为检测孔)。检测步骤如下:

① 发动机预热至正常工作温度。

② 把真空表软管与进气歧管上的检测孔连接。

③ 变速器置于空挡,发动机怠速稳定运转。

④ 在真空表上读取真空度读数。

2. 检测结果分析

① 急速时,表针稳定在 57 kPa～70 kPa(参照具体发动机)之间(摆幅的大小、摆速的快慢与密封性、空燃比及点火性能有关),表明气缸密封性良好。若怀疑某缸工作不良,可采用单缸断火法诊断,进气管真空度的跌落值应越大越好,它是判断各缸工作好坏的指标(点火、喷油、密封)。

② 迅速开闭节气门(注:迅速开闭应和实际运用情况相符),若表针在 6.7 kPa～84.5 kPa 之间灵敏摆动,说明进气管真空度对节气门开度变化的随动性较好,进一步表明各部位在各工况的密封性均较好。

③ 急速时,若指针低于正常值,主要是活塞环、进气管漏气造成的,也可能与点火过迟或配气过迟有关。在此情况下,节气门若突然开启,指针会回落到 0;若节气门突然关闭,指针也回跳不到 84.5 kPa。

④ 急速时,指针在 50.6～67.6 kPa 之间摆动,说明气门黏滞或点火系有问题。

⑤ 急速时,指针在 33.8～74.7 kPa(250～560 mmHg)之间缓慢摆动,且随发动机转速升高摆动加剧,为气门弹簧弹力不足或气缸衬垫泄漏。

⑥ 急速时,指针有规律地跌落到某一数值,为某气门烧毁。每当烧毁的气门工作时,指针就跌落。

⑦ 急速时,表针最初指示较高,急速时逐渐跌落到 0,为排气消声器或排气系统堵塞。

⑧ 急速时,指针很快地在 27.6～66 kPa 之间摆动,升速时指针反而稳定,表示进气门杆与其导管磨损松旷。

⑨ 急速时,指针停留在 26.7～50.7 kPa 之间,为气门机构失调,气门开启过迟。

⑩ 急速时,指针跌落在 46.7～57.3 kPa 之间,为点火时刻过迟或配气相位滞后。

⑪ 急速时,表针缓慢地摆动于 47～53 kPa 之间,表明点火工作不正常。

为了验证各缸密封性的好坏,应将真空表换接在机油尺处测量,曲轴箱内的压力应为负压值。若为正值,说明密封性不好,或 PCV 通风阀堵塞。

## 二、涡轮增压发动机维护

① 起动增压发动机,先急速运转 3 分钟,使机油温度升高,流动性能变好,从而使涡轮增压器得到充分润滑,然后再提高发动机转速,起步行驶。这点在冬天显得尤为重要,至少需要热车 5 分钟以上。

② 发动机长时间高速运转后,急速运转 3 分钟左右再熄火。发动机工作时,有一部分机油供给涡轮增压器转子轴承用于润滑和冷却,如果突然停机,机油压力迅速下降为零,机油润滑会中断,涡轮增压器内部的热量也无法被机油带走,这时增压器涡轮部分的高温会传到中间轴,转子仍在惯性作用下高速旋转,会造成涡轮增压器转轴与轴套之间“咬死”。此外发动机突然熄火后,排气歧管的温度很高,其热量就会被吸收到涡轮增压器壳体上,将停留在增压器内部的机油变成积碳,积碳会阻塞进油口,导致轴套缺油,加速涡轮转轴与轴套之间的磨损。此外涡轮增压发动机不宜长时间急速运转,一般应该保持在 10 分钟之内。

③ 检查机油品质,必要时更换。增压发动机的工作强度提高,具有高温、高转速、

大功率、大扭矩、低排放的工作特点,内部零部件承受较高的温度及更大的负荷,须选用抗磨性好、耐高温、油膜建立快、强度高和稳定性好的机油。合成机油或半合成机油较好地满足了这一要求,所以机油除了使用原厂规定机油外,应选用合成机油、半合成机油等高品质润滑油。

④ 检查清洁空气滤清器,防止灰尘等杂质进入高速旋转的压气叶轮,造成转速不稳或轴套和密封件加剧磨损。

⑤ 检查涡轮增压器的密封环是否密封。密封环密封失效,废气会通过密封环进入发动机润滑系统,造成机油变质,并使曲轴箱压力迅速升高。此外,发动机低速运转时机油也会通过密封环从排气管排出或进入燃烧室燃烧,造成烧机油现象。

⑥ 检查涡轮增压器有没有异响或者不寻常的振动,润滑油管和接头是否有渗漏。

## 任务 2　排气系统检修

1. 能够对排气系统进行保养和检查
2. 能够修复排气系统故障
3. 掌握催化器结构与原理
4. 培养大局意识

### 一、排气系统组成和型式

传统的汽车排气系统主要由排气管、催化转换器、消声器、尾管等组成,如图 5-22 所示。排气系统的长度、管径大小、消声器的大小需考虑到排气气体的流动,防止相邻气缸排气时气流的互相干涉。

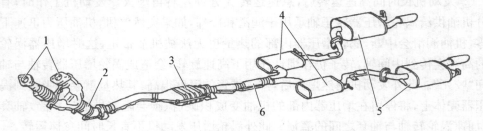

图 5-22　排气系统的组成与布置

1—与排气歧管安装面;2—副排气消声器;3—三效催化转换器;
4—副排气消声器;5—主排气消声器;6—副排气消声器。

### 1. 单排气系统

直列发动机在排气行程期间，气缸中的废气经排气门进入排气歧管，再由排气歧管进入排气管、催化转换器和消声器，最后由排气尾管排到大气中，如图5－23(a)所示。

### 2. 双排气系统

有些V型发动机采用两个单排气系统，即每个排气歧管各自都连接一个排气管、催化转换器、消声器和排气尾管，这种布置形式称作双排气系统，如图5－23(b)所示。双排气系统降低了排气系统内的压力，使发动机排气更为顺畅，气缸中残余的废气较少，因而可以充入更多的空气燃油混合气或洁净的空气，发动机的功率和转矩都相应地有所提高。

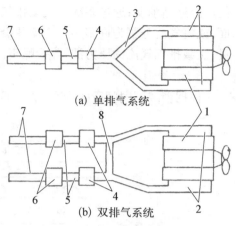

(a) 单排气系统

(b) 双排气系统

图5－23　V型发动机排气系统

1—发动机；2—排气歧管；3—叉形管；4—催化转化器；5—排气管；6—消声器；7—排气尾管；8—连通管。

## 二、排气管

排气管多用铸铁制成，将发动机强制排出的废气引向排气总管。按照发动机缸数不同，一个排气管可有3个、4个或者6个通道，这些通道的另一端并入一个单通道，再连接到排气总管。图5－24为不锈钢排气歧管，质量轻，耐久性好，同时内壁光滑，排气阻力小。

排气歧管的形状十分重要。为了使各缸排气不相互干扰及不出现排气倒流现象，并尽可能地利用惯性排气，应该将排气歧管做得尽可能长，而且各缸支管应该相互独立、长度相等。

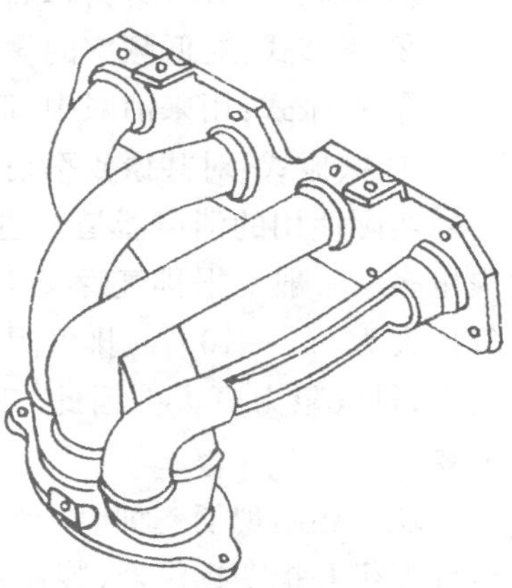

## 三、消声器

### 1. 作用

消声器的作用是消声、灭火，即逐渐降低排气压力和衰减排气压力脉动，使排气能量消耗殆尽。

排气门刚打开时，排气压力达0.3～0.5 MPa，温度约600 ℃～800 ℃，具有一定的能量。同时由于排气管内排气压力的脉动，如果让废气直接排入大气，必然产生强烈的频谱比较复杂的噪声，其频率从几十赫兹到一万赫兹以上，并且高温气体排入大气，有时还带有未燃烧完全的火焰或火星，也会对环境造成危害。

### 2. 工作原理

消声器内部有一系列隔板、腔室、孔洞和管道，利用声波反射互相干扰抵消的现象，

图5－24　不锈钢排气管

使声能逐渐削弱;通过多次地变动排气气流方向或重复地使气流通过收缩又扩大的断面,或将气流分割为许多小的支流并沿着不平滑的平面流动等方法,以消耗废气中的能量,衰减排气气流的压力波,降低噪声。

### 3. 结构形式

根据消减不同频段的噪声,消声器分为四种基本结构,如图 5-25 所示。

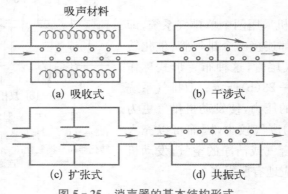

图 5-25　消声器的基本结构形式

① 吸收式:吸收材料(如岩棉等)能消减中、高频噪声;
② 干涉式:对低频率的噪声消减效果好;
③ 扩张式:用来消减中、低频噪声;
④ 共振式:对共振频率附近的噪声消减效果好。

实际使用的消声器是上述结构形式的组合,消声效果愈好,阻力也就愈大,功率损失也多。一般一根排气管安装 1~3 个消声器,消声器的容积是废气量的 15~20 倍,排气损失为 5%~10%。排气阻力与进气量的平方成正比,尤其是在高负荷、高转速时背压大,排气阻力更大。因此,现在出现了可变排气消声器,以适应发动机不同工况的需要。

现在还出现了一种电子消声器,传感器从排气总管出口处截取气流压力波形,反馈至计算机并指令扬声器(装在系统内)产生一个同样波形的相反波去互相抵消,从而减少噪声。

## 四、催化转换器

催化转换器是利用催化剂的作用,使排气中的有害成分 CO、HC 和 $NO_x$ 尽量进行化学反应,转化为对人体无害的 $CO_2$、$H_2O$ 和 $N_2$ 的一种排气净化装置。金属铂、钯或铑均可作催化剂,在化学反应过程中,催化剂只促进反应的进行,不是反应物的一部分。

催化转换器有氧化催化转换器和三效催化转换器。

氧化催化转换器只将排气中的 CO 和 HC 氧化为 $CO_2$ 和 $H_2O$,因此,也称作二元催化转换器。必须向氧化催化转换器供给二次空气作为氧化剂,才能使其有效地工作。三效催化转换器可同时减少 CO、HC 和 $NO_x$ 的排放,它以排气中的 CO 和 HC 作为还原剂,把 $NO_x$ 还原为氮($N_2$)和氧($O_2$),而 CO 和 HC 在还原反应中被氧化为 $CO_2$ 和

$H_2O$。使用三效催化转换净化器时,必须把可燃混合气空燃比控制在理论值(约 14.7)附近,才能同时高效净化 CO、HC 和 $NO_x$。当同时采用两种转换器时,通常把两者放在同一个转换器外壳内,而且三元催化转换器置于氧化催化转换器前面。排气经过三效催化转换器之后,部分未被氧化的 CO 和 HC 继续在氧化催化转换器中与供入的二次空气进行氧化反应。三效催化转换器净化效果如图 5-26 所示。

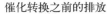

催化转换之前的排放　　　　　　　催化转换之后的排放

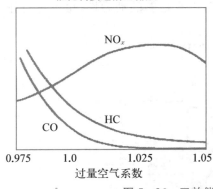
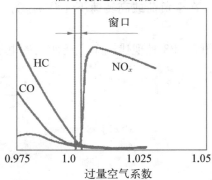

图 5-26　三效催化转换器净化效果示意图

　　催化转换器(如图 5-27)的外形犹如大型消声器,用耐高温耐腐蚀的不锈钢制成,安装在消声器之前。壳体内的催化剂是直径为 2~4 mm 的氧化铝($Al_2O_3$)颗粒,在其多孔性的表面上涂有铂。催化剂表面积很大,每克表面积可达 150~300 $m^2$。催化转换器的构造应保证在废气通过时和催化剂颗粒均匀接触。

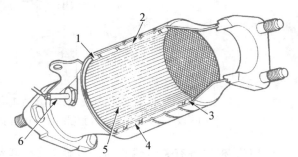

催化器工作原理

图 5-27　催化转换器
1—支承环;2—波纹网眼环;3—支承环;4—密封垫;
5—整体式催化反应器载体;6—温度传感器。

　　催化转换器的使用条件相当严格。首先,装用催化转换器的发动机只能使用无铅汽油。如果使用加铅汽油,铅覆盖在催化剂表面将使催化剂失效。其次,仅当温度超过 300 ℃~350 ℃时,催化转换器才起催化反应。温度较低时,转换器的转换效率急剧下降。因此,催化转换器都安装在温度较高的排气管后面。第三,催化剂与载体的容积必须与发动机的排量相匹配,具有足够的强度和抗热冲击性,才能保证对 CO、HC 和 $NO_x$ 的净化率高。第四,催化转换器必须配有温度控制装置或旁通管道,避免载体过热烧毁堵塞排气管道。

## 五、废气再循环(EGR)

　　将 5%~20% 的废气再引入进气管,与新鲜混合气一道进入燃烧室。由于废气中含有大量的 $H_2O$ 和 $CO_2$,降低了氧气的浓度,同时 $H_2O$ 和 $CO_2$ 有较高的比热容,在燃料燃烧过程中吸收大量的热,使气缸中混合气的燃烧温度降低,从而减少了 $NO_x$ 的生成量。排气再循环是净化排气中 $NO_x$ 的主要方法。在新鲜的混合气中掺入废气之后,混合气的热值降低,致使发动机的有效功率下降。为了做到既能减少 $NO_x$ 的排放,又能保持发动机的动力性,必须根据发动机运转的工况对再循环的废气量加以控制。$NO_x$ 的生成量随发动机负荷的增大而增多,因此,再循环的废气量也应随负荷而增加。在暖机期间或怠速时,$NO_x$ 生成量不多,为了保持发动机运转的稳定性,不进行排气再循环。在全负荷或高转速下工作时,为了使发动机有足够的动力性,也不进行排气再循环。

☞ 废气再循环
工作原理

图 5-28 是现代汽车广泛使用的电子控制 EGR 系统。

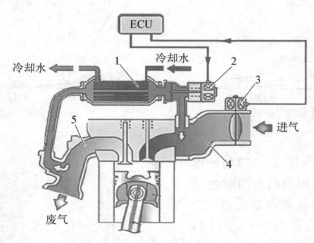

图 5-28　废气再循环装置
1—废气冷却器;2—EGR 控制阀;3—节气门传感器;4—进气管;5—排气管。

ECU 根据各有关传感器的信号确定废气再循环流量后,通过输出相应的占空比脉冲信号,控制 EGR 控制阀内的电磁阀在相应的占空比下工作,使 EGR 阀有相应的开度。

除了上述的 EGR 系统外,近年又出现了内部 EGR 系统。在发动机工作循环中,进气管和排气管中气流的压力脉动都很大。在这种压力脉动的作用下,使某一缸在进气过程中,其排气门处出现正压波。此时,如果能再次开启排气门,排气实现倒流而进入气缸,达到同样效果。内部 EGR 系统不需要排气节流,所以不影响泵气损失,因而对经济性无影响,同时不需要 EGR 阀以及 EGR 管路等,所以结构比较简单,只需对配气系统进行设计和控制。

## 六、颗粒捕集器

颗粒是柴油机排放的突出问题。对车用柴油机排气颗粒的处理,主要采用过滤法。颗粒捕集器(DPF)外形与催化转换器类似,内部的滤芯由多孔陶瓷制造,它有较高的过滤效率。排气穿过多孔陶瓷滤芯进入排气管,而颗粒则滞留在滤芯上。捕集器工作一段时间后,需及时清除积存在滤芯上的微粒,以恢复捕集器的工作能力和减小排气阻力。颗粒捕集器的技术难点是再生困难且再生频率高,碳颗粒物的热力氧化温度高达600 ℃,而柴油机的排气温度为 300 ℃~500 ℃。因此,需要外加热源(如电加热、微波加热等)或选择一种高活性的催化剂来降低碳颗粒的氧化温度,使碳烟颗粒被氧化除去而再生。为此,可以在捕集器入口处设置一个燃烧器,通过喷油器向燃烧器内喷入少量燃油,并供入二次空气,利用火花塞或电热塞将其点燃,将滞留在滤芯上的颗粒烧掉。

## 一、排气背压检查

在检测之前,确认点火正时、配气相位、气门间隙正确,进气系统无泄漏和堵塞情况。

(1)利用气压表检测。拆下氧传感器,在该处接上气压表,该表的度量范围为 0~30 kPa,起动发动机,并使发动机温度达到 85 ℃以上,发动机怠速时,压力表读数不应超过 8.6 kPa。

将发动机加速到 2 500 r/min,读取气压表的读数,即为排气管的背压,其值应在 20.7 kPa 以下才正常,否则说明排气系统存在堵塞。

(2)利用废气分析仪检测。怠速时,将废气分析仪的探头插入排气管口,读取废气中的 HC 值,然后将发动机加速到 2 500 r/min,再读取 HC 值,若 HC 值升高,则表示排气阻力过大。

## 二、三效催化转换器 (TWC)检查

### 1. 三效催化转化器目测检查
① 检查三效催化转换器的外观,观察其外壳有无被压扁、锈蚀或凹痕。

② 从汽车上拆除三效催化转换器,如图 5-29 所示,使用手电筒沿轴向照射 TWC,检查者在 TWC 的另一端目视检查 TWC 有无堵塞、熔化或开裂现象。

③ 轻轻摇动听听三效催化转换器内部元件有无松动的迹象。

如果发生元件堵塞、熔化或其他形式的损坏,应更换三效催化转换器。

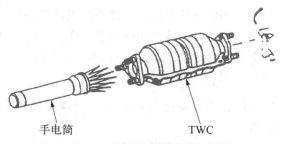

手电筒　　　TWC

图 5-29　三效催化转换器的目测检查

### 2. 三效催化转换器功能测试
① 以 2 500 r/min 的转速运转发动机约 2 min,将三效催化转换器加热至工作温度。

② 在其废气入口处和出口处分别接一支表面温度探头测量温度,出口处温度至少

应比进口处温度高 38 ℃。如果温差低于规定值,则更换三效催化转换器。

## 课后练习

### 一、选择题

1. 在涡轮增压器中,空气经过离心式压气机的工作轮到扩压器后其参数变化特性为( )。

A. 压力升高,温度降低,速度降低 B. 压力升高,温度升高,速度降低

C. 压力降低,温度升高,速度升高 D. 压力降低,温度降低,速度升高

2. 径流式涡轮机的进气蜗壳截面是( )。

A. 逐渐收敛 B. 逐渐扩大 C. 不变 D. 视情况而定

3. 急速时,真空表指针很快地在 27.6～66 kPa 之间摆动,升速时指针反而稳定,表明( )。

A. 进气门杆与其导管松旷 B. 点火时刻过迟

C. 进气管垫漏气 D. 排气系统堵塞

4. 过量空气系数为( )时三效催化转换器净化效果最佳。

A. 小于 1 B. 等于 1 C. 大于 1 D. 任何值

5. 产生氮氧化物的两个重要条件是( )。

A. 高温、富氧 B. 高温、贫氧 C. 低温、富氧 D. 低温、贫氧

### 二、判断题

1. 空气滤清器结构形式多种多样,基本上分为惯性式和过滤式两大类。 ( )

2. 谐振式进气管不仅可以调节发动机的最大扭矩和相对应的转速点,也可使发动机整个转速范围内增加扭矩。 ( )

3. 排气背压应该在消声器出口处测量。 ( )

4. 涡轮增压器的润滑油来自发动机油底壳。 ( )

5. 催化转换器利用催化剂的作用,使排气中的有害成分 CO、HC 和 $NO_x$ 进行化学反应,转化为对人体无害的 $CO_2$、$H_2O$ 和 $N_2$。 ( )

### 三、问答题

1. 分析发动机在大负荷、高转速时和在低转速、小负荷时对进气歧管的要求,说明原因。

2. 说明离心式压气机的基本结构及其工作原理。

3. 分析两级涡轮增压有什么优势。

4. 催化转换器在什么情况下会过热,为什么?

5. 分析 EGR 工作原理,在什么工况下 EGR 阀处于关闭状态?

项目 六

# 冷却系统检修

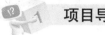

## 项目导入

　　冷却系统的主要功用是把受热零件吸收的部分热量及时散发出去,保证发动机在最适宜的温度状态下工作,使发动机在所有工况下都保持在适当的温度范围内。发动机工作时过热和过冷都会使运动件的正常间隙被破坏,润滑状况恶化,磨损加速。冷却系统的故障主要是冷却液温度过高、冷却液温度过低及冷却液消耗过多等。本项目内容对接"1+X"汽车运用与维修职业技能领域职业技能等级标准,符合"1-1汽车动力与驱动系统综合分析技术模块(中级):动力系统检测与维修"中"1.4冷却系统检测维修"职业技能要求。

## 任务1　冷却系统维护

学习目标

1. 能进行冷却液的检查与更换
2. 能进行冷却系统工作状况的检查与判定
3. 掌握冷却系统组成及工作原理
4. 熟悉冷却液的循环路线
5. 培养创新意识

相关知识

### 一、冷却系统分类

　　汽车发动机冷却系按照冷却介质不同,可以分为风冷和水冷。把发动机中高温零件的热量直接散入大气而进行冷却的装置称为风冷系;而把这些热量先传给冷却水,然后再散入大气而进行冷却的装置称为水冷系。由于水冷系冷却均匀,效果好,而且发动机运转噪音小,目前汽车发动机上,尤其是轿车发动机大都采用水冷系统,只有少数汽车发动机采用风冷系统。

## 二、水冷系统的组成与工作原理

### 1. 水冷系统的组成

汽车发动机的水冷系统均为强制循环水冷系统,即利用水泵提高冷却液的压力,强制冷却液在发动机中循环流动。这种系统的组成包括水泵、散热器、冷却风扇、节温器、补偿水桶、发动机机体和气缸盖中的水套以及其他附加装置等,图 6-1 是水冷系统的组成及布置形式。

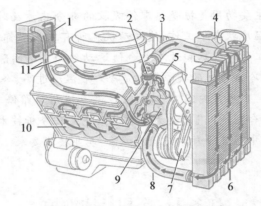

图 6-1  汽车发动机水冷系统组成

1—暖风芯;2—节温器;3—散热器进水软管;4—补偿水桶;5—旁通软管;6—散热器;
7—风扇;8—散热器出水软管;9—冷却水泵;10—水套;11—暖风芯进出软管。

☞发动机冷
却系统英
文讲解

### 2. 水冷系统的工作原理

如图 6-1 所示,水套是直接铸造在气缸体和气缸盖内相互连通的空腔。水套通过散热器进水软管 3、出水软管 8 与固定在发动机前端的散热器 6 相连,形成封闭的冷却水循环空间,冷却水泵 9 安装在水套与散热器之间。发动机工作时,水套和散热器内充满冷却液,曲轴通过带传动驱动冷却水泵工作,使冷却水在水套与散热器之间循环流动,冷却水流经气缸体和气缸盖内水套时带走发动机的热量使发动机冷却,在流经散热器时将热量散发给大气。节温器 2 安装在发动机水套的进水口处(即散热器的出水口,轿车发动机多采用这种安装方式),根据发动机工作温度,它可自动控制通向散热器和水泵的两个冷却水通路,以调节冷却强度。风扇 7 安装在发动机与散热器之间,风扇转动产生强大的吸力,增大流经散热器的空气流量和速度,加强散热器的散热效果。

暖风芯是一个热交换器,热的冷却液从气缸盖或机体水套流入,然后流回水泵。吹过暖风机的空气被冷却液加热之后,一部分送到风窗玻璃除霜器上,一部分送入驾驶室或车厢。

### 3. 水冷系统冷却强度的调节

为使汽车适应不同环境条件的变化(转速、负荷、环境、气候),要求能够调节冷却系的冷却强度,保证发动机经常在最佳的温度状况下工作。在夏季高温地区,发动机在低速大负荷工况下,将因冷却强度不足而出现过热现象;在冬季寒冷地区,发动机以高速小负荷工作时,将因冷却强度过强而出现过冷现象。

在冷却系统中调节冷却强度采取的措施是:改变通过散热器的空气流量和冷却液流量。

利用百叶窗和各种自动风扇离合器来改变通过散热器的空气流量。近年来在汽车发动机上采用各种自动式(如硅油式、机械式和电磁式)风扇离合器,控制风扇的扇风量以改变冷却强度。风扇离合器根据发动机的温度自动控制风扇的转速,以达到改变通过散热器的空气流量的目的。

利用节温器来控制通过散热器冷却液的流量。节温器装在冷却水循环的通路中,一般装在气缸盖出水口处。根据温度的不同实现冷却液不同的循环方式。

(1)大循环　当发动机冷却液温度升高到一定值(如奥迪轿车高于105 ℃),节温器主阀门完全开启、副阀门关闭。冷却液经节温器及散热器进水软管流入散热器,在散热器中,冷却液向流过散热器周围的空气散热而降温,最后冷却液经散热器出水软管返回水泵,进行大循环(如图6-2)。

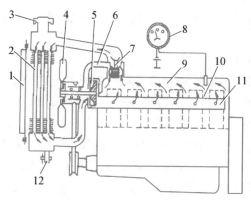

图6-2　冷却液的工作循环

1—百叶窗;2—散热器;3—散热器盖;4—风扇;5—水泵;6—小循环管;
7—节温器;8—水温表;9—气缸盖水套;10—机体水套;11—分水管;12—放水阀。

(2)小循环　当发动机冷却液温度较低时(低于85 ℃),节温器主阀门关闭、副阀门打开。冷却液经水泵增压后,进入发动机的机体水套,再从水套壁周围流过并从水套壁吸热而升温,然后向上流入气缸盖水套,从气缸盖水套壁吸热之后流经节温器、小循环管6,返回发动机机体水套,进行小循环。此时冷却液不经过散热器,以使发动机迅速升温至最佳工作状态。

当发动机冷却液温度处于大、小循环的温度范围内时,节温器主阀门和副阀门都部分开启,冷却液大、小循环都同时存在,以调节发动机温度基本稳定。

### 三、风冷系统

#### 1.风冷发动机的特点

风冷发动机利用大流量风扇使高速空气流直接吹过气缸盖和气缸体的外表面。为了有效地降低受热零件的温度和改善其温度的分布,在气缸盖和气缸体的外表面精心布置了一定形状的散热片,确保发动机在最适当的温度范围内可靠地工作。

风冷发动机的主要特点是:

(1) 对地理环境和气候环境的适应性强

风冷发动机特别适于在沙漠或高原等缺水的地区工作。另外,在酷热的气候条件下工作不会过热,在严寒季节也不易过冷。因为散热片的温度很高,散热片与环境空气间的温差远比水冷系统中冷却液与环境空气间的温差大,所以气温的变化对散热片与环境空气间温差的影响相对较小,即风冷发动机对气温的变化不敏感。

(2) 热负荷高

风冷发动机的气缸盖、气缸体等受热零件的温度高,润滑油的工作温度在 100 ℃～120 ℃,这是因为空气的传热系数只有水的传热系数的 1/20～1/30,空气的比热容只有水的 1/4。这表明风冷发动机要得到足够的冷却,不仅要合理地布置散热片,而且需要较大的空气流量。因此,一般风冷发动机的缸径不超过 165 mm。

(3) 冷起动后暖机时间短

由于风冷发动机在冷起动后气缸温度上升快,在短时间内即可进入大负荷工作状态。

(4) 结构简单,维护简便

风冷发动机由于省去了散热器和许多管道而减少了维护点,而且由于通用化、系列化的程度高,主要零件均可互换,因此,拆装容易,维修简便。

2. 风冷却系统的布置及冷却风扇

冷却风扇位于两排气缸中间,由气缸盖、气缸体、机油冷却器、前后挡板和顶盖板等构成风压室。在气缸盖和气缸体的背风面设有挡风板,用来调节风量的分配。冷空气经冷却风扇增压后进入风压室,再由风压室流过各个需要冷却的零部件表面。由于各零部件的通道阻力不同,因此,流过的风量有多有少,以保证其适度而又可靠地冷却。

3. 冷却强度的调节

为了保持风冷发动机在不同工况下都能在最适当的温度范围内正常工作,需对其冷却强度随时进行调节。通常采用调节风扇转速的方式进行,当发动机负荷增加时,排气温度升高,安装在排气管上的控制机油流量的温控阀开度增大,进入风扇液力耦合器的油量增多,风扇转速增高,风量增加,冷却强度增强;反之,当负荷减小时,冷却强度随之减弱。自动调节系统能够根据发动机负荷的变化,自动调节冷却风量,使发动机始终保持在最佳的热状态。

## 四、冷却液

### 1. 冷却液成分

冷却液是水与防冻剂的混合物,在防冻剂中加入着色剂,使冷却液呈蓝绿色、黄色或红色,以便识别。冷却液用水最好是软水,否则将在发动机水套中产生水垢,使传热受阻,易造成发动机过热。纯净水在 0 ℃时结冰。如果发动机冷却系统中的水结冰,将使冷却水终止循环引起发动机过热。尤其严重的是水结冰时体积膨胀,可能将机体、气缸盖和散热器胀裂。为了适应冬季行车的需要,在水中加入防冻剂制成冷却液以防止循环冷却水的冻结。最常用的防冻剂是乙二醇。冷却液中水与乙二醇的比例不同,其冰点也不同。50%的水与50%的乙二醇混合而成的冷却液,其冰点约为-35.5 ℃,详见表6-1。

表6-1 冷却液的冰点与乙二醇质量分数的关系

| 冷却液冰点/℃ | 乙二醇质量分数/% | 水的质量分数/% | 密度/(kg·m$^{-3}$) |
| --- | --- | --- | --- |
| -10 | 26.4 | 73.6 | 1.034 0 |
| -20 | 36.3 | 63.7 | 1.050 6 |
| -30 | 45.6 | 54.4 | 1.062 7 |
| -40 | 52.5 | 47.5 | 1.071 3 |
| -50 | 58.0 | 42.0 | 1.078 0 |
| -60 | 63.1 | 36.9 | 1.083 3 |

在水中加入防冻剂还同时提高了冷却液的沸点。例如,含50%乙二醇的冷却液在大气压力下的沸点是130 ℃。因此,防冻剂有防止冷却液过早沸腾的附加作用。

防冻剂中通常含有防锈剂和泡沫抑制剂。防锈剂可延缓或阻止发动机水套壁及散热器的锈蚀或腐蚀。冷却液中的空气在水泵叶轮的搅动下会产生很多泡沫,这些泡沫将妨碍水套壁的散热。泡沫抑制剂能有效地抑制泡沫的产生。在使用过程中,防锈剂和泡沫剂会逐渐消耗殆尽,因此,定期更换冷却液是十分必要的。在防冻剂中一般还要加入着色剂,使冷却液呈蓝绿色或黄色以便识别。

**2. 冷却液使用注意事项**

(1)坚持常年使用冷却液,保持冷却液使用的连续性。除了有防冻功能,还有防腐、防沸、防垢等作用。

(2)根据汽车使用地区的气温,选用不同冰点的冷却液,冷却液的冰点至少要比该地区最低温度低10 ℃,以免失去防冻作用。

(3)针对各种发动机具体结构特点选用冷却液,强化系数高的发动机,应选用高沸点冷却液;缸体或散热器用铝合金制造的发动机,应选用含有硅酸盐类添加剂的冷却液。此外,有一些高档汽车还为其发动机规定专用的冷却液,因此,选用冷却液时,应严格按照发动机使用说明书中的要求进行。

(4)不同牌号的冷却液不能混装混用,以免起化学反应,破坏各自的综合防腐能力。如果发动机冷却系原先使用的是水或换用另一种冷却液,在加入新的一种冷却液之前,务必要将冷却系统冲洗干净。

(5)乙二醇冷却液有毒,对肝脏有害,切勿吸入口中,皮肤接触后,应立即用水清洗干净,另外这种冷却液中的亚硝酸盐防腐添加剂具有致癌性,废液须集中处理,以免污染环境。若购买的是浓缩冷却液,如乙二醇型浓缩冷却液,可以参照使用说明表按比例添加适量的纯水,以配制出适合本地区气温的冷却液。

此外,在使用后,若因冷却系渗漏引起散热器液面降低时,应及时补充同一品牌冷却液,若液面降低系水蒸发所致,则应向冷却系添加蒸馏水或去离子水,切勿加入井水、自来水等硬水;当发现冷却液中有悬浮物、沉淀物或发臭时,证明冷却液已起化学反应,已变质失去功效,应及时地清洗冷却系统,并更换全部冷却液。

注意防止冷却液的渗漏,渗漏的结果不但会造成冷却液的损失,而且严重的渗漏会稀释机油,使润滑系产生故障。要定期检查气缸盖接合情况,保证气缸垫密封完好,缸盖螺栓要按规定力矩拧紧。

## 任务实施

### 一、冷却液损耗检查

冷却液损耗过多通常表明冷却系统有渗漏,应检查散热器及软管,散热器盖开启压力,发动机是否过热,并排除渗漏故障。

(1)发动机工作温度正常,目测检查外部有没有漏水的痕迹,确定有无外部渗漏;检查机油是否发白(乳化)或在发动机冷却液温度正常时排气是否冒白烟,确定内部是否渗漏。此外还可用专用手动压力测试器进行就车检测。

(2)如果发动机工作过热,进行如下检查:

① 检查散热器是否损坏,或在散热器护栅上是否装了附加灯光装置,造成冷却空气流量减少;

② 散热风扇是否工作正常;

③ 冷却液流动管路是否通畅、正常。

### 二、冷却液冰点检查

利用冰点仪进行冷却液冰点检查。

(1)用柔软绒布擦净棱镜表面及盖板,掀开盖板,取1~2滴冷却溶液滴于折光棱镜上,盖上盖板轻轻按压平,里面不要有气泡,如图6-3所示。

图6-3 测量冷却液冰点

（2）用眼睛直接观测冰点仪，在观测口中显示冷却液冰点。

（3）观测口中有明显蓝白分界线，上部为蓝色，下部为白色，分界线即为测量结果，如图6-4所示，冷却液冰点为-14°。

（4）测量完毕后，直接用潮湿绒布擦干净棱镜表面及盖板上的附着物，待干燥后，妥善保存冰点仪。

### 三、更换冷却液

冷却液是水与防冻剂的混合物，防冻剂中通常含有防锈剂和泡沫抑制剂。在使用过程中，防锈剂和泡沫抑制剂会逐渐消耗殆尽，因此，需定期更换。

图6-4　冷却液冰点显示

（1）起动发动机，保持怠速运行，并打开暖风开关，使暖气阀全开，等冷却风扇运转后，发动机熄火。

（2）戴上防护手套，拧松冷却液储液罐的密封盖，卸掉冷却液的压力，拧下盖子。

（3）举升车辆至操作的合适高度并锁止。

（4）拆下底部下护板，如图6-5所示。

（5）把液体收集器推放到冷却液排放塞正下方。

（6）拧松冷却液排放塞（如果没有排放塞，就拆卸下水管最低的一端），等冷却液排尽后，再拧紧冷却液排放塞，并把液体收集器放回原处。

（7）降下车辆至地面。

（8）加注新的发动机冷却液（如图6-6），加注时要注意观察储液罐的液位高度，当冷却液液位达到储液罐上限刻度线，停止加注（如图6-7）。

☞冷却系统拆装

图6-5　拆下护板

图6-6　加注冷却液

图6-7　冷却液液位上、下限刻度线

（9）盖上储液罐盖，并拧紧。

（10）起动发动机，怠速运转 2～3 min，拧开储液罐盖。这时冷却系统由于排除了部分空气，冷却液液面将降低，应再补充冷却液，使冷却液达到"Max"刻度线为止。

# 任务2　水冷系统部件检修

1. 能识别发动机水冷系统各部件
2. 能够检修水冷系统主要零部件
3. 掌握发动机水冷却系统零部件结构与工作原理
4. 熟悉水冷系统故障分析方法
5. 培养国家安全意识

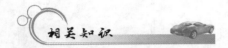

## 一、散热器

散热器的作用是将水套中流出的热水分成许多股小水流，以增大散热面积，加速冷却液的冷却。冷却液经过散热器后，其温度可降低 10 ℃～15 ℃。为了将散热器传出的热量尽快带走，散热器一般用铜和铝制成，在散热器后面装有风扇与散热器配合工作。

### 1. 散热器的构造

散热器结构如图 6-8 所示，上水室 1 顶部有加水口，冷却水由此注入整个冷却系并用散热器盖 2 密封。在上水室和下水室 6 分别装有进水管和出水管，进水管和出水管分别用橡胶软管与气缸盖的出水管和水泵的进水管相连。在散热器下面一般装有减振垫，防止散热器受振动损坏。在出水管上还有放水开关，必要时可将散热器内的冷却水放掉。

按照散热器中冷却液流动的方向可将散热器分为纵流式和横流式两种。纵流式散热器芯竖直布置，冷却液由上水室自上而下地流过散热器芯进入下水室（如图 6-8）。横流式散热器芯横向布置，左、右两端分别为上、下水室，冷却液自上水室经散热器芯到

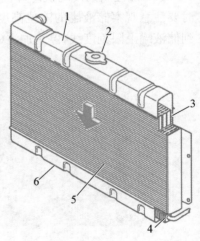

图 6-8　散热器

1—上水室；2—散热器盖；3—散热管；4—变速箱冷却器；5—散热片；6—下水室。

下水室横向流过散热器。大多数新型轿车均采用横流式散热器,这可以使发动机罩的外廓较低,有利于改善车身前端的空气动力性。

2. 散热器芯的结构形式

散热器芯由许多冷却管1和散热片2组成,设置散热片是为了增加散热器芯的散热面积。散热器芯的构造形式有多种,常用的有管片式、管带式和板式三种(如图6-9)。

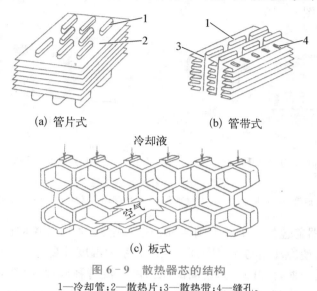

(a) 管片式　　　(b) 管带式

(c) 板式

图6-9　散热器芯的结构
1—冷却管;2—散热片;3—散热带;4—缝孔。

管片式散热器芯(如图6-9(a))冷却管的断面大多为扁圆形,它连通上、下水室,是冷却水的通道。与圆形断面的冷却管相比,扁形管不但散热面积大,而且万一管内的冷却水结冰膨胀,扁形管可以借其横断面变形而避免破裂。采用散热片不但可以增加散热面积,还可增大散热器的刚度和强度。这种散热器芯强度和刚度都较好,耐高压,但制造工艺较复杂,成本高。

管带式散热器芯(如图6-9(b))采用冷却管和散热带沿纵向间隔排列的方式,散热带上的缝孔4是为了破坏空气流在散热带上形成的附面层,使散热能力提高。这种散热器芯散热能力强,制造工艺简单,成本低,但其刚度不如管片式,一般多为轿车发动机采用。

板式散热器芯(如图6-9(c))的冷却液通道由成对的金属薄板焊合而成。这种散热器芯散热效果好,制造简单,但焊缝多不坚固,容易沉积水垢且不易维修。

3. 散热器盖

散热器盖的作用是密封水冷系并调节系统的工作压力。当发动机工作时,冷却液的温度逐渐升高,由于冷却液容积膨胀使冷却系统内的压力增高,当压力超过预定值时,压力阀开启,一部分冷却液经溢流管流入补偿水桶,以防止冷却液胀裂散热器。当发动机停机后,冷却液的温度下降,冷却系内的压力也随之降低。当压力降到大气压力以下出现真空时,真空阀开启,补偿水桶内的冷却液部分地流回散热器,可以避免散热器被大气压力压坏。

现代的汽车发动机强制循环水冷系都用散热器盖密封,使水冷系成为封闭系统,通常称这种水冷系为闭式水冷系。其优点有二:① 闭式水冷系可使系统内的压力提高98~196 kPa,冷却液的沸点相应地提高到120 ℃左右,从而扩大了散热器与周围空气的温差,提高了散热器的换热效率。由于散热器散热能力的增强,可以相应地减小散热器尺寸。② 闭式水冷系可减少冷却液外溢及蒸发损失。闭式水冷系散热器多采用压力式散热器盖(如图6-10)。

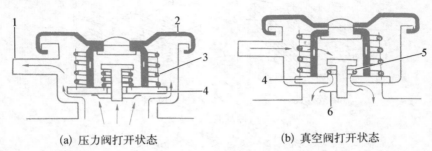

(a) 压力阀打开状态      (b) 真空阀打开状态

图6-10 压力式散热器盖

1—溢流管;2—加压盖;3—压力阀弹簧;4—压力阀;5—真空阀弹簧;6—真空阀。

压力式散热器盖包括一个压力阀4和一个真空阀6,均为单向阀。发动机正常状态时阀门均关闭,使冷却系与大气隔开。当冷却系内温度升高,蒸汽压力升高到一定值时,压力阀弹簧受压缩,打开阀门,过高的压力由溢流管释放掉,冷却系内的压力下降,以防止散热器胀裂;当压力下降到一定值时,压力阀在弹簧作用下又重新关闭。这样就使冷却系内压力稍高于大气压力,从而可提高冷却液沸点。各种汽车发动机散热器盖阀门开启压力略有差别,一般超过大气压的2.6%~3.7%。

当散热器内的压力继续降低,超过某一值时,真空阀开启,使外部空气进入散热器,以防止散热器内产生真空;当散热器内的压力升高到一定值后,真空阀在其弹簧的作用下重新关闭。

### 4. 补偿水桶

补偿水桶由塑料制造并用软管与散热器加冷却液口上的溢流管连接(如图6-1),其功用是减少冷却系冷却液的损失。当冷却液受热膨胀时,散热器内多余的冷却液流入补偿水桶;而当温度降低后,散热器内产生一定的真空度,补偿水桶中的部分冷却液又被吸回散热器,因此,冷却液损失很少。补偿水桶内的液面有时升高,有时降低,而散热器却总是为冷却液所充满。在补偿水桶上印有两条液面高度标记线:"FULL"(充满)标记和"ADD"(添加)标记。当冷却液温度在50 ℃以下时,补偿水桶内的液面高度应不低于 ADD 线;若低于此线时,需向桶内补充冷却液。补充冷却液时,可从补偿水桶口加入,桶内液面高度不应超过 FULL 线。补偿水桶还可消除水冷却系中的所有气泡。

### 5. 散热器百叶窗

有些货车和大客车发动机在散热器前面装有百叶窗,其作用是通过改变吹过散热器的空气量来调节发动机的冷却强度,以保证发动机经常在适当的温度范围内工作。

在发动机冷起动或暖车期间,冷却液的温度较低,这时将百叶窗部分或完全关闭,以减少吹过散热器的空气流量,使冷却液的温度迅速升高。

百叶窗可由驾驶员通过驾驶室内的手柄来操纵其开闭,也可用感温器自动控制。图 6-11 是货车上使用的散热器百叶窗的自动控制系统。控制系统的感温器 2 安装在散热器进水管上,用来感受来自发动机的冷却液温度。在发动机冷起动或暖机期间,百叶窗关闭。当发动机达到正常工作温度后,感温器打开空气阀,使制动空气压缩机 3 产生的压缩空气进入空气缸,并推动空气缸内的活塞连同调速杆 5 一起下降,带动杠杆使百叶窗 9 开启。

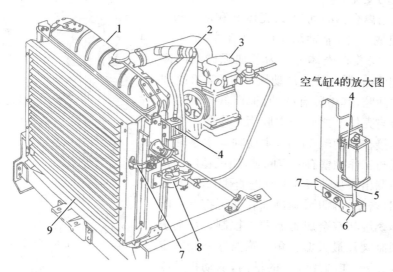

空气缸4的放大图

图 6-11  百叶窗自动控制系统

1—散热器;2—感温器;3—制动空气压缩机;4—空气缸;5—调速杆;
6—调速螺母;7—杠杆;8—空气滤清器;9—百叶窗。

## 二、冷却风扇

### 1. 风扇的功用及结构

冷却风扇置于散热器后面,其结构如图 6-12 所示。当发动机在车架上纵向布置时,风扇一般安装在水泵轴上,并由驱动水泵和发电机的同一根 V 带传动。风扇的功用是当风扇旋转时吸进空气使其通过散热器,以增强散热器的散热能力,加快冷却液的冷却速度。汽车发动机水冷系多采用低压头、大风量、高效率的轴流式风扇,即风扇旋转时,空气沿着风扇旋转轴的轴线方向流动。

风扇的扇风量主要与风扇直径、转速、叶片形状、叶片安装角及叶片数有关。叶片的

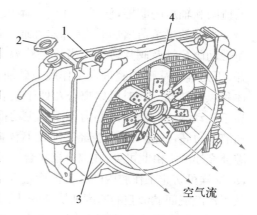

空气流

图 6-12  冷却风扇与导风罩

1—散热器;2—散热器盖;
3—导风罩;4—冷却风扇。

断面形状有圆弧形和翼形两种,前者由薄钢板冲压而成,后者用塑料或铝合金铸制。翼形风扇效率高、消耗功率少,在轿车和轻型汽车上得到了广泛的应用。一般叶片与风扇旋转平面成30°~45°角(叶片安装角)。叶片数为4、5、6或7片。叶片之间的间隔角或相等,或不相等。间隔角不等的叶片可以减小叶片旋转时的振动和噪声。

### 2. 硅油风扇离合器

在风扇和风扇皮带轮之间布置一个硅油离合器(如图6-13),利用流经散热器的空气温度来控制风扇转速的变化。

硅油风扇离合器的前盖2、壳体9和从动板8用螺钉1组成一体,靠轴承10安装在主动轴11上。风扇15安装在壳体上。为了加强硅油的冷却,前盖板上铸有散热片。从动板8与前盖2之间的空腔为贮油腔,其中装有硅油(油面低于轴中心线),从动板与壳体9之间的空腔为工作腔。主动板7固定连接在主动轴11上,主动轴与水泵轴连接。主动板与工作腔壁有一定间隙,用毛毡圈3密封防止硅油漏出。从动板8上有进油孔A,平时由阀片6关闭,若偏转阀片,则进油孔即可打开。阀片的偏转靠螺旋状双金属感温器4控制。从动板上有凸台限制阀片最大偏转角。感温器外端固定在前盖上,内端卡在阀片轴5的槽内,从动板外缘有回油孔B,中心有漏油孔C,以防静态时从阀片轴周围泄漏硅油。

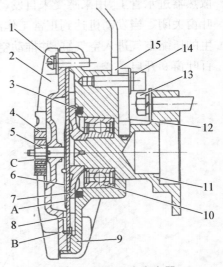

图6-13 硅油风扇离合器

1—螺钉;2—前盖;3—密封毛毡圈;4—双金属感温器;5—阀片轴;6—阀片;7—主动板;8—从动板;9—壳体;10—轴承;11—主动轴;12—销止板;13—螺栓;14—内六角螺钉;15—风扇;

A—进油孔;B—回油孔;C—漏油孔。

当发动机冷起动或小负荷下工作时,冷却水及通过散热器的气流温度不高,进油孔被阀片6关闭,工作腔内无硅油,离合器处于分离状态。主动轴转动时,仅仅由于密封毛毡圈和轴承的摩擦,使风扇随同壳体在主动轴上空转打滑,转速极低。

当发动机负荷增加时,冷却水和通过散热器的气流温度随之升高,感温器受热变形而带动阀片轴及阀片转动。当流经感温器气流温度超过65℃时,进油孔A被完全打开,于是硅油从贮油腔进入工作腔。硅油十分黏稠,主动板即可利用硅油的黏性带动壳体和风扇转动。此时风扇离合器处于接合状态,风扇转速迅速提高。由于主动板转速高于从动板,因此,受离心力作用从主动板甩向工作腔外缘的油液压力比贮油腔外缘的油液压力高,油液从工作腔经回油孔B流向贮油腔,而贮油腔又经进油孔A及时向工作腔补充油液。由此可见,在离合器接合风扇转动时,硅油是在贮油腔和工作腔之间循环流动,这样可防止工作腔内的硅油温度过高,黏度下降,影响离合器的正常工作。为使硅油从工作腔流回贮油腔的速度加快,缩短风扇脱开时间,在从动板8的回油孔B旁,有一个刮油突起伸入工作腔缝隙内,使回油孔一侧压力增高,回油加快。当发动机负荷减小,流经感温器的气流温度低于35℃时,感温器恢复原状,并带动阀片将进油孔关闭,工作腔中油液继续从回油孔流回贮油腔,直到甩空为止,硅油液力离合器又回到分离状态。

### 3. 电动风扇

电动风扇(如图 6-14)是指用电动机驱动的风扇,它不使用发动机做直接动力源,而是使用蓄电池的电能,所以其转速与发动机转速无关,只在冷却液温度超过一定值时才开始工作。所以电动风扇无动力损失,构造简单,总体布置方便,为大多数现代轿车所使用。

电动机一般有高速和低速两个挡位,其工作状态通过温度传感器(开关)由冷却液温度控制。当散热器出口冷却液温度为 92 ℃~97 ℃时,温控开关接通电动机Ⅰ挡(低速挡),风扇开始运转,保证有足够的空气流经散热器;当冷却液温度在 99 ℃~105 ℃时,温控开关接通电动机Ⅱ挡(高速挡),风扇以更高的转速运转,以提高冷却强度,防止发动机过热;当冷却液温度下降到 91 ℃~98 ℃时,风扇电动机恢复Ⅰ挡(低速挡)运转;当冷却液温度下降到 84 ℃~91 ℃时,风扇电动机停止工作。

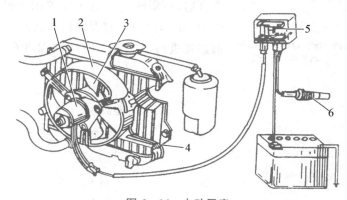

图 6-14 电动风扇

1—电动机;2—护风罩;3—风扇叶片;4—风扇框架;5—继电器;6—温度传感器(开关)。

## 三、节温器

### 1. 节温器的功用

节温器是控制冷却液流动路径的阀门。当发动机冷起动时,冷却液的温度较低,这时节温器将冷却液流向散热器的通道关闭,使冷却液经水泵入口直接流入机体或气缸盖水套,以便使冷却液能够迅速升温。如果不装节温器,让温度较低的冷却液经过散热器冷却后返回发动机,则冷却液的温度将长时间不能升高,发动机也将长时间在低温下运转。

### 2. 节温器的结构

汽车发动机装用的节温器基本上是蜡式节温器(如图 6-15),主要由主阀门 2、副阀门 6、推杆 3、壳体 7 和石蜡 4 等组成。推杆 3 的一端固定在支架 1 上,另一端插入胶管 5 的中心孔内。石蜡 4 装在胶管与节温器壳体 7 之间的腔体内。

### 3. 节温器的工作原理

如图 6-16 所示。温度较低时,石蜡呈固态,主阀门 2 被弹簧 8 推向上方与阀座压

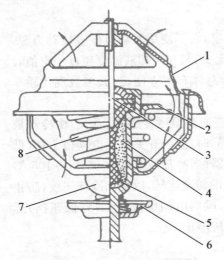

图 6-15　蜡式节温器的构造

1—支架;2—主阀门;3—推杆;4—石蜡;5—胶管;6—副阀门;7—节温器壳体;8—弹簧。

紧,处于关闭状态(如图 6-16(a)),此时,副阀门开启,冷却液进行小循环,来自发动机水套的冷却液经副阀门 6、小循环水管直接进入水泵,被泵回到发动机水套内。

温度升高时,石蜡逐渐熔化成液态,体积膨胀,迫使胶管收缩对推杆端部产生向上的推力,由于推杆固定在支架上,推杆对胶管、节温器壳体 7 产生向下的反推力。当冷却液温度升高到一定值时,反推力克服弹簧 8 的弹力使胶管、节温器壳体向下运动,主阀门 2 开始开启,同时副阀门 6 开始关闭。当冷却液温度进一步升高到一定值时,主阀门 2 完全开启,而副阀门 6 也正好关闭小循环水路(如图 6-16(b)),此时来自发动机水套的冷却水全部经过散热器进行大循环。冷却液温度在主阀门开始开

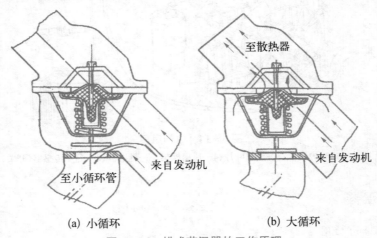

(a) 小循环　　　　　　　　(b) 大循环

图 6-16　蜡式节温器的工作原理

☞冷却系统节温器工作原理

启温度与完全开启温度之间时,主阀门和副阀门均部分开启,在整个冷却系内,部分冷却液进行大循环,部分进行小循环。

主阀门开始开启到开到最大时的温度随不同的车型有所不同,如桑塔纳 JV 型发动机节温器,主阀门开始开启温度应为 85 ℃,完全开启时的温度应为 105 ℃。一般载货汽车发动机节温器的开启温度较低,如 CA6102 发动机节温器,主阀门开始开启温度应为 76 ℃,完全开启时的温度应为 86 ℃。

## 四、冷却水泵

### 1. 冷却水泵的功用

冷却水泵的功用是对冷却液加压,保证其在冷却系统中循环流动。

### 2. 冷却水泵的基本工作原理

水泵叶轮3(如图6-17)固定在水泵轴2上,水泵壳体1安装在发动机缸体上。发动机工作时,冷却系内充满冷却液,曲轴通过带传动驱动水泵轴并带动叶轮转动,从而使水泵腔内的冷却液也一起转动,在离心力作用下,冷却液被甩向叶轮边缘,以切线方向从出水管5泵出。同时,叶轮中心部位形成一定的真空,将散热器内的冷却液经进水管4吸入泵腔,使整个冷却系内的冷却液循环流动。

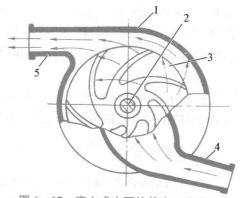

图6-17 离心式水泵的基本工作原理
1—水泵壳体;2—水泵轴;3—叶轮;
4—进水管;5—出水管。

### 3. 冷却水泵的典型构造

汽车发动机常用的离心式水泵的结构如图6-18所示。

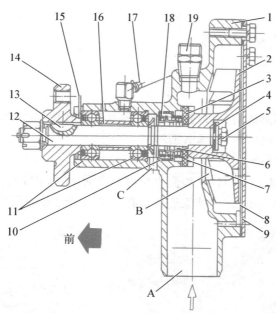

前

图6-18 离心式水泵的结构
1—水泵壳体;2—叶轮;3—密封垫圈;4、8—衬垫;5—螺栓;6—水封皮碗;7—弹簧;
9—水泵盖;10—水封座圈;11—轴承;12—水泵轴;13—半圆键;14—凸缘盘;
15—轴承卡环;16—隔离套;17—润滑脂嘴;18—水封环;19—管接头;
A—进水口;B—水泵内腔;C—泄水孔。

水泵轴12的一端用两个球轴承11支承在水泵壳体1内,其伸出壳体以外的部分用半圆键13与安装风扇带轮的凸缘盘14连接。水泵轴的另一端安装水泵叶轮2,并用螺栓5紧固。在叶轮2与球轴承11之间装有水封,用来防止水泵内的冷却液沿水泵轴渗漏。水封中的弹簧7通过水封环18将水封皮碗6的一端压在水封座圈10上,而将皮碗的另一端压在夹布胶木密封垫圈3上。夹布胶木密封垫圈在弹簧的压力下与水泵叶轮毂的端面贴合。密封垫圈上有两个凸耳卡在水泵上的槽孔内。因此,在水泵工作时,水封不随水泵轴旋转。水泵壳体上有泄水孔 C,位于水封之前。一旦有冷却液漏过水封,可从泄水孔泄出,以防止冷却液进入轴承而破坏轴承的润滑。

### 4. 冷却水泵的驱动

冷却水泵一般由曲轴通过 V 带驱动。传动带环绕在曲轴带轮和水泵带轮之间,因此,水泵转速与发动机转速成比例。有些发动机的水泵由凸轮轴直接驱动。

## 五、变速器油冷却器

装有自动变速器的汽车必须装备变速器油冷却器,因为自动变速器中的 ATF 油可能过热。ATF 油过热会降低变速器性能甚至造成变速器损坏。变速器油冷却器通常就是一根冷却管,置于散热器的出水室内(如图 6－8),由冷却液对流过冷却管的变速器油进行冷却。

## 一、水泵检修

水泵常见的损坏形式为:水泵壳体、卡环槽及叶轮破裂;带轮凸缘配合孔松动;水封变形、老化及损坏;泵轴磨损、轴承磨损等。

### 1. 水泵总成外部检查

(1) 检查有无渗漏。用目视法检测水泵有无渗漏,水封失效时会有大量的冷却液从水泵轴处渗漏(如图 6－19(a))。水泵壳体如有裂纹,也会发生渗漏(如图 6－19(b))。

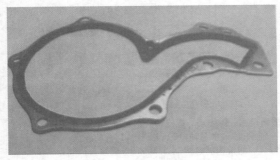

(a) 密封垫圈          (b) 水泵壳体

图 6－19 检查渗漏

(2) 检查带轮的转动和轴向、径向窜动量。用手转动带轮,应运转灵活,无卡滞现象。

**2. 水泵拆解**

拆卸水泵，一般采用如下顺序：

（1）拆卸风扇总成的固定螺栓，取下风扇和风扇带轮。

（2）卸下水泵盖的紧固螺栓，取下水泵盖和衬垫。拧下水泵叶轮固定螺栓，用专用拉器拉出水泵叶轮，取出水封密封圈、水封总成等。

（3）拆卸水泵轴前端的开口销，拆下固定螺母、带轮凸缘盘、半圆键，取下轴承卡环，压出水泵轴及轴承总成，取下水泵轴卡环和抛水圈。用专用工具支承在水泵轴承内圈端面上，压出水泵轴。

（4）清洗各零部件，并用压缩空气吹净。

各种车型应用的水泵结构大同小异，为避免拆卸方法不当而损坏零部件，拆卸前应看清图纸，了解结构，合理选择使用工具，采用正确的操作方法。

**3. 水泵零部件检修**

（1）水泵壳体和皮带轮检修。检查壳体和带轮有无损伤，如图 6-20 所示。若壳与盖接合面变形大于 0.05 mm，应予以修平；泵壳裂纹可进行焊接或更换，带轮变形超限进行更换。

（2）水泵轴的检修。检查水泵轴有无弯曲和轴颈的磨损程度，轴端螺纹有无损坏。水泵轴弯曲大于 0.05 mm 的应冷压校直；水泵轴一般用中碳钢制造，轴颈工作时经常发生磨损，轴颈磨损用镀铬、镀铁法进行修复。

（3）水泵轴承的检修。检查轴承是否有异响，是否有松旷、卡滞现象，如有则应予以更换。

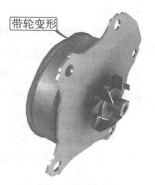

图 6-20    带轮变形

（4）水泵叶轮的检修。检查水泵叶轮的叶片有无破损，叶轮上的轴孔是否磨损过甚。叶片破损的应予以更换，轴孔磨损过甚的可进行镶套修复或更换。

（5）检查水封、胶木垫、弹簧等零件的磨损及损伤程度，如有损伤应予更换。

（6）检查皮带轮毂与水泵轴的配合情况。泵轴孔磨损过甚的可镶套修复或更换。

**4. 水泵装合后试验**

（1）水泵装合后，用手转动皮带轮，泵轴转动应无卡滞现象，且水泵叶轮与泵壳应无碰擦现象。

（2）用手转动带轮，测试径向间隙，应无松旷感觉；前后拉动带轮，测试轴向间隙，允许稍有松旷为宜。

（3）堵住水泵进水孔，将冷却液灌入水泵腔中，转动水泵轴，泄水孔无漏水现象。

## 二、节温器检修

**1. 节温器检测**

节温器检测如图 6-21 所示：

（1）将节温器放在一个充满水的容器内加热，用温度表监测温度。

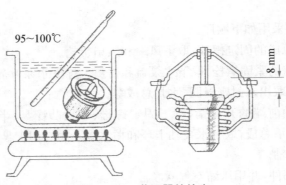

图 6 - 21　节温器的检查

（2）水温约 85 ℃时，节温器阀门必须开启，如果阀门开启温度不符合规定，则更换节温器。

（3）水温约 95 ℃时，节温器阀门应完全打开，阀门行程为 8 mm 或更大。如果阀门升程不符合规定，则更换节温器。

（4）停止加热，水温低于 77 ℃时，阀门应全关。如果阀门不能全关，则更换节温器。

**2. 节温器更换**

蜡式节温器安全寿命一般为 50 000 km。因其安全寿命较短，且失效后无法修复，因此，要求按照其安全寿命定期更换。

### 三、散热器检修

**1. 散热器清洗**

散热器的清洗，即清洗散热器的水垢，一般采用化学法，利用酸或碱类物质与水垢的化学反应，生成可溶于水的物质，而将水垢清洗除去。

清洗时，一般采用循环法，即先用酸性溶液洗涤，再用碱性溶液冲洗中和，清洗时除垢剂以一定的压力（一般为 10 kPa）在气缸体水套或散热器内循环，一般经 3～5 min 后即可清洗完毕。若散热器内积垢严重时，应拆去上、下水室，用通条疏通。

**2. 散热器检查**

以大众发动机为例，将专用检查仪 VW1274 安装到散热器上，用检查仪手泵对冷却系加压到 100 kPa，观察检查仪上压力表的压力指示，当压力出现明显下降时，说明冷却系存在渗漏部位，应予以排除。例如，堵死散热器的进出口，在散热器内充入 50～100 kPa 的压缩空气，并将其浸泡在水中，检查有无气泡冒出。如有气泡冒出，则冒泡部位应做好记号，以便焊修。

再将冷却系压力提高到 120～150 kPa，此时补偿水桶盖上的压力阀必须打开，否则应更换新件。

**3. 散热器维修**

（1）焊漏：在用焊锡焊漏时，最好使用小型号的乙炔焊炬加热，并尽可能使散热器

冷却系统
渗漏检查

焊漏后,保留较多的散热面积。焊漏后切断的冷却管数量不得超过管数总量的 10%,切断散热片的面积不得大于迎风总面积的 10%。

（2）疏整散热片。

（3）检查散热器盖与补偿水桶:对于具有空气-蒸汽阀的散热器盖可用专用手动气泵检查(如图6-22)。蒸汽阀的开启压力应在 0.026～0.037 MPa的范围内,空气阀的开启压力应为0.01～0.02 MPa。补偿水桶应无渗漏,盖子密封良好,通气孔畅通,否则就会破坏冷却液的回流,必须立即更换。

冷却系维修竣工时,应进行系统泄漏试验。系统内压力为 103.4 kPa 时,2 min 内压力不应降低;发动机在 3 000 r/min 时,随转速的变化,系统的压力不应改变。

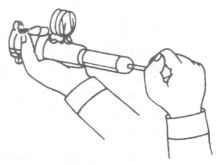

图 6-22　检查散热器盖限压阀

## 四、冷却系统故障排除

### 1. 冷却液温度过高

发动机正常的工作温度应在 85 ℃～90 ℃ 的范围内,如果冷却液温过高,进行如下分析及处理:

（1）冷却液不足。按规定补充冷却液。

（2）风扇带松弛、沾油打滑或断裂。调整带的松紧度或更换带。

（3）水套和分水管积垢或堵塞。清理水套和分水管。

（4）水泵工作性能不良。检修或更换水泵。

（5）点火时间不当。调整点火提前角。

（6）风扇离合器接合时间过晚或打滑。检修或更换风扇离合器。

（7）散热器的进水管或出水管凹瘪。检修或更换散热器水管。

（8）节温器主阀门不能打开或打开时间过迟。检修或更换节温器。

（9）散热器内部水垢堵塞或外部过脏。清洗散热器。

（10）电动风扇性能不良。检修或更换电动风扇。

（11）温控开关或冷却液温度传感器和控制器失效。检修或更换温控开关、冷却液温度传感器或控制器。

### 2. 冷却液温度过低

冬季运行的汽车,冷却液温度表和冷却液温度传感器技术状况完好的情况下,发动机达不到正常的工作温度,造成冷却液温过低的原因及处理方法有:

（1）节温器失效。检查节温器。

（2）风扇离合器接合过早。检修或更换风扇离合器。

（3）温控开关闭合太早。检修或更换温控开关。

## 课后练习

**一、选择题**

1. 修理散热器常用的方法是（　　）。

A. 电焊　　　　　　B. 固体黏结剂　　　　C. 锡焊　　　　　　D. 更换总成

2. 以下哪项不是造成冷却系过热的原因？（　　）。

A. 冷却系中水量不足　　　　　　　　B. 点火时间太晚

C. 节温器主阀门打不开　　　　　　　D. 节温器未装

3. 以下哪项不是发动机过冷造成的故障？（　　）。

A. 雾化不良　　　　　　　　　　　　B. 发动机功率下降

C. 发动机早燃　　　　　　　　　　　D. 油耗增加

4. 当节温器失效后冷却系（　　）。

A. 只有小循环　　　　　　　　　　　B. 只有大循环

C. 既有大循环又有小循环　　　　　　D. 电控风扇停转

5. 发动机正常工作时，其冷却水的温度应在多少度之间？（　　）。

A. 50 ℃～60 ℃　　　　　　　　　　B. 60 ℃～70 ℃

C. 70 ℃～80 ℃　　　　　　　　　　D. 80 ℃～90 ℃

**二、判断题**

1. 蜡式节温器失效后无法修复，应按照其安全寿命定期更换。　　　　　　（　　）

2. 当发动机冷却系"开锅"时，应立即打开散热器盖添加冷却液。　　　　　（　　）

3. 一般水泵轴承的轴向间隙大于 0.50 mm，径向间隙大于 0.15 mm 时，应予以更换。　　　　　　　　　　　　　　　　　　　　　　　　　　　　　　　　（　　）

4. 夏天发动机温度过高时，应把冷却液放掉，用水冷却发动机。　　　　　（　　）

5. 炎热夏季为防止发动机温度过高，可以拆掉节温器。　　　　　　　　　（　　）

**三、问答题**

1. 简述冷却系统的功用，发动机的冷却强度为什么要调节？如何调节？

2. 若发动机正常工作一段时间后停机，冷却系统中的冷却液会发生什么现象？

3. 为什么在汽车空调系统运行时，电动风扇需连续不停地工作？

4. 如果蜡式节温器中的石蜡漏失，节温器将处于怎样的工作状态？发动机会出现什么故障？

5. 分析冷却水温过高产生的原因。

# 润滑系统检修

项目 七

## 项目导入

　　发动机工作时,各运动零件均以一定的力作用在另一个零件上,并且发生高速相对运动,零件表面必然要产生摩擦,加速磨损。因此,为了减轻磨损,减小摩擦阻力,延长使用寿命,发动机上都必须设置润滑系统。本项目内容对接"1＋X"汽车运用与维修职业技能领域职业技能等级标准,符合"1-1汽车动力与驱动系统综合分析技术模块(中级):汽车动力系统检测与维修"中"1.3润滑系统检测维修"职业技能要求。

## 任务1　润滑系统维护

1. 能够对润滑系统进行常规保养
2. 掌握润滑油循环路线
3. 熟悉润滑油的主要性能、分类与选用方法
4. 培养创业精神

### 一、润滑系统的功用及组成

#### 1.润滑系统功用

　　润滑系统的功用就是在发动机工作时连续不断地把数量足够、温度适当的洁净机油输送到全部传动件的摩擦表面,并在摩擦表面之间形成油膜,实现液体摩擦,从而减小摩擦阻力、降低功率消耗、减轻机件磨损,以达到提高发动机工作可靠性和耐久性的目的。

　　(1)润滑作用　机油在运动零件的所有摩擦表面之间形成连续的油膜,以减小零件之间的摩擦。

（2）冷却作用　机油在循环过程中流过零件工作表面,可以降低零件的温度。

（3）清洗作用　机油可以带走摩擦表面产生的金属碎末及冲洗掉沉积在气缸、活塞、活塞环及其他零件上的积碳。

（4）密封作用　附着在气缸壁、活塞及活塞环上的油膜,可起到密封防漏的作用。

（5）防锈作用　机油有防止零件发生锈蚀的作用。

### 2. 润滑方式

由于发动机传动件的工作条件不尽相同,因此,对负荷及相对运动速度不同的传动件采用不同的润滑方式。

（1）压力润滑

压力润滑是以一定的压力把机油供入摩擦表面的润滑方式。这种方式主要用于主轴承、连杆轴承及凸轮轴轴承等负荷较大的摩擦表面的润滑。

（2）飞溅润滑

利用发动机工作时运动件溅泼起来的油滴或油雾润滑摩擦表面的润滑方式,称飞溅润滑。该方式主要用来润滑负荷较轻的气缸壁面和配气机构的凸轮、挺柱、气门杆以及摇臂等零件的工作表面。

（3）润滑脂润滑

通过润滑脂嘴定期加注润滑脂来润滑零件的工作表面,如水泵及发电机轴承等。

### 3. 润滑系统的组成

润滑系统由机油泵、机油滤清器、集滤器等组成(如图 7-1)。此外,润滑系统还包括机油压力表、温度表和机油管道等,现代汽车发动机润滑系统的组成基本相同。

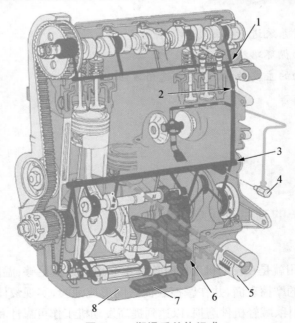

发动机润滑系统工作过程

图 7-1　润滑系总体组成

1—气缸盖油道;2—限流阀;3—主油道;4—油压传感器;5—机油滤清器;6—机油泵;7—机油集滤器;8—油底壳。

## 二、润滑系统油路

现代汽车发动机润滑系统的油路大致相同,如图7-2所示。

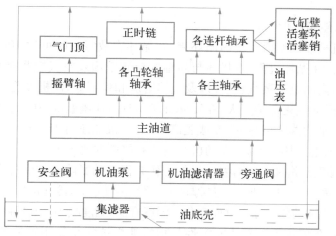

图7-2　发动机润滑油路示意

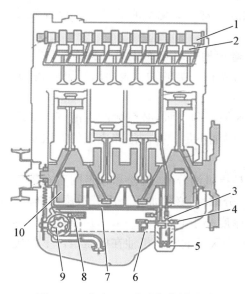

图7-3　大众1.8发动机润滑油路

1—凸轮轴;2—液力挺柱;3—单向阀;4—旁通阀;
5—机油滤清器;6—限压阀;7—主油道;8—
安全阀;9—机油泵;10—曲轴。

图7-3为大众1.8发动机润滑油路,油底壳内的润滑油经集滤器滤掉大的机械杂质后,被机油泵压入机油滤清器后分三路送出。第一路经主油道送入曲轴主轴承分油道,润滑主轴承,经曲轴内油道润滑连杆大端轴承,再经连杆内油道润滑连杆小端轴承后回到油底壳;第二路通过安装在机油滤清器上的一个单向阀进入气缸盖主油道,分配到凸轮轴径和液力挺柱,单向阀的作用是发动机停机后保证气缸盖油道内的油压,确保发动机再次起动时液力挺柱能够正常工作;第三路通往限压阀,在油道内压力过大时打开,将部分润滑油旁通流回油底壳。

机油滤清器上设有旁通阀,起动压力为0.18 MPa。当机油滤清器堵塞,润滑油通过压力开关短路进入主油道,防止发动机运动副因缺润滑油而烧坏。

在气缸盖主油道末端也设置一个压力开关,该开关为最低压力报警开关。发动机点火后,该开关指示灯点亮,当油压超过0.031 MPa时熄灭。发动机转速降低时,如果油压回落到0.031 MPa以下时,该低压开关触点又闭合,指示灯又点亮。

### 三、润滑剂

汽车发动机润滑剂包括机油和润滑脂两种。

**1. 机油**

（1）机油的使用特性

汽车发动机机油在润滑系统内循环流动,循环次数每小时可达 100 次。机油的工作条件十分恶劣,在循环过程中,机油与高温的金属壁面及空气频频接触,不断氧化变质。窜入曲轴箱内的燃油蒸汽、废气以及金属磨屑和积碳等,使机油受到严重污染。另外,机油的工作温度变化范围很大:在发动机起动时为环境温度;在发动机正常运转时,曲轴箱中机油的平均温度可达 95 ℃ 或更高。同时,机油还与 180 ℃～300 ℃ 的高温零件接触,受到强烈地加热。因此,发动机对机油有严格的要求。

① 适当的黏度。机油黏度对发动机的工作有很大的影响。黏度过小,在高温、高压下容易从摩擦表面流失,不能形成足够厚度的油膜;黏度过大,冷起动困难,机油不能被泵送到摩擦表面。机油的黏度随温度而变化。温度升高,黏度减小;温度降低,黏度增大。

② 优异的氧化安定性。氧化安定性是指机油抵抗氧化作用不使其性质发生永久变化的能力。当机油在使用与储存过程中与空气中的氧气接触而发生氧化作用时,机油的颜色变暗,黏度增加,酸性增大,并产生胶状沉积物。氧化变质的机油将腐蚀发动机零件,甚至破坏发动机的工作。

③ 良好的防腐性。机油在使用过程中不可避免地被氧化而生成各种有机酸。这类酸性物质对金属零件有腐蚀作用,可能使铜铅和镉镍一类的轴承表面出现斑点、麻坑或使合金层剥落。

④ 较低的起泡性。由于机油在润滑系中快速循环和飞溅,必然会产生泡沫。如果泡沫太多,或泡沫不能迅速消除,将造成摩擦表面供油不足。控制泡沫生成的方法是在机油中添加泡沫抑制剂。

⑤ 强烈的清净分散性。机油的清净分散性是指机油分散、疏松和移走附着在零件表面上的积碳和污垢的能力。为使机油具有清净分散性,必须加入清净分散添加剂。

⑥ 高度的极压性。在摩擦表面之间的油膜厚度小于 $0.3\sim0.4\ \mu m$ 的润滑状态,称边界润滑。习惯上把高温、高压下的边界润滑,称为极压润滑。机油在极压条件下的抗磨性叫作极压性。

（2）机油的分类

国际上广泛采用美国 SAE 黏度分类法和 API 使用分类法,而且它们已被国际标准化组织(ISO)确认。美国汽车工程师学会(SAE)按照机油的黏度等级,把机油分为冬季用机油和非冬季用机油。冬季用机油有 6 种牌号:SAE0W、SAE5W、SAE10W、SAE15W、SAE20W 和 SAE25W。非冬季机油有 4 种牌号:SAE20、SAE30、SAE40 和 SAE50。号数较大的机油黏度较大,适于在较高的环境温度下使用。为了使用方便,除了上述的单级油外,还有一种多级油,适用于更大的温度范围,如 5W-30 等,它的黏度变化可以跨越几个黏度级别,可以实现冬夏通用,因此,多级油目前使用范围很广。

API 使用分类法是美国石油学会(API)根据机油的性能及其最适合的使用场合,

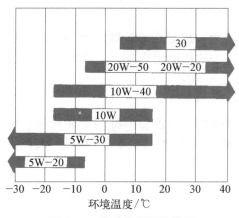

图 7 - 4　发动机润滑油选用

把机油分为 S 系列和 C 系列两类。S 系列为汽油机油,目前有 SA、SB、SC、SD、SE、SF、SG、SH、SJ、SL、SM 等。C 系列为柴油机油,目前有 CA、CB、CC、CD、CE、CF、CF - 2、CF - 4、CG - 4 等。级号越靠后,使用性能越好,适用的机型越新或强化程度越高。

机油的选用首先应根据汽车发动机的强化程度选用合适的润滑油使用等级,其次根据当地气温条件选用适当黏度等级的润滑油,可参见图 7 - 4 选择。具体机型应按使用说明书进行机油选用与保养。

（3）合成机油

合成机油是利用化学合成方法制成的润滑剂。其主要特点是有良好的黏度—温度特性,可以满足大温差的使用要求;有优良的热氧化安定性,可长期使用不需更换。使用合成机油,发动机的燃油经济性会稍有改善,并可降低发动机的冷起动转速。目前,合成机油的价格比从石油提炼出来的机油贵。但是,随着生产规模的扩大和制造工艺的改进,合成机油的价格将会越来越便宜,未来将是合成机油的时代。

2. 润滑脂

润滑脂是将稠化剂掺入液体润滑剂中所制成的一种稳定的固体或半固体产品,其中可以加入旨在改善润滑脂某种特性的添加剂。润滑脂在常温下可附着于垂直表面而不流淌,并能在敞开或密封不良的摩擦部位工作,具有其他润滑剂所不能代替的特点。因此,在汽车的许多部位都使用润滑脂润滑。目前,进口汽车和国产新车普遍推荐使用汽车通用锂基润滑脂(GB/T 5671—2014)。这种润滑脂具有良好的高低温适应性,可在 -30 ℃～120 ℃的温度范围内使用;具有良好的抗水性和防锈性能,可用于潮湿和与水接触的摩擦部位;具有良好的安定性和润滑性,在高速运转的机械部位使用,不变质、不流失,保证润滑。它能够满足我国从哈尔滨到海南岛广大地区汽车的使用要求,与使用钙基或复合钙基润滑脂比较,可以延长换油期 2 倍,使润滑和维护费下降 40% 以上。

## 四、润滑系统维护分级

国家标准 GB/T 18344—2016《汽车维护、检测、诊断技术规范》规定了发动机润滑系统维护的分级、周期、维护作业要求以及质量保证。

1. 日常维护

每日检查机油贮量和质量以及时补给。行车中注意观察机油指示压力,定期更换机油。机油的正常消耗率一般为 0.1～0.3 g/(kW · h)。

更换机油的周期一般为 5 000 km 或三个月。更换机油时,应在发动机热态下,放净旧机油,然后用专用的清洗设备清洗机油道之后,再按原厂规定的容量和牌号加注新的机油。

**2. 一级维护**

一般每行驶 5 000 km 需进行一级维护。内容为按规定的润滑部位加注润滑剂,检查各总成内润滑油平面,更换、添加润滑油;检查离心式机油滤清器的运转是否正常,清洗细滤器,更换粗滤芯。

**3. 二级维护**

一般每行驶 12 000～15 000 km 需进行二级维护。内容为清洗润滑油道和油底壳;拆下细滤器壳体,清洗转子罩内壁沉积物,并清洗转子,保持机油喷口畅通,装配后转子应转动灵活,无渗漏现象;更换、添加润滑油。

## 一、机油检查与更换

### 1. 检查机油液位

(1) 将车辆停放在平坦地面上,将车轮挡块安装到位,保证车辆稳定停靠。

(2) 起动发动机并让发动机达到正常工作温度。

(3) 发动机熄火并等待 5 分钟,使机油流回油底壳。

(4) 打开发动机舱盖,拉出油尺,擦干净,然后再全部插回去,如图 7-5 所示。

(5) 拔出检查并确认发动机机油液位在机油标尺的最低油位和最高油位之间(如图7-6)。

☞发动机机油
加注及液
位检查

图 7-5 发动机机油尺

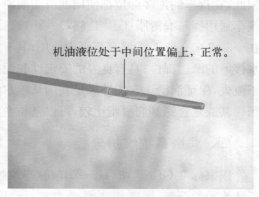

机油液位处于中间位置偏上,正常。

图 7-6 机油标尺液位位置

### 2. 检查机油质量

检查机油是否变质、变色或变稀,以及油中是否进水,油中有无杂物(如图 7-7)。如果机油质量明显不佳,则更换机油,同时更换机油滤清器。

图 7-7　机油质量的检查

图 7-8　打开机油加油口盖

3. 更换机油和机油滤清器

（1）机油排放

① 把车辆停在平整的地面上，起动发动机，进行发动机暖机。

② 发动机熄火，拉紧驻车制动器，打开汽车发动机盖和机油加油口盖，如图 7-8 所示。

③ 举升车辆至适合操作的位置，并锁止。

④ 拆下机油放油螺栓，如图 7-9 所示，将机油排入机油收集桶，如图 7-10 所示。

图 7-9　拧松放油螺栓

图 7-10　排放机油至机油收集桶

图 7-11　拆机油滤清器

⑤ 放完机油后，清除放油塞上的铁屑，更换放油螺栓密封垫，按规定力矩拧紧。

（2）机油滤清器更换

① 用机油滤清器扳手拆下机油滤清器，如图 7-11 所示。

② 检查并清洗气缸体与机油滤清器的安装表面。

③ 参照用户手册选择合适的机油滤清器。

④ 用发动机机油涂抹在新机油滤清器的 O 形密封环上,如图 7-12 所示,用手把新的机油滤清器拧在机油滤清器支座上,直到滤清器的 O 形密封环与安装表面接触,用机油滤清器扳手再把滤清器拧紧 3/4 圈,如图 7-13 所示。

图 7-12　滤清器密封圈涂抹机油

图 7-13　安装机油滤清器

(3) 加注发动机机油

① 从举升机上放下车辆。

② 从发动机机油加注口加入车辆制造商规定黏度的发动机机油,直至油位达到机油标尺上的满油位标记,如图 7-14 所示。

③ 盖上机油加注口盖,使发动机怠速运转 5 分钟后停止运转。3 分钟后拔出机油标尺检查油位是否处在正常位置。

④ 安装机油加注口盖。

⑤ 起动发动机并检查是否漏油。

## 二、机油压力检测

图 7-14　加注机油

机油压力是发动机润滑系技术状况的重要指示。保证发动机正常的机油压力是润滑系发挥作用的先决条件。正常发动机在常用转速范围内,汽油机油压应为 196～392 kPa,柴油机油压应为 294～588 kPa。如机油压力在发动机中等转速下低于 147 kPa,在怠速下低于 49 kPa,则发动机应停止运转。

正常情况下,当打开点火开关时,机油压力表指针指示为"0",如装有油压信号指示灯,则灯亮。发动机起动后,若油压信号指示灯在数秒内熄灭,则机油压力表指示为某一较高数值,然后随发动机热起来而逐渐指示正常。当机油压力不符合要求时,可使用仪器进行诊断。

现以大众宝来发动机为例,利用仪器检测其机油压力:

(1) 断开机油压力开关的线束插头,并拆下机油压力开关,如图 7-15 所示。

(2) 将机油压力检测仪(油压表)的压力管拧在机油压力开关的螺纹孔接口处,油

机油压力
检查

压表如图 7 - 16 所示。

图 7 - 15　机油压力开关

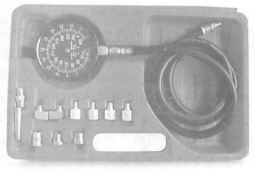

图 7 - 16　油压表

图 7 - 17　查看机油压力表

（3）起动发动机并预热到正常工作温度（80 ℃）。

（4）检查机油压力表接头处是否有泄漏情况。

（5）查看发动机机油压力，如图 7 - 17 所示。怠速时，发动机机油压力应超过 0.06 MPa；升高转速，当转速大于 2 000 r/min 且机油温度约为 80 ℃时，机油压力至少应达到 0.26 MPa。

（6）重新安装机油压力开关前，记住在开关螺纹处缠上密封胶带，并按规定的力矩拧紧开关。

## 任务 2　润滑系统部件检修

### 学习目标

1. 能识别发动机润滑系统各个部件
2. 能对润滑系统主要部件进行检修
3. 掌握润滑系统主要零部件的结构与工作原理
4. 培养心理承受力

### 一、机油泵

机油泵的功用是保证机油在润滑系统内循环流动，并在发动机任何转速下都能以足够高的压力向润滑部位输送足够数量的机油。

机油泵结构形式可分为齿轮式和转子式两类。齿轮式机油泵又分内啮合齿轮式和外啮合齿轮式。

### 1. 外啮合齿轮式机油泵

如图 7-18 所示，两个齿数相同的外齿轮相互啮合，装在壳体内，齿轮与壳体的径向和端面间隙很小。

工作时，主动齿轮带动从动齿轮反向旋转。两齿轮旋转时，充满在齿轮齿槽间的机油沿油泵壳壁由进油腔被带到出油腔，在进油腔一侧由于齿轮脱开啮合以及机油被不断地带出而产生真空，使油底壳内的机油在大气压力作用下经集滤器进入进油腔，而在出油腔一侧由于齿轮进入啮合和机油被不断带入而产生挤压作用，机油以一定压力被泵出。

为了防止封闭在轮齿径向间隙内的油压过高引起的工作阻力加大和机油泵轴衬套加快磨损，在泵盖上加工有卸压槽，使轮齿径向间隙内的机油经卸压槽流入出油腔。

在机油泵齿轮与泵盖之间加有密封垫片，同时可以通过调整垫片厚度，调整齿轮端面间隙在 0.05～0.20 mm，该间隙过大，机油压力下降，泵油量减少。

齿轮式机油泵结构简单，机械加工方便，工作可靠，使用寿命长，应用较广泛。

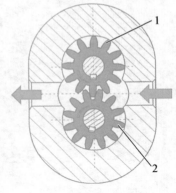

图 7-18　外啮合齿轮式机油泵

1—机油泵主动齿轮；
2—机油泵从动齿轮。

### 2. 内啮合齿轮式机油泵

如图 7-19，外齿轮 3 为主动齿轮，套在曲轴前端，通过花键套直接由曲轴驱动。内齿轮 4 为从动齿轮，安装在机油泵体内，泵体固定在发动机机体前端。当主动齿轮旋转时，带动从动齿轮旋转，进油腔容积由小变大，不断进油；出油腔容积不断由大变小，油压升高。这种齿轮泵直接由曲轴驱动，无需中间传动机构，所以零件数少，体积小，成本低，但泵油效率较低。

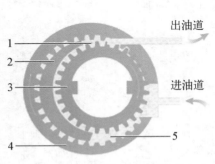

图 7-19　内啮合齿轮式机油泵

1—压油腔；2—月牙形隔板；3—主动外齿轮；
4—从动内齿轮；5—进油腔。

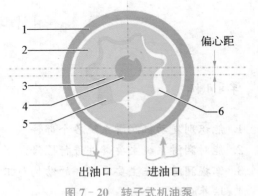

图 7-20　转子式机油泵

1—机油泵体；2—外转子；3—内转子；
4—驱动轴；5—出油腔；6—进油腔。

### 3. 转子式机油泵

如图 7-20 所示，它由内、外转子等零件组成。内转子 3 有多个凸齿，外形为次摆线,固定在机油泵传动轴上,由机油泵齿轮驱动。外转子2的凹齿比内转子多一个,它自由地安装在机油泵体1内,并与内转子啮合转动。内、外转子有一定偏心距,它们与机油泵体和泵盖组成了进油腔和出油腔。

机油泵工作时,内转子带动外转子旋转,进油腔容积不断由小变大,腔内产生一定真空度,润滑油从油底壳被吸入进油腔,再进入出油腔,出油腔容积由大变小,使润滑油压力升高,再送往各润滑油道。

### 4. 安全阀

机油泵必须在发动机各种转速下都能供给足够数量的机油,以维持足够的机油压力,保证发动机的润滑。机油泵的供油量与其转速有关,而机油泵的转速又与发动机转速成正比。因此,在设计机油泵时,都是使其在低速时有足够大的供油量。但是,在高速时机油泵的供油量明显偏大,机油压力也显著偏高。另外,在发动机冷起动时,机油黏度大,流动性差,机油压力也会大幅度升高。为了防止油压过高,在润滑油路中设置安全阀或限压阀。一般安全阀装在机油泵或机体的主油道上(如图7-3)。当安全阀安装在机油泵上时,如果油压达到规定值,安全阀开启,多余的机油返回机油泵进口。如果安全阀安装在主油道上,则当油压达到规定值时,多余的机油经过安全阀流回油底壳。

### 二、机油滤清器

机油滤清器的功用是滤除机油中的金属磨屑、机械杂质和机油氧化物。如果这些杂质随同机油进入润滑系统,将加剧发动机零件的磨损,还可能堵塞油管或油道。

机油滤清的方式有两种:全流式和分流式。全流式机油滤清器串联于机油泵和主油道之间,因此,全部机油都经过它滤清。目前在轿车上普遍采用全流式机油滤清器。

### 1. 全流式机油滤清器

现代汽车发动机所采用的全流式滤清器(也称为粗滤器)多为过滤式,用于滤去机油中粒度较大(直径为0.05~0.10 mm以上)的杂质。它对机油的流动阻力较小,故可以串联于机油泵与主油道之间。如图7-21所示,机油从纸滤芯的外围进入滤清器中

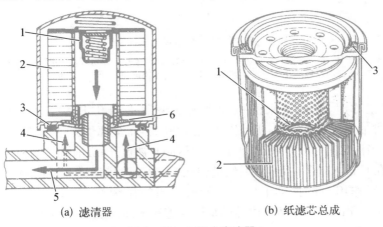

(a) 滤清器　　　　　(b) 纸滤芯总成

图7-21　全流式滤清器

1—安全阀;2—纸滤芯;3—密封圈;4—来自机油泵的机油;5—过滤后的机油;6—防漏阀。

心,然后经出油口流进机体主油道。机油流过滤芯时杂质被截留在滤芯上。如果滤清器使用时间达到了更换周期,就把整个滤清器拆下换上新滤清器。纸滤芯由经过酚醛树脂处理的微孔滤纸制造,这种滤纸具有较高的强度、较好的抗腐蚀性和抗湿性。纸滤芯则具有质量轻、体积小、结构简单、滤清效果好、阻力小和成本低等优点,因而得到了广泛的应用。机油滤清器的滤芯还可以采用其他纤维滤清。

**2. 分流式机油细滤器**

分流式机油细滤器(也称为细滤器)较多地应用在大型货车发动机上,主要滤去机油中的细小杂质(直径在 0.001~0.005 mm 之间),其流量小、阻力大,机油流量不超过机油泵流量的 10%~15%。故多数细滤器安装方法为分流式,即与主油道并联。机油细滤器有纸质细滤器、锯末滤芯细滤器和离心式细滤器。过滤式存在着滤清能力与通过能力的矛盾,而离心式则有滤清能力高、通过能力大且不受沉淀物影响等优点。因此,车用发动机多以离心式机油滤清器作为分流式机油细滤器。

图 7-22 为离心式细滤器,滤清器外壳上固定着带中心孔的转子轴。转子体 1 套在转子轴上可以自由转动。转子下端装有两个水平安装的互成反向的喷嘴 3。

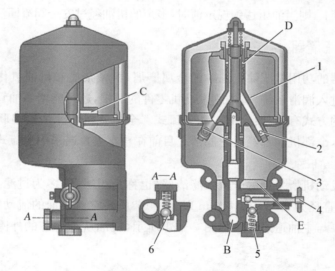

图 7-22  离心式细滤器

1—转子体;2—喷嘴油道;3—喷嘴;4—机油散热器开关;5—旁通阀;6—进油限压阀;
B—滤清器进油孔;C—转子体出油孔;D—转子体进油孔;E—滤清器出油孔。

发动机工作时,从油泵来的机油进入滤清器进油孔 B。当油压较低时(低于 0.1 MPa),进油限压阀 6 不开,机油则不进入细滤器而全部供入主油道,以保证发动机可靠润滑。当油压高于 0.1 MPa 时,进油限压阀 6 被顶开,机油沿外壳和转子轴的中心孔,经出油孔 C 进入转子内腔,然后经进油孔 D,通过喷嘴油道 2 从两喷嘴喷出。于是转子在喷射反作用力的推动下便高速旋转。当油压为 0.3 MPa 时,转子转速高达 5 000~6 000 r/min。由于转子内腔的机油随着转子高速旋转,机油中的机械杂质在离心力的作用下被甩向转子壁。因此,由孔 D 进入、经喷嘴喷出的是洁净的机油。喷出的机油经滤清器出油孔 E 流回油底壳。

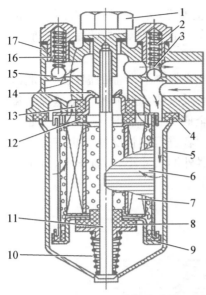

图 7 - 23　复合式滤清器

1—拉杆螺母；2—安全阀弹簧；3—安全阀；4—橡胶垫；5—壳体；6—外(粗)滤芯；7—内(细)滤芯；8—橡胶下油封；9—橡胶密封圈；10—滤芯底座弹簧；11—拉杆螺栓；12—橡胶上油封；13—密封圈；14—锁紧螺母；15—旁通阀；16—旁通阀弹簧；17—滤清器盖。

## 三、机油集滤器

机油集滤器安装在油底壳润滑油的入口,整体形状取决于油底壳内的安装空间,头部装有金属网,埋入机油中,用来滤除润滑油中粗大的杂质,图 7 - 24 为几种发动机的集滤器。

## 四、机油散热器和冷却器

在高性能大功率的强化发动机上,由于热负荷大,机油温度高达 95 ℃以上,过高的温度使机油黏度下降,不利于在摩擦表面形成油膜润滑,同时加快机油氧化变质,失去作用,必须装设机油冷却装置。

### 1. 机油散热器

机油散热器由散热管、限压阀、开关、进出水管等组成。其结构与冷却水散热器相似,如图 7 - 25 所示。

机油散热器一般安装在冷却水散热器的前面,利用冷却风扇的风力使机油冷

在发动机工作中如机油温度过高,可旋松调整螺钉,机油通过球阀,经管接头流向机油散热器。当油压高于 0.4 MPa 时,旁通阀 5 打开,机油流回油底壳。

离心式滤清器滤清能力高,通过能力好,且不受沉淀物影响,不须更换滤芯,只需定期清洗即可,但对胶质滤清效果较差。这种滤清器由于出油无压力,一般只用作分流式细滤器。在有些小功率发动机上也有用全流式离心细滤器的。

### 3. 复合式机油细滤器

为了提高机油过滤效果,有的发动机采用双滤芯(如图 7 - 23),称复合式滤清器。正常情况下,从机油泵来的机油经进油口进入外滤芯(粗滤芯)6,再进入内滤芯(细滤芯)7,然后经中心油道从出油口流向主油道。

当内滤芯堵塞时,内滤芯前、后压差达 0.09～0.1 MPa 时,旁通阀 15 打开,机油从旁通阀流向主油道;当外滤芯堵塞时,外滤芯前、后压差达 0.2～0.25 MPa 时,安全阀 3 打开,机油从安全阀流向主油道。

图 7 - 24　机油集滤器

图 7 - 25　机油散热器

却。与主油道并联,机油泵工作时,一方面将机油供给主油道,另一方面经限压阀、机油散热器开关、进油管进入机油散热器内,冷却后从出油管流回机油盘,如此循环流动。

2. 机油冷却器

将机油冷却器置于冷却水路中,利用冷却水的温度来控制润滑油的温度。当润滑油温度高时,靠冷却水降温,发动机起动时,则从冷却水吸收热量使润滑油迅速提高温度。机油冷却器由铝合金铸成的壳体、冷却器芯、安全阀和机油滤清器等组成,如图7-26所示。冷却水在管外流动,润滑油在管内流动,两者进行热量交换。也有使油在管外流动,而水在管内流动的结构。水冷式机油冷却器外形尺寸小,布置方便,且不会使机油冷却过度,机油温度稳定,因而在轿车上应用较广。

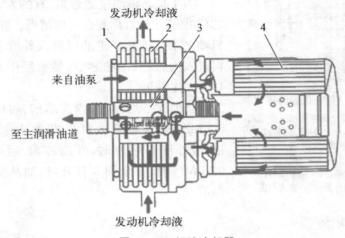

图7-26 机油冷却器
1—冷却器壳体;2—冷却器芯;3—安全阀;4—机油滤清器。

五、曲轴箱通风装置

曲轴箱通风装置是为保证发动机内润滑油的品质良好而设置的。发动机在运转过程中总会有一部分燃烧气体通过活塞环漏入曲轴箱里,这些气体不但温度高,而且携带着许多水分和汽油蒸汽。时间久了,会使润滑油在高温下逐渐氧化变质、稀释。氧化变质部分形成含酸的胶质,进一步氧化后将聚合、硝化,形成漆膜及积碳附着于零件表面;而且,稀释后的润滑油的油膜承载能力和油性将受到严重损害。同时,进入曲轴箱的气体还会使曲轴箱内压力增大,造成接合面、油封等处漏油。曲轴箱通风装置就是将外界空气经过滤后送入曲轴箱内,再将曲轴箱内的气体排出,以保证润滑系工作正常,延长机油使用寿命,保证发动机机件不腐蚀和防止泄漏发生。

曲轴箱通风装置的结构大体可分为强制通风式和自然通风式两类。

1. 强制通风

将曲轴箱内抽出的气体导入进气管内,这种方式称为强制通风,如图7-27(a)所示。这样可将窜入曲轴箱内的混合气回收使用,有利于提高经济性和减轻污染,现代汽车发动机普遍采用这种形式。

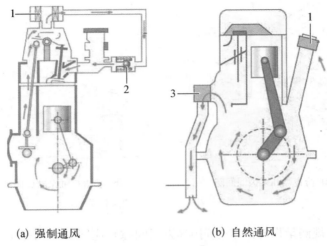

(a) 强制通风　　　　　　　(b) 自然通风

图 7 - 27　曲轴箱通风

1—通风空气滤清器；2—单向阀；3—气液分离装置。

## 2. 自然通风

从曲轴箱抽出的气体直接导入大气中的通风方式称为自然通风。柴油机多采用这种曲轴箱自然通风方式。在曲轴箱连通的气门室盖或润滑油加注口接出一根下垂的出气管，管口处切成斜口，切口的方向与汽车行驶的方向相反。利用汽车行驶和冷却风扇的气流，在出气口处形成一定真空度，将气体从曲轴箱抽出。

任务实施

## 一、机油泵检修

机油泵的主要损伤形式是由零件的磨损所造成的泄漏，使泵油压力降低和泵油量减少。机油泵的端面间隙、齿顶间隙、齿轮啮合间隙、轴与轴承间隙的增大，各处密封性、限压阀的调整都将影响泵油量和泵油压力。机油泵工作时若润滑条件好，则零件磨损速度慢，使用寿命长，故可以根据它的工作性能确定是否需拆检和修理。

### 1. 齿轮式机油泵检测

齿轮式机油泵各部位的检测方法如图 7 - 28 所示。

（1）用直尺和厚薄规检查齿轮端面到泵盖端面的距离，即端面间隙，一般为 0.05～0.15 mm，磨损极限为 0.20 mm。

（2）用直尺和厚薄规检查泵盖端面的平面度，平面度误差若大于 0.05 mm，应修磨平面。

（3）用厚薄规检查齿顶与泵体之间的间隙，一般为 0.05～0.15 mm，其磨损极限为 0.20 mm。

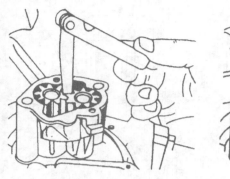

(a) 检查机油泵齿间间隙　　　　(b) 检查机油泵端面间隙

图 7 - 28　齿轮式机油泵检测

（4）用厚薄规测量齿轮的啮合间隙（齿间间隙），应同时在相邻 120°的三点上进行测量。间隙值一般为 0.05～0.20 mm，三点齿隙相差不应超过 0.10 mm。外啮合式机油泵的磨损极限为 0.25 mm，内啮合式机油泵的磨损极限为 0.20 mm。

2. 转子式机油泵的检测

对于转子式机油泵，应检查其端面间隙、啮合间隙、外转子与泵壳之间的间隙，检测方法如图 7 - 29 所示。

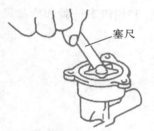

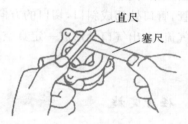

(a) 检查内转子齿顶与外　　　(b) 检查外转子与　　　(c) 检查转子的端面间隙
　　转子内廓面间的间隙　　　　　泵体间的间隙

图 7 - 29　转子式机油泵的检查

（1）用塞尺测量内转子齿顶与外转子内廓面间的径向间隙。其间隙值应小于 0.15 mm，极限值为 0.25 mm。

（2）用塞尺测量外转子与泵体径向间隙，其标准值一般为 0.10～0.16 mm，许用极限为 0.30 mm。

（3）用直尺与塞尺或游标深度尺测量泵体与转子之间的轴向间隙，其标准值一般为 0.03～0.09 mm，许用极限为 0.20 mm。

机油泵磨损后，若各部位间隙大于磨损极限，应更换零件或更换总成。

3. 机油泵性能试验

机油泵检修装复后可通过下列方法进行试验，以检验其性能：

（1）简易试验法

将机油泵和集滤器安装好之后，一起放入装有清洁机油的机油池中，用螺丝刀按顺时针方向转动机油泵传动轴,应有机油从出油孔中排出。如果用拇指堵住出油孔,继续转动机油泵时,应感觉到有压力。

（2）试验台试验法

将机油泵安装好之后在试验台上试验,检查其压力。如桑塔纳2000型轿车发动机机油泵在油温为80 ℃,转速为1 000 r/min时,进口压力为0.01 MPa,输出压力为0.65 MPa,最小流量为8.3 L/min。机油泵压力的调整,可以通过增减限压阀螺塞下面的调整垫片或增减限压阀弹簧座处的垫片进行。

## 二、机油滤清器检修

机油粗滤器一般在定期保养时更换,这里仅介绍细滤器的维修。

离心式细滤器在使用中会发生机件磨损、密封垫损坏、喷嘴堵塞、转子停转及轴承松旷等故障。

若喷嘴孔堵塞,可以用压缩空气吹通。注意不能用金属丝穿透,以免刮伤喷孔。若密封圈损坏、变形或老化发硬,应及时更换。若转子轴磨损,轴与孔的配合间隙超过0.15 mm或轴与轴承的配合间隙大于0.10 mm时,可用镀铬法修复转子轴。若进油阀座磨损,可用细研磨剂研磨阀座,并更换新的钢球。如弹簧弹力降低,应更换新的弹簧。

此外,还应注意以下几点:

（1）维修细滤器时,注意转子座下面的单向推力球轴承座圈不可丢失。

（2）装复转子总成时,应对准转子罩与转子座之间的装配记号,以免破坏转子总成的平衡。

（3）转子上的锁紧螺母不可拧得过紧,如超过29～49 N·m,会破坏转子的正常工作。

（4）转子总成上端与压紧弹簧之间应有一个止推垫片,装配时注意光面对着转子,不得漏装或反装。否则,转子无法转动。

## 三、曲轴箱通风检修

如果发现下列现象时,应及时检查曲轴箱通风装置中有无故障:

（1）当发现机油消耗量激增、发动机怠速不稳或消失,除检查有无漏机油处、活塞环是否窜油,尚须注意检查通风单向阀或计量阀是否已失效。如阀体被胶质物质黏住或弹簧与阀体黏滞,应及时清洗。如有机件损坏,也应及时更换或修复。

（2）当发现油底壳垫片或曲轴前后端（正时齿轮室盖处或离合器外壳底盖处）出现漏油、渗油时,除注意检查密封元件外,还应注意检查通风装置管路是否被堵塞、单向阀是否黏住并且由此而引起的曲轴箱内气压升高等。

## 四、润滑系统常见故障分析

润滑系技术状况变差,将导致机件摩擦加剧,甚至引起发动机拉缸、抱轴等致命故障。

### 1. 机油压力过高

发动机在正常工作温度和转速下,机油压力表读数高于规定值,产生此故障的原因

及处理方法是:

(1) 机油黏度过大,更换机油或重新选用机油;

(2) 机油限压阀弹簧压力调整过大,重新调整弹簧压力;

(3) 机油限压阀的润滑油道堵塞,清洗润滑油道;

(4) 曲轴主轴承、连杆轴承或凸轮轴轴承间隙过小,必要时光磨曲轴、凸轮轴或更换轴承;

(5) 机油压力表或其传感器工作不良,检修或更换机油压力表及其传感器。

2. 机油压力过低

发动机在正常工作温度和转速下,机油压力表读数低于规定值或油压报警器报警,产生此故障的原因及处理方法有:

(1) 机油集滤器网堵塞,清洗机油集滤器;

(2) 机油滤清器堵塞,清洗或更换机油滤清器;

(3) 油底壳内机油油面过低,按规定补充机油;

(4) 机油黏度降低,更换机油;

(5) 机油限压阀弹簧失效或调整不当,更换弹簧或重新调整;

(6) 润滑油油管接头漏油或进入空气,检修机油管路,排出空气;

(7) 润滑油道堵塞,清洗润滑油道;

(8) 机油泵性能不良,检修或更换机油泵;

(9) 曲轴主轴承、连杆轴承或凸轮轴轴承间隙过大,必要时光磨曲轴、凸轮轴或更换轴承;

(10) 机油压力表或其传感器工作不良,检修或更换机油压力表及其传感器。

3. 机油消耗过多

如果机油消耗量超过规定值,排气冒蓝烟,气缸内积碳增多,则可判定有机油消耗过多的故障。此故障主要是泄漏和烧机油造成的,具体原因及处理方法有:

(1) 活塞、活塞环与气缸壁的间隙过大或活塞环与环槽的侧隙过大,检修或更换活塞、活塞环和气缸;

(2) 气门与气门导管间隙过大或气门密封圈失效,检修或更换气门,更换气门导管或气门密封圈;

(3) 发动机各部件密封表面漏油,检查发动机各部件可能的漏油表面;

(4) 曲轴箱通风不良,检修曲轴箱通风装置;

(5) 大修后扭曲环或锥面环装反,重新安装活塞环。

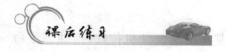

课后练习

一、选择题

1.新装的发动机,若曲轴主轴承间隙偏小,将会导致机油压力(　　　)。

A. 过高　　　　　B. 过低　　　　　C. 略偏高　　　　　D. 略偏低

2.机油消耗异常,但无外观症状,其故障部位可能在(　　)。

A. 气缸活塞配合副　B. 空气压缩机　　　C. 机油渗漏

3.转子式机油细滤清器(　　)。

A. 依靠曲轴前端的皮带轮驱动运转　　　　B. 依靠机油压力驱动其运转

C. 依靠蓄电池的电力驱动其运转　　　　　D. 依靠压缩空气驱动其运转

4.机油泵常用的形式有(　　)。

A. 齿轮式与膜片式　　　　　　　　　B. 转子式和活塞式

C. 转子式与齿轮式　　　　　　　　　D. 柱塞式与膜片式

5.挺柱、气门杆以及摇臂等零件的工作表面的润滑方式是(　　)。

A. 压力润滑　　　　　B. 飞溅润滑　　　　　C. 润滑脂润滑

## 二、判断题

1.机油变黑说明机油已经变质。　　　　　　　　　　　　　　　　(　　)

2.气缸磨损过大会造成机油消耗过多。　　　　　　　　　　　　　(　　)

3.粗滤器旁通阀只有在滤芯堵塞时才打开。　　　　　　　　　　　(　　)

4.发动机热态时机油压力高于冷态时。　　　　　　　　　　　　　(　　)

5.滤清器的滤清能力越强,机油的流动阻力越小。　　　　　　　　(　　)

## 三、问答题

1.叙述润滑系统一般由哪些零部件组成? 安全阀、旁通阀和止回阀各有何功用?

2.叙述机油有哪些功用? 分析机油 SAE5W40 和 SAE10W30 有什么不同?

3.采用双机油滤清器时,它们是并联还是串联于润滑油路中? 为什么?

4.机油压力过低,分析可能的原因,如何排除?

5.装有液力挺柱的发动机润滑系统中为何设置单向阀?

# 参考文献

［1］谭本忠.汽车发动机构造与维修图解教程（第二版）［M］.北京：机械工业出版社,2019.

［2］朱宏,等. 汽车发动机机械系统检修［M］.北京：清华大学出版社,2017.

［3］王海林,蔡兴旺.汽车构造与原理（上册　发动机）（第4版）［M］.北京：机械工业出版社,2018.

［4］仇雅丽.汽车发动机构造与维修（第3版）［M］.北京：机械工业出版社,2017.

［5］吴文琳.电控柴油发动机结构与故障维修［M］.北京：化学工业出版社,2017.

［6］林振清,吴正乾.汽车发动机机械系统检修［M］.北京：机械工业出版社,2017.

［7］（德）Krebs R 等.采用汽油直接喷射和复合增压的 Volkswagen 新型汽油机［J］.国外内燃机,2007(4).

［8］王卓亚,王胜.汽车发动机构造与维修［M］.南京：南京大学出版社,2015.

［9］张西振,黄艳玲.汽车发动机电控技术（第3版）［M］.北京：机械工业出版社,2017.

［10］James D. Halderman. Automotive Technology：Principles, Diagnosis, and Service(Fifth Edition)［M］. New Jersey：Pearson Education, Inc.，2015.